主 编 权 衡
副主编 赵蓓文 胡晓鹏

G20峰会与全球投资规则重构

孙立行 等／著

上海社会科学院出版社
SHANGHAI ACADEMY OF SOCIAL SCIENCES PRESS

丛书编委会

主 编
权 衡

副主编
赵蓓文　胡晓鹏

顾 问
张幼文　徐明棋

编委(以姓氏笔画为序)
孙立行　苏 宁　沈玉良　周 宇
黄烨菁　盛 垒

目 录

第一章 二十国集团机制与全球投资治理 ... 1
第一节 作为全球经济治理机制的 G20 机制 ... 1
一、全球经济治理机制的内涵及演变 ... 1
二、全球经济治理机制面临的矛盾 ... 3
三、G20 机制成为全球经济治理的主要平台 ... 7
第二节 全球经济治理中的投资治理 ... 9
一、全球投资治理的主要内容 ... 10
二、全球投资治理的制度变迁 ... 12
三、全球投资治理的新趋势 ... 15
四、G20 机制在推动全球投资治理中的作用 ... 16
第三节 G20 框架下完善全球投资治理机制的设想 ... 18
一、G20 框架下全球投资治理的机遇和挑战 ... 18
二、G20 框架下完善全球投资治理的基本思路 ... 21

第二章 《G20 全球投资指导原则》对全球投资发展趋势的影响 ... 26
第一节 基于"杭州共识"的《指导原则》 ... 26
一、《指导原则》产生背景 ... 27
二、《指导原则》的内涵及其特征 ... 30
第二节 《指导原则》对推动全球投资发展的影响 ... 35
一、《指导原则》对全球投资发展趋势的影响 ... 36
二、《指导原则》对中国资本"走出去"的影响 ... 38
第三节 构建"命运共同体",体现中国参与全球投资治理的新理念 ... 40
一、全球投资治理现状与趋势 ... 40
二、G20 的"中国方案"为完善全球经济治理体系树立了新样板 ... 45
三、中国倡议全球治理新理念——命运共同体 ... 46

第三章 全球投资自由化的发展历程与趋势 49
第一节 重心转换:贸易谈判中的投资主题 49
一、GATT关于贸易和投资规则的努力 49
二、WTO与贸易有关的投资政策 51
三、多哈发展议程:外国直接投资政策的新一轮谈判 52
第二节 趋碎片化:国际投资协定体系的演变 54
一、双边投资协定 54
二、全球区域贸易协定中的投资内容 55
三、多边投资协定 57
第三节 整合创新:国际投资协定体制的改革 61
一、国际投资协定体制的演变过程及改革缘由 62
二、国际投资协定体制的改革方案 64
三、国际投资协定体制的改革进展 74

第四章 全球双边投资协议谈判进程与议题 80
第一节 全球主要双边投资协议谈判进程 80
一、韩国-美国 80
二、中国-韩国 82
三、中国-东盟 84
四、中国-澳大利亚 87
五、印度-欧盟 90
第二节 全球双边投资协议的主要议题 92
一、服务贸易与投资开放 92
二、国有企业竞争中立原则 95
三、国际电子商务 98
四、高标准知识产权保护 100
五、环境与劳工标准 103

第五章 全球投资制度安排的特征分析 107
第一节 全球投资制度安排体现高标准原则 107
一、全球化形势深刻变化要求投资规则高标准 107
二、全球投资制度安排高标准的内涵特征 109

三、中国自贸区与全球投资高标准的差异 …… 110

第二节 全球投资制度安排强调便利化程度 …… 114
 一、全球投资制度安排便利化发展趋势 …… 114
 二、全球投资制度安排便利化的主要表现 …… 116
 三、全球投资制度安排便利化对东道国制度的影响 …… 117

第三节 全球投资制度安排顺应数字化发展趋势 …… 118
 一、数字经济的发展态势 …… 118
 二、全球投资制度安排对数字化的规范 …… 119
 三、中国对外投资持续关注数字经济领域 …… 121

第四节 全球投资制度安排涉及范畴不断扩大 …… 122
 一、新经济要求投资制度范畴扩大 …… 122
 二、从投资到贸易和服务的延伸 …… 123
 三、范畴扩大对全球投资规则带来的困难 …… 124

第五节 全球投资制度安排关注争端解决机制 …… 126
 一、优化投资争端解决机制的必要性 …… 126
 二、当前国际投资争端解决机制的缺陷 …… 127
 三、未来全球投资争端解决机制的发展趋势 …… 128

第六章 全球投资规则重构的挑战及应对 …… 130

第一节 全球投资规则体系改革的迫切性 …… 130
 一、全球经济新格局和新模式对全球投资规则产生新需求 …… 131
 二、现行全球投资规则诸多法律问题亟待改革 …… 133
 三、区域主义为国际投资规则重构带来契机,投资保护主义及疫情则带来挑战 …… 135

第二节 国际投资规则的改革动向和挑战 …… 136
 一、国际投资政策制定原则的多边共识逐步形成 …… 136
 二、UNCTAD在可持续发展框架下推进国际投资规则改革 …… 138
 三、投资争端解决机制改革正在实质推进 …… 142
 四、美欧等经济体积极推进谈签新一代国际投资协议 …… 144
 五、当前全球投资规则改革的主要挑战 …… 148

第三节 中国国际投资体系改革的主要挑战及应对 …… 151
 一、中国国际投资规则改革面临的主要挑战 …… 151

二、中国国际投资规则体系改革的应对建议 …………………… 156

第七章　构建"一带一路"国际合作的新规则 …………………… 160
第一节　大变局下的国际秩序重构与"一带一路"国际合作 ………… 160
　　一、世界格局与国际力量的变化 ………………………………… 160
　　二、美国的世界角色和美元的霸权地位发生变化 ……………… 161
　　三、深化"一带一路"国际合作是构建全球投资贸易新秩序的
　　　　应有之举 …………………………………………………… 162
第二节　以"一带一路"国际合作为契机　加快构建新型多边合作
　　　　规则和机制 …………………………………………………… 164
　　一、国际规则与秩序重构给"一带一路"国际合作带来新挑战 … 164
　　二、深化"一带一路"国际合作为全球治理机制提供"中国方案"
　　　　 …………………………………………………………… 167

主要参考文献 …………………………………………………………… 172

后　记 …………………………………………………………………… 183

第一章
二十国集团机制与全球投资治理

分析全球投资治理的理论与实践问题应该兼顾世界经济与国际关系，一方面是因为国际投资与国际金融及国际贸易问题一样，都是近几十年来世界经济体系中发展最快同时也是引发最多学术热议的领域；另一方面，全球投资治理从理论渊源而言属于全球治理中的全球经济治理领域，是全球治理的一种具象化体现，它基于投资全球化、全球性投资问题以及国际投资体系变革而来，其间涉及的很多问题不能仅仅从市场原则去理解。如近些年不少国际投资涉及政治与安全的敏感问题，从而带有地缘政治竞争的色彩，这就需要先从全球经济治理的分析框架去理解。本章第一节首先简要梳理了全球经济治理机制的内涵及历史演变过程，然后分析了当前全球经济治理面临的三大矛盾。作为全球经济治理机制首要平台的二十国集团(G20)机制具有非常重要的意义，不过目前也面临着转型的挑战。第二节主要从宏观层面分析全球投资治理，即全球投资治理的主要内容，全球投资治理的制度变迁，全球投资治理的新趋势以及 G20 机制在推动全球投资治理中的作用。第三节阐述在 G20 框架下完善全球投资治理机制的初步设想：G20 框架下全球投资治理同时面临挑战与机遇，并从建构基础、理念、目标以及路径四方面阐述了完善全球投资治理的基本思路。

第一节 作为全球经济治理机制的 G20 机制

一、全球经济治理机制的内涵及演变

学术界并没有对全球经济治理形成统一的概念，不过从现有学者对其内涵的界定来看，基本都认同全球经济治理指的是国际社会关于协调世界经济稳定、均衡乃至发展的各种制度规范。具体而言，包括全球经济治理的主体、客体、运行机制及成效四方面。

全球经济治理的主体即"谁参与治理"的问题，指制定全球经济治理制

度的行为体,既包括各种正式和非正式的国际组织[前者以世界贸易组织(WTO)、国际货币基金组织(IMF)和世界银行(WB)为代表;后者则以本章所重点讨论的 G20 为代表],也包括众多非政府组织和跨国公司,当然也包括国家。

全球经济治理的客体即治理的领域问题,从历届 G20 峰会的公报来看,大致可以将近年来全球经济治理的重点关注领域分为五方面:第一是全球宏观经济政策协调。经济全球化背景下,主要大国的宏观经济政策具有明显的外溢效应。为了防止这种政策产生的负面传导效应,各主要大国应该就包括财政政策和货币政策等宏观经济政策加强沟通与协调。第二是全球金融治理。这主要集中在三个主要议题,即国际金融监管、金融危机应对以及国际货币体系改革。第三是全球贸易和投资治理。主要包含三方面内容:制定多边贸易和投资规则、反对贸易和投资保护主义、推动贸易和投资便利化。第四是全球气候治理。集中在两个议题:责任分担问题和气候治理融资问题。第五是全球发展问题。同样包括两个主要议题,即全球发展议程的制定和实施、实现发展所需的资金来源。

全球经济治理的机制是指参与治理的行为体之间的功能和相互关系,包括各主体应遵循何种程序和方式来协调秩序和实现利益分配。总体而言,现阶段全球经济治理机制正在从传统的以欧美发达经济体为主导的布雷顿森林体系逐步向发达经济体与新兴经济体协调合作的 G20 机制转变。具体运行机制主要包括决策机制、争端解决机制和监督机制等。决策机制体现的是参与治理行为体在全球经济治理活动中的权力分配情况,通常采用的决策机制包括协商一致和投票表决两种程序,后者又分为加权投票机制和投票权均等机制(包括全体一致通过程序和多数通过程序)。争端解决机制是应对成员国在国际经济往来中发生争议时的主要制度保障,目前相对来说制度最为成熟的就是被誉为"WTO 皇冠上的明珠"的争端解决机制。监督机制是指为了确保相关国际协议的履行,在全球金融、贸易等领域设置的一系列监督机制,如 WTO 的贸易政策审议监督机制、IMF 的汇率监督机制等。[①]

全球经济治理的成效涉及对治理绩效的评估。这种绩效集中体现为相

---

① G20 监督机制的作用一方面是体现在督促其他监督机构,另一方面还形成了自身的监督机制。历届 G20 峰会都强调全球金融监管。不过,G20 的监督机制是非正式的,不像 IMF 或 WTO 的监管机制那样具有程序性和约束力,对执行也没有任何强制性的要求。

关国际制度的有效性。两类因素影响国际制度的绩效,一方面是其本身的制度安排,另一方面是实现这些制度安排的社会条件和其他环境条件。有学者具体分析了影响国际制度的若干因素,包括国际制度的透明度、健全度、规则的改变、政府能力、权力分配、相互依存和智识秩序。目前来看,几乎所有的全球经济治理机制都包含有积极影响和局限性。例如 G20 峰会机制最初是为了应对 2008 年全球金融危机,通过各主要经济体协调合作,共同采取大规模经济刺激政策,对于防止世界经济全面衰退以及帮助经济走上复苏之路的确功不可没;在此后历届峰会上针对全球经济治理改革也不断取得更多的共识,推进了全球经济治理的进程。但由于该机制的非正式性和非约束性,峰会决议能否真正落实往往取决于各国自身,此外近年来不少非 G20 国家也不断质疑 G20 机制的合法性和效率问题。

全球经济治理的演变大致经历了三个阶段:第一阶段是从"二战"结束到 20 世纪 70 年代中期,是以美国霸权为主导的"硬治理"时期,以"二战"后建立的布雷顿森林体系为代表,该体系依赖于美国霸权地位的确立,也依赖于其主要盟国在全球经济治理理念和利益上与美国保持一致。不过,正如有学者所指出的,体系领导国的能力本质上是一种权力不对称性,这种不对称能够通过排除不合作行为体和利用武力威胁迫使其他国家参与合作等方式,促使国家在协调博弈和协作博弈中加强合作。所以,当霸主国实力下降时,它就不得不要求其盟国分担治理成本。这就进入第二阶段,即从 20 世纪 70 年代中期到 2008 年,欧美主要发达经济体协商共治的"软治理"时期,以七国信团(G7)机制为代表。在这种俱乐部式的治理模式下,以 G7 为代表的欧美发达国家在宏观经济政策上相互协调,通过在 IMF、WB 以及经济合作与发展组织(OECD)等国际组织中扮演大股东角色,塑造全球经济治理的议程,主导全球经济治理的事务。当 2008 年全球金融危机爆发时,G7 发现这种俱乐部式的治理模式在众多新兴经济体崛起的背景下已经难以为继,于是进入第三阶段,即发达经济体与新兴经济体协商共治的"南北治理"时期,以 G20 机制为代表。在这一时期,新兴经济体大力推动全球经济治理机制改革,提高发展中国家在国际经济组织中的参与度和发言权,推动全球经济治理机制向更加公平合理方向发展。

二、全球经济治理机制面临的矛盾

全球经济治理已经成为国际社会的核心议程,在欠缺世界政府的背景

下,全球经济治理成为各参与行为体充分博弈的过程,在这一过程中,需要解决三大矛盾来应对挑战:

首先是国际公共物品搭便车倾向与集体行动之间的矛盾。当前出现的许多全球性议题都具有跨国性、外溢性和外部性特征,不可能指望通过单个国家的力量来解决,必须依靠国际合作来提供国际公共物品来应对,必须克服集体行动的困境。而在国际经济领域,存在大量兼具非竞争性和非排他性属性的纯公共物品,[1]如全球金融稳定、环境保护等都具有正外部性,提供这类国际公共品的国家要承担高昂成本,而其他国家在不承担成本的情况下可以享受其收益,导致"搭便车"现象。当某些成员总倾向于在不承担治理成本的情况下享受"搭便车"的收益时,会导致供给国倾向于不愿或减少提供国际公共品。因此,必须采取相应措施来解决成本分摊的问题来应对集体行动的困境。

从理论上而言,通过选择性激励,即对公共品提供方承担的成本进行一定的补偿,使其获得特定的收益,可以确保公共品提供的连续性。但在全球经济治理实践中,各国综合国力差异巨大,权利与义务难以匹配,经常出现权责不一致的情况,这就导致很难精准把握选择性激励的尺度,从而使得某些国际机制成为维护既得利益的工具,例如在国际金融体制框架下的 IMF 投票权分配机制,即使在 2010 年改革后,美国仍然享有实质上的一票否决权,这就导致国际金融体制的合法性和公平性大打折扣。

此外,具有竞争性而不具备排他性的公共资源则可能出现消费拥挤局面,需要建立选择性处罚机制来维持消费秩序。如全球气候治理领域,需要各国共同减碳,要对过度排放的国家进行选择性处罚,才能确保全球减排的目标。同时,拒不履约与搭便车一样,都是国家参与全球经济治理时可能遭遇的巨大道德风险。参与国可能担心其他国家承诺的可信性而拒绝分担成本,这种信任危机会危害国际合作,亟须通过更加公正有效的治理机制来促进国际合作。关于这个问题,巴雷特通过分析全球卫生治理以及气候治理的具体案例充分展示出国际合作的动力所在。

---

[1] 按照竞争性和排他性属性,公共物品基本可以分为三类:第一类是纯公共品,即同时具有非排他性和非竞争性,如环境保护、防范跨国传染病传播等;第二类是在消费上具有非竞争性,但却可以轻易地排他,如会员性的国际组织,也被形象地称为俱乐部产品;第三类则与第二类恰恰相反,即在消费上具有竞争性,但却无法有效地排他,如温室气体排放,也被称为共同资源产品。后两者一般被视为准公共产品,即不同时具备非排他性和非竞争性。详见刘玮、邱晨曦(2015)。

其次是国际规则约束与国家自主性之间的矛盾。理论上而言，经济全球化会实现生产要素的最优配置，提升国家和全球总福利水准。但现实中由于国家的规模和经济结构差异，经济全球化对国家自主性及各国国内经济结构调整施加的压力也有明显差别。在国际层面，各国要共同维护自由开放的国际贸易体系和稳定的国际金融体系；而在国内层面，各国都要保持不被外部干预的独立决策权，政府倾向于逃避规则以使收益最大化，如以关税或非关税壁垒来推行特定产业政策。而且贸易自由化会产生明显的国内分配效应。经济全球化引发的国内产业结构调整难以通过分工结构的转移自动实现。发达国家对农业和钢铁等传统制造业的补贴政策至今仍然在延续。发展中国家在金融自由化过程中面临的金融市场剧烈波动以及可能导致的收入差距急剧扩大都会引发政治不稳定，拉美国家近几十年的发展已经验证了这一点。因此，各国都希望其他国家更开放，而本国则可以采取一定的保护政策，如果各国都抱有这种心态参与全球经济治理，最终的结局必然是国际经济合作走进死胡同。这就必然要求各国通过政策协调建立具有自我约束效力的制度以规范国际经济合作。

经济全球化的深化通过市场力量进一步要求所有国家都尽可能采取更加放松管制的自由化政策，相对而言，这种压力对广大发展中国家保持经济政策的独立性更为明显，因为其抵御这些国际压力的国内政治、经济和社会基础相对薄弱。大部分中小国家在这个过程中经济主权的权能是被明显削弱的，部分权力向国际组织以及跨国公司转移。如果这种对外开放和权力让渡的步伐过大必然会引发国内利益分配调整过大和社会结构转型过快，这反过来会引起国内政治不稳定，从而阻碍放松管制的开放政策。因此，所有国家尤其是发展中国家在参与全球经济治理过程中，都特别需要在国际规则约束与国家自主性之间保持相对均衡。

最后是国际制度非中性与全球治理民主化之间的矛盾。制度非中性[①]能够保证选择性激励的产生，使得公共产品的提供者获得额外的收益从而推动集体行动。而国际公共产品的供给往往依赖于大国的政治意愿，当大国建立起某些制度时往往会获取特定收益。也就是说，制度非中性能够为国际公共产品的供给提供激励机制，提升大国提供国际公共产品的意愿。

[①] 制度非中性是指，同一制度对不同人意味着不同的事情，在同一制度下不同的人或人群所获得的往往是各异的东西，而那些已经从既定制度中，或可能从未来某种制度安排中获益的个人或集团，无疑会竭力去维护或争取之。详见张宇燕(1994)。

美国对全球经济治理机制的态度随其利益的变化而调整。正如前文所述,"二战"结束后美国构建以布雷顿森林体系为核心的全球经济治理体系就是为了巩固其既得利益,同时可以约束和限制其他国家的发展。当然,美国也会受某种程度的约束,但随着美国综合国力的相对衰落,其参与和领导国际机制的动力就明显下降。特朗普时期的各种"退群"行为就是集中体现,而此时全球经济治理机制的正常运转就会遇到障碍,从而损害各方利益。这从美国阻挠新法官的遴选和任命从而导致 WTO 争端解决机制的上诉机构被迫停摆也可以看出来。当某一特定领域的治理模式由于利益分配格局的变化而不符合其国家利益时,该国对国际公共产品的支持就难以为继。当提供国际公共品的收益递减时,改变这种状况的途径就是,国家通过提高成员国资格门槛,建立双边合作或区域合作模式来缩减公共品的惠及范围,将全球公共产品转变为俱乐部产品,重新进行利益分配。这也是后文提到的全球投资治理体系出现碎片化的重要原因之一。

全球经济治理机制带来的分配问题还体现在南北关系方面。南方国家和北方国家在主权、人权、经济发展阶段等方面的处境不同,不同地区国家参与全球经济治理的机会和能力差异巨大。南北国家在国际贸易分工与交换、国际资本流动、技术转让、劳工标准以及国际组织中的地位存在不平等,因此,只有构建包容性更强的、相对均衡的全球经济治理机制才能确保世界经济长期稳定均衡发展。

此外,全球经济治理机制的分配问题在新兴崛起国与守成国家的权力转移时期进一步凸显。当国际体系的权力结构发生变化时,崛起国倾向于改变既有国际制度的利益分配格局,提升本国在国际制度上的代表性和决策权。这种权力结构的变化会引发国际制度分配格局的变化,但由于制度具有路径依赖的特点,依靠新的替代性选择推动改革是非常困难的。尤其在不同的议题领域,制度进入门槛和网络外部性不同,最终会影响崛起国能否利用外部选择权推动制度变革。日本曾经在 20 世纪 80 年代末,试图通过建立亚洲开发银行和亚洲货币基金来推动布雷顿森林体系改革,提升日本在国际组织中的影响力。中国倡导建立亚洲基础设施银行,也是想通过基础设施融资领域建立新的治理平台,推动世界银行和亚洲开发银行改革,甚至撬动相关的 IMF 改革。总之,制度非中性带来的利益分配是全球经济治理机制形成和变革的重要动力,全球经济治理机制既要反映国际公共产品提供方的特殊利益,又要维持一定的利益包容性,为其他行为体提供获益空间。

三、G20 机制成为全球经济治理的主要平台

（一）G20 机制的重要意义

2008 年，国际金融危机的爆发暴露了彼时世界经济体系的诸多弊端，一个突出的问题就是：作为当时协调世界经济均衡发展的 G7 机制，无力应对由于新一轮经济全球化迅猛发展所引发的众多深层次矛盾。如何加强发达经济体与更多的新兴市场国家之间的合作，对于维持全球经济均衡发展和加强全球治理变得愈加紧迫。正是在这种背景下，2008 年 11 月，G20 第一次领导人峰会在华盛顿举行，从而使原有的 G20 部长级会议上升为首脑峰会，这也让 G20 的运行机制实现突破，G20 机制也取代 G7 机制成为全球经济治理的首要平台。这一突破具有以下意义。

1. G20 取代 G7 成为全球经济治理的首要平台本身就意味着全球经济治理机制的重大变革

冷战结束以后，新一轮经济全球化如火如荼。随着信息技术的飞速发展，全球产业布局进一步调整，全球价值链不断重构，大量发展中国家的快速崛起使得 G7 在世界经济总量中的比例逐步缩小，也使得 G7 在全球经济治理中的地位不断削弱。早期 G20 部长级会议是在 1997 年亚洲金融危机的背景下产生的，但由于官员权力有限，当 2008 年全球金融危机袭来时明显力不从心，G20 峰会机制应运而生，这就使该机制将发达市场与新兴市场的利益纳入一个统一的制度框架内进行协调，为促进发达经济体与新兴市场国家形成广泛共识提供了历史性机遇。G20 成员的人口占全球的 2/3，国土面积占全球 60%，GDP 占全球 85% 以上，贸易额占 80% 以上，这些比例都远超原来的 G7，全面提升了全球经济治理机制的合法性与参与性。

2. G20 机制使得新兴市场国家在应对全球金融危机和参与全球经济治理上开始发挥重要作用

G20 机制从最初的部长级会议发展到首脑峰会机制，本身是对经济全球化背景下各国经济相互依存度和新兴市场国家作用进一步提升的充分肯定，也反映了全球政治经济结构发生权力转移的发展趋势。从首尔到杭州，从圣彼得堡到布宜诺斯艾利斯，新兴市场国家已经不再是全球经济治理的旁观者或被动参与者，而是拥有议程设置能力的主动协调者。在推动世界

经济复苏方面,恰恰是广大新兴市场国家强劲的经济增长成为世界经济转危为安的最主要动力。

3. G20机制对世界经济秩序调整具有深远的影响

它反映了全球经济发展的总体趋势,确立了全球经济治理的基本框架。发达国家在世界经济体系中不再处于绝对领导地位,新兴市场国家成为能够与发达经济体进行对话协商并共同参与议题设置与制定规则的平等伙伴,这在G7时代是无法想象的。这当然有利于构建更加公平合理的国际经济新秩序,有利于国际关系的民主化,当然也有利于世界经济的长期稳定发展。

就G20峰会机制发展的十多年所应对的全球经济治理议题而言,大致可以分为两个阶段,即初期(2008—2013年)危机应对式(包括全球金融危机和此后的欧债危机)的短期治理阶段和逐渐开始向全球经济治理转型的长期制度创建阶段(2014年至今)。从短短十多年的峰会机制发展历史来看,G20在前一阶段作为应对危机的"消防队员"成绩斐然,但在试图解决全球经济治理机制转型的内在矛盾时,由于众所周知的高交易成本和低效率,G20机制在某种程度上陷入了困境,亟待找寻转型之路。

(二) G20转型:挑战与机遇并存

如何顺利实现从短期的危机应对机制到长效经济治理机制的转型,国内外学者提出了众多颇有价值的建议,当然既有意见相似的见解,也有不少完全相反的观点。大体而言,G20机制转型需要重点关注的问题包括两大类:

1. G20的机制化与非正式性的关系

非正式性是G20早期关于机制形式的初步设想,这一特点使各国首脑更容易进行直接、灵活和有效的沟通交流,容易形成共识。这一优势在应对短期危机时体现得明显,但其缺点,在危机后需要建立长效治理机制时,由于缺乏决策和执行效率也体现得非常明显。国内外学者对此也意见不一,有些就极力主张要建立类似秘书处的机构以组织协调,明确G20与其他国际组织的权利义务关系,整合聚焦而非扩散议题等。也有学者主张建立"非正式机制+正式机制"的复合国际机制模式,在议题设置、对话协商层面保持非正式性,以增加G20全球经济治理的灵活性,同时通过与正式国际组织(如WTO、IMF及WB等)在法律层面的对接,使G20在执行层面具有约束力,解决G20在全球经济治理执行和落实中效果不佳的问题。

也有不少人对此有不同的看法。G20 杭州峰会前，OECD 秘书长古里亚在接受采访时就明确表态不赞成设立秘书处，他认为在 G20 框架下，像 OECD、IMF 和劳工组织实现了前所未有的协调互助，实际上已经扮演了秘书处的角色。有些学者认为，G20 应成为扁平网络式而非垂直控制式的国际治理机制，应成为一个咨询性的治理网络中心，而非按照指挥控制式的俱乐部模式运转。G20 应被用于设置议程、建立共识、协调政策、交流知识及制定规范。

2. 要更好地解决合法性和有效性问题

除了上面提到的构建复合机制模式，根据不同的议题选择更具代表性的行为体参与协商，构建区际联席对话伙伴机制增加代表性，继续深化与全球性多边机构的合作，完善部长理事会和专门委员会的制度，适时推进 G20 议长会晤机制，有助于将协调性的峰会成果转化为具有约束力的各国国内法规，增强 G20 的有效性。要建立"共同工具篮子"，政策效果相互评议机制和奖惩机制，提高 G20 的决策制定和落实效力，强化 G20 部长级会议的相互评估功能，加强政策落实效力。加强 G20 集团内外协调合作，完善 G20 内部协商沟通机制，加强与 IMF、WTO 等国际组织的交流，听取其专业意见以促进 G20 决议的落实。防止由于内部分化损害 G20 的有效性。

也有学者认为，要克服这种局面，可以通过建立"议题联盟"和界别对话提高议事效率。在 G20 框架内建立"议题联盟"，目的是通过克服具有不同博弈者特性的成员之间的结构性冲突，在特定议题中达成共识，实现有效的对话合作。如前文所述，G20 框架内也存在由于南北国家的个体身份特征形成的结构性矛盾，要解决这种冲突，可行方法之一就是寻找议题联盟，就特定议题进行协商，求同存异，利用联盟内国家之间的治理需求和合作共识来达成最终的合作治理。通过界别降低沟通成本，提高议事效率。G20 成员国之间存在各种各样的界别，如七国集团、金砖国家、中等强国合作体等，处于相同界别的成员国更容易具有相似的集体身份和共同认知，这让其更容易达成共识。

第二节 全球经济治理中的投资治理

由于在全球层面缺少关于投资规则的共识，与金融和贸易相比，全球投资治理的发展处于落后状态。即使在同时存在 WTO 框架下与投资有关的条款、数千个双边投资协定以及数百个包含投资条款的自由贸易协定的情况下，现有的所有投资规则仍只能覆盖约 2/3 的全球跨国投资。这一全球经济治理机制的短板受人关注。学界对全球投资治理的研究从宏观到微观都取得了不少成果，本节主要从宏观视角阐述全球投资治理的四个方面，即全球投资治理的主要内容、全球投资治理的制度变迁、全球投资治理的新趋势以及 G20 机制在推动全球投资治理中的作用。

一、全球投资治理的主要内容

随着经济全球化的纵深发展以及世界经济格局的进一步演变，全球投资开始涉及越来越多的政治敏感问题，在国际投资协定呈现碎片化发展，各种国际投资争端案件逐年上升之际，全球投资治理的领域也在不断扩展，总体而言，大致包含三个方面：

首先，促进国际投资以增强经济增长动力。投资是经济增长和可持续发展的核心，它能够提升经济体的生产能力，创造就业，推动收入增长。对所有国家而言，通过促进实体投资来实现经济增长始终是政策首选，因此，促进投资的跨国流动以增强经济增长的动力，仍然是全球投资治理的首要任务。要促进投资跨国流动就需要为国际投资提供稳定的投资环境，而维持稳定的投资环境就必须反对投资保护主义，在这方面，G20 首脑峰会自首届华盛顿峰会开始，每届峰会宣言均强调反对投资保护主义，要求各成员国承诺开放市场，反对投资壁垒，将各自国内政策对投资造成的负面影响降至最低。G20 也号召其他全球经济治理的主要国际组织，如 WTO、OECD 以及联合国贸易和发展会议（又称联合国贸易和发展组织，简称联合国贸发会议或 UNCTAD）等，根据各自职责监督 G20 成员采取的投资措施，并公开报告 G20 成员上述承诺的落实情况。

其次是推进国际投资体系改革。由于在全球层面缺乏对投资规则的共识，相较于以 WTO 为核心的国际贸易体制和以国际货币基金组织（IMF）为核心的国际金融体制，国际投资体制迄今并未达成一个全面的综合性的且有约束力的多边投资协定，全球投资的治理水平处于落后状态。当前，全球投资治理体系的构成主要包括 WTO 框架下与投资有关的条款、数千个双边投资协定、数百个带有投资条款的自由贸易协定以及多种争端处理机制。这些投资协定条款相互交织重叠，形成了巴格沃蒂所指出的"意大利面碗效应"，由于缺乏总体设计，产生了诸多系统性问题，包括范围与内容之间的差异、重复和矛盾。

与此同时,随着区域一体化的发展,全球投资治理体系也呈现出多中心与碎片化的发展趋势,WTO谈判长期停滞不前的局面催生了旨在推进市场一体化与建立多边合作机制的全球三大规则框架,即"跨太平洋伙伴关系协定"(TPP)、"跨大西洋伙伴关系协定"(TTIP)以及"诸边服务贸易协定"(TISA)。在这些综合性经济协定中,投资规则条款都是其中必然涵盖的重要领域。不过,虽然这些协定有助于解决全球投资治理中的区域问题,但对全球投资治理却存在一定的负面效应,因为区域合作往往具有歧视性,或多或少会扭曲全球的资源配置,排斥区域外的行为体,区域合作还可能会削弱该区域成员参与多边合作的积极性,而且区域合作还可能因为与现有国际投资协定重叠,造成更多的不一致。

除了区域性投资协定,还出现了更多的双边投资协定,这些数量庞大的协定不仅形式不一致,内容也不统一甚至相互矛盾,导致国际投资合作的碎片化。而且这些新签订的国际投资协定遵循不同的协定范围,且各区域协定也大多规定缔约方原有的双边协定继续有效,这就导致全球投资治理体系的复杂程度不断增加。

最后,必须改革投资者-东道国争端解决机制(或称投资者与国家争端解决机制,简称投资争端解决机制或ISDS)。在TPP与TTIP这些区域协定谈判中,投资者与国家的争端解决机制往往会成为公众关注的焦点话题之一,如何应对这一问题亦已成为全球投资治理的主要挑战之一。该机制存在的问题除了案件数量积累过多引发制度合法性危机之外,更重要的是其系统性缺陷不断浮现,这些缺陷主要包括六个方面:第一,正当性不足。由临时任命的三人仲裁庭评估涉及公共政策的国家行为是否合法受到质疑。第二,透明度不足。国际投资仲裁庭一般不公开开庭,与仲裁相关的文件与裁决也保密。第三,对相同事实的裁决不一致。经常发生仲裁庭对涉及相同事实的案件做出不同评估的情况,导致对相同或相似条约、条款产生不同的法律解释。第四,难于纠正错判,如果仲裁庭发生重大错判,现有复审机制无法予以解决。第五,仲裁员的独立性和公正性受到质疑。争端方在委任仲裁员时,倾向于委任同情己方立场的仲裁员,而被委任的仲裁员会希望在以后的案件中再获委任,这使仲裁员在仲裁过程中容易产生偏见。第六,存在仲裁"策划"情况。即投资者可以通过在一个中介国设立公司,以利用中介国与东道国缔结的国际投资协定将东道国诉诸投资者与国家争端程序。

国际社会对于改革 ISDS 机制的必要性已经达成共识,但对于改革的具体路线与方案仍然存在分歧,大致形成了以下五条改革路线与方案:

第一,倡导更多使用和解、调解等替代性争端解决方法,与仲裁相比,替代性方法有助于节省时间和金钱,避免争端升级,并使争端方保持合作关系,其最大作用在于预防争端,但它无法保证一定能够解决争端,是辅助性的改革方法。

第二,限制投资者诉诸国际仲裁争端解决机制。在国际投资协定中缩小投资者与国家争端解决申诉主题的范围,或要求在国际仲裁之前先用尽本地补救办法。更极端的方法是放弃将投资者与国家争端解决机制作为争端解决的一种手段。这种限制有助于减缓投资者与国家争端解决诉讼的蔓延,加强国内司法制度,使投资者只能在东道国国内法院提出申诉或申请母国的外交保护。

第三,建立仲裁上诉机制。设立对仲裁庭裁决进行实质性复审的常设机构,并由各国长期委任高名望的法律人士担任该机构成员,这种方式有利于做出连贯一致且较为均衡的仲裁。这一上诉机制需要国际投资协定的实质性改革和配合。

第四,设立常设国际投资法院,由各国任命的常设法官组成,以替换目前临时设置仲裁庭的制度,有助于从根本上解决人们对 ISDS 机制正当性的疑虑。不过国际投资法院的设立需要各国有充分的政治意愿,还存在引发各国关心的主权问题,短期内难以实现。

第五,修改国际投资协定中 ISDS 机制的某些内容。各国可根据自身情况,修补现有国际投资协定的相关内容,选择处理它们认为最相关的问题和关切。这种方法并不触及 ISDS 机制的诸多根本性问题。

除了上述三个主要议题,推进投资便利化、加强跨国公司监管、平衡投资者与东道国公共监管权力等也是全球投资治理面临的重要挑战。

二、全球投资治理的制度变迁

第二次世界大战以后,围绕着投资保护与投资自由化的分歧,发达国家与发展中国家在双边、区域和多边层次就投资规则的目的、结构和具体内容进行反复的博弈和谈判。经过 70 多年的发展演变,全球投资治理逐步形成一个缺乏综合性全球多边投资协定,以双边投资协定为主体的双边、区域和多边协定共存的投资规则体系。全球投资治理的发展历程大致可以分为三个主要阶段：

第一阶段是从"二战"结束到 20 世纪 70 年代的制度探索期。在这一阶段，全球投资治理主要以探索建立多边协定为主，也开始出现双边投资谈判，投资规则制定处于摸索期，整体发展进程较为缓慢。在 1947 年的《关税与贸易总协定》(GATT)中，投资条款虽然纳入了协定，但因为无法达到 GATT 规定的生效条件，一直通过《临时适用议定书》的形式产生临时适用效力。为解决外国投资者与东道国之间的投资争议，1965 年世界银行通过了《解决国家和他国国民间投资争议的公约》，初步为解决投资争端提供了一个全面且便利的框架。

不过，由于发达国家与发展中国家在国际投资领域的分歧巨大，多边投资协定始终举步维艰，许多国家开始通过双边投资协议(BIT)来解决投资争端。1959 年德国与巴基斯坦签署了全球第一个双边投资保护协定，该投资协定兼顾了发展中国家和发达国家两方的利益诉求，采取"准入后国民待遇＋正面清单"模式解决外资准入问题，并赋予东道国更多外资管辖权，同时也充分考虑发达国家的利益诉求，强调资本输入国要加大对外资的保护，并允许资本输出国可自由转移其投资本金和利润，将其纳入争端解决机制。涉及投资者与东道国的争端，一般由东道国处理，充分尊重东道国司法和行政程序在投资争议解决中的地位。此后，英法等国纷纷效仿德国，缔结双边投资保护协定，这就形成了第一代欧式 BIT 范本，该范本突出的是对外资的保护，并不追求投资的自由化。

第二阶段是 20 世纪 70 年代到 90 年代的制度快速发展期。随着经济全球化的快速发展，由于难以达成综合性全球多边投资协定，双边投资协定逐步占据主流地位，区域投资协定作为多边投资协定的补充和过渡形式开始兴起。发达国家对外投资需求强烈，已不满足于仅仅以保护为核心的国际投资原则。

虽然国际社会试图构建全球统一的跨国投资行为准则，但由于各方利益分歧巨大，这一努力并未取得成功，例如联合国经社理事会发起的《跨国公司行为准则》，历经 20 多年的谈判仍以失败而告终。各国不得不把谈判重点从规范投资者行为转为规范政府对投资者的待遇标准。例如，世界银行通过了《多边投资担保机构公约》，在 WTO 框架内通过了《与贸易有关的投资措施协定》。但这些协定仅仅针对投资领域某一专门议题，不是一般性的全面处理投资问题的多边协定。

在这一阶段，双边投资协定明显增加，随着美国对外投资逐渐增加，美国迫切希望建立起以自身为主导的投资协定来保护本国投资，1977—1981年，美国国务院和美国贸易代表共同完成"双边投资协定范本"，并将其作为与其他国家进行投资协定谈判的标准模板，此后美式 BIT 开始取代欧式 BIT 成为双边投资协定的主流模式。在美式 BIT 范本中，以往对外资的国民待遇和最惠国待遇从"投资准入后"与"设立后"阶段延伸到"投资准入前"与"设立前"阶段，进而使得东道国的外资管辖权进一步弱化，当然，投资保护始终是关注的重点，美式 BIT 在欧式 BIT 基础上提高了对外资保护的标准并且更加注重程序法规则，引入了 ISDS 机制。由于 BIT 谈判一般只涉及资本输出国与资本输入国，谈判针对性强，可依据具体国情灵活设定和调整谈判内容，较易达成一致意见，因此得到快速发展。

第三阶段是从 20 世纪末至今的制度深刻调整期。随着 WTO 的成立，全球投资治理体系进入深刻调整期，新兴经济体开始逐渐成为重要的全球投资主体，也开始作为重要的资本输出和输入国参与到全球投资规则的制定中来，全球投资体系进入一个以双边投资协定为主，双边、区域以及多边协定共存的，依然欠缺全球适用性的综合性多边投资协定时期。

就多边投资协定发展而言，20 世纪末以来，OECD、WB 和 WTO 都致力于建设全球投资规则。1995 年 9 月，OECD 启动多边投资协定（MAI）谈判，试图建立起独立的国际直接投资管理机制以推动全球直接投资，但由于发达国家与发展中国家在许多投资规则的实质性问题上存在严重利益分歧，MAI 谈判最终以失败告终。2001 年，WTO 启动"多哈回合"谈判，同样由于各方利益诉求迥异而失败。

鉴于多边投资协定谈判一再受挫，区域投资协定作为多边投资协定的补充和过渡形式，在这一时期蓬勃发展。其中包括《北美自由贸易协定》（NAFTA）中关于投资的规定，2009 年东盟各国签订的《东盟全面投资协定》，中国与东盟十国签订的《中国—东盟自由贸易区投资协定》，2012 年中国、日本、韩国签署的《中日韩投资协定》，2020 年最新签订的《区域全面经济伙伴关系协定》（RCEP）中关于投资的规定等。与双边投资协定相比，区域投资协定覆盖范围更广，在谈判过程中可以吸引意愿类似的国家和地区共同参与，因而更容易缔结投资协定，当然这会引发前文所述的"意大利面碗效应"和投资规则碎片化，增加全球投资监管的复杂性和成本。

在区域投资协定快速发展的同时，双边投资协定稳步推进。美国继续完善其 BIT 范本,在 1994 年范本基础上经过不断修订,美国形成了 2004 年版和 2012 年版的 BIT 范本,前者的体现是《美韩自由贸易协定》,后者直接指导了 TPP 和 TTIP 中关于投资条款的谈判。

在这一时期,发达国家与发展中国家针对全球投资规则的制定展开了激烈的竞争。新兴经济体和发展中国家强烈呼吁参与规则制定的公平权力,而发达国家则想方设法巩固其既得利益者地位,不断抛出竞争中立、政府采购、环境治理、知识产权等新标准和新要求,投资规则谈判的议题更加宽泛,包括劳工标准、企业透明度、企业社会责任、国有企业等方面。通过对所有这些投资规则的梳理,新一代全球投资规则在倡导口径更宽松的外资准入前国民待遇以及负面清单的管理模式的同时,发达国家也试图通过利用双边或多边协定中的例外条款来给予东道国更多的对外资进行管制的权利,并以此平衡投资者和东道国之间的权利义务关系。就目前而言,尽管发展中国家已经积极参与到全球投资规则新规的制定中来,但上文提到的如竞争中立、劳工标准等相关的议题对发展中国家而言仍然是严峻的挑战。

三、全球投资治理的新趋势

（一）西方国家谋求主导全球投资规则:全球投资自由化与逆全球化并存

随着全球投资活动的深入进行,各国重新定位自身在全球投资规则中的诉求,寻求本国政府的监管权力和跨国公司的相关待遇的平衡。一方面,发达国家推进全球投资自由化的趋势明显。奥巴马政府时期(2009—2016年),美国为了在新一轮经济全球化进程中掌握主导权,力图通过 TPP 与 TTIP 双管齐下的方针来推动 WTO 规则体系的升级。另外,美国也通过签署双边投资协定,加强区域合作,主导投资规则安排,在全球经济治理机制改革中取得一定的主动权。另一方面,随着特朗普当选美国总统和英国脱欧,逆全球化进一步加速,保护主义思潮从经济领域向政治和社会领域扩散,近五年全球投资规模呈现递减态势,叠加新冠疫情的打击,全球经济陷入停滞甚至萎缩,经济全球化进程严重受挫。

（二）新兴经济体参与塑造全球投资新规则:促进包容协调的全球价值链

面对以美国为首的发达经济体在金融危机后的经济战略调整,新兴市场国家在全球投资规则的制定中面临被边缘化的风险。G20 机制正好为新兴市场国家参与规则塑造提供了平台,中国在 G20 杭州峰会中提出"促进包容协调的全球价值链"正是从发展中国家的视角探索基于全球价值链的新贸易规则。不同国家在全球价值链中的地位不同,从而决定了它们在全球价值链贸易中的利益诉求和规则偏好不同,发达国家的目标在于通过制定高标准与高质量的新规则进一步统筹全球价值链,通过资本扩张实现供应链的无缝对接,从而降低成本,继续保持全球竞争力。而发展中国家则在积极参与融入全球价值链的同时,期待实现产业与技术升级,增强生产能力,同时有效管控供应链风险。

"促进包容协调的全球价值链"的倡议可以引领 G20 成员国加强自身能力建设,与发展中国家尤其是低收入国家积极合作,引导其参与到全球价值链相关的领域中,如基础设施建设、技术支持及供应链构建等。此外,它还鼓励 G20 成员继续帮助发展中国家和中小企业发展符合国际国内标准、技术规定和合格评定程序的能力;便利它们通过信息技术获取贸易投资相关信息;进一步提供信息帮助它们融入全球价值链并向上游攀升。该倡议旨在使新兴经济体和中小企业能够分享全球化成果,从而有利于世界经济的长期稳定均衡发展。

四、G20 机制在推动全球投资治理中的作用

G20 首次华盛顿峰会就确立了"促进全球经济稳定和持续增长"的目标,而加强国际投资的政策合作无疑是实现这一目标的重要途径之一,因此峰会宣言明确提出开放的贸易和投资是促进经济繁荣的必要前提,尽管在金融危机爆发之后各国对外投资都不同程度萎缩,但所有成员国都坚持反对投资保护主义,并对提高投资壁垒的行为提出反对意见。根据 G20 历次峰会的宣言、公报和行动计划等文件,G20 在全球投资治理中的作用主要体现在以下三个方面:

一是反对投资保护主义,推动全球投资更加开放和自由。自 2008 年华盛顿首届峰会以来,每届 G20 领导人峰会宣言均强调反对投资保护主义。2008 年 11 月《二十国集团华盛顿峰会宣言》指出"我们的工作遵循一个共同信念,即市场原则、开放的贸易和投资体制、受到有效监管的市场","反对提高投资、货物即服务贸易新壁垒"。2009 年 4 月《二十国集团伦敦峰会宣言》中,G20 领导人在重申华盛顿峰会宣言中的反对保护主义的承诺的同

时,进一步承诺"将采取一切力所能及的行动来促进和推动贸易及投资"。2010年6月《二十国集团多伦多峰会宣言》中,G20成员将反对保护主义、促进贸易和投资的承诺延长3年至2013年底。此后的历届峰会都一再重申反对投资保护主义,承诺将各自国内政策举措对贸易和投资的负面影响降至最低。

与此同时,自首届峰会开始,G20就号召WTO、OECD以及UNCTAD根据各自职责监督G20成员采取的贸易和投资措施,并公开报告G20成员上述承诺的落实情况。OECD与UNCTAD也多次联合发布了《G20投资措施报告》,根据这些报告,几乎所有的G20成员采取的投资政策改变都是增加对外国投资的开放度,针对外国直接投资具体措施超过80%在性质上是使投资趋向自由化。这表明G20成员基本践行了其在峰会宣言中反对投资保护主义的承诺。

二是增加基础设施投资融资。G20一直致力于推进基础设施投资融资,2010年首尔峰会达成的《多年发展行动计划》中,G20成员阐述了在基础设施方面的计划,"克服基础设施投资障碍,开发新的项目投资渠道,改善投资能力,促进增加基础设施投资融资",并制订了全面的基础设施行动计划。2011年11月《二十国集团戛纳峰会宣言》中,基础设施被视为消除阻碍发展中国家发展瓶颈的优先任务。2013年9月《二十国集团圣彼得堡峰会宣言》中,明确提出"重视长期投资融资,包括基础设施投资和中小企业融资以促进经济增长,创造就业和发展",同时指出"投资环境在吸引长期融资上具有极高的重要性,将全面识别并解决阻碍动员私人资金的因素,改善投资条件并提高公共投资的效率"。2014年澳大利亚作为G20峰会轮值主席国,设置了五个领域十个方面的优先议题,其中就包括投资与基础设施。布里斯班峰会关于基础设施的一个重要成果是在澳大利亚设立一个为期四年的全球基础设施项目信息与数据支持中心。2015年这一中心在澳大利亚悉尼正式成立,成为G20推动基础设施投资合作方面的重要标志,并被认为是"首次将基础设施投资提高到全球治理的高度"。2016年杭州峰会宣言"重申促进基础设施投资,坚持数量和质量并重",核准《G20/OECD关于基础设施和中小企业融资工具多元化政策指南文件》。2018年的布宜诺斯艾利斯峰会更是将基础设施建设作为会议的三大议题之一,会后的宣言也指出"基础设施是推动经济繁荣、可持续发展和包容增长的关键动力。为解决持续存在的基础设施融资缺口,我们重申将致力于吸引更多私人资本投资基础设施"。为此,峰会还发布了《推动基础设施成为独立资产类别的路线图》和《二十国集团基础设施项目筹备阶段原则》。2019年日本大阪峰会为了促使基础设施开发推动新兴市场国家的可持续发展,批准了高质量的基础设施投资国际原则。

三是促进投资以增强增长的动力。2015年作为G20峰会轮值主席国的土耳其,将促进投资增强增长动力作为其议程设置的三个支柱之一。为促进投资,尤其是吸引私人部门的参与,在土耳其倡议和G20成员的配合下,OECD发布了《G20国别投资战略报告》,这一国别投资战略,旨在通过具体政策改善投资生态,促进高效率、高质量的基础设施投资,包括公共部门投资,并为中小企业提供支持,促进知识共享。OECD的分析报告表明,该战略将使G20投资总额占GDP的比例到2018年提高1个百分点。不过,由于国别投资战略在议题设置上包含量化指标,而各国均不愿接受硬性指标的约束,最终不得不放弃,从而导致该战略报告的含金量大大降低。

为实现促进投资以增强增长的动力这一目标,土耳其峰会在投资领域的其他成果还包括:为改善投资的准备工作、优先排序和执行程序,提出了公共和社会资本合作(PPP)模式指南和良好实践;为确保建立强有力的公司治理框架以支持私人投资,核准了《G20/OECD公司治理原则》。

可以看出,G20峰会机制对于完善全球投资治理发挥了重要作用。需要特别指出的是,G20关于投资的倡议往往被贸易、基础设施以及增长战略所涵盖,例如在增长战略中的支持公共投资和改善国内投融资环境的行动。近年来,G20各方日益认识到,解决全球投资和基础设施投资不足问题对促进经济增长、创造就业和提高生产力至关重要,因而如何有效地促进投资以拉动经济增长、贸易、就业与可持续发展成为摆在G20面前亟待解决的问题。

第三节 G20框架下完善全球投资治理机制的设想

一、G20框架下全球投资治理的机遇和挑战

(一)在新的形势下,全球投资治理体系的改革面临着新的机遇

作为全球经济治理的主要平台,G20一直致力于推动全球投资治理体系的改革,也为完善全球投资规则做出了积极的贡献。

1. G20制定的《G20全球投资指导原则》为加强全球投资治理提供了机遇

杭州峰会上《G20全球投资指导原则》确立了全球投资规则的总体框架,为加强全球投资治理和协调各国投资政策提供了重要的指导,也是进一步推进全球投资治理的有利契机。虽然该原则不具有强制约束力,是一项自愿性原则,没有直接设定国际权利和义务。但一旦该原则在国际社会受到广泛认可,必将对促进全球投资治理产生重大的积极影响。

2. 全球价值链的快速发展对全球投资规则提出了新的要求,有利于倒逼推进全球投资治理

如今,全球价值链已经成为世界经济的一个显著特征,它的结构性变化与重构是全球经济格局深度调整的突出表现之一,将对全球投资及治理产生深远影响。国际投资的发展为全球价值链的扩展提供了巨大的动力,而全球价值链的进一步深化也需要打破各种生产要素流动的壁垒,构建更加公开、公正和公平的全球投资政策环境,更好地实现投资自由化和便利化目标。因此,促进投资自由化和便利化、完善投资环境,对于提升全球价值链出口能力具有非常重要的作用。

3. 快速发展的区域投资协定引领了国际投资机制的新趋势,助推全球投资治理

随着区域经济一体化的进一步深化,越来越多的区域投资协定以及包含投资条款的国际经济合作协议成为国际投资机制发展的重点。尤其是巨型区域贸易投资协定的经济效应对全球投资规则的影响已经显现出来。此外,在各种FTA中,相当一部分都包含投资议题。中国推动的"一带一路"倡议在促进投资自由化和便利化方面也发挥了重要的作用。由此可见,世界各主要经济体正在通过区域合作的方式争取与自身利益相符的投资规则,进而在塑造国际投资规则和完善全球投资治理体系中占得先机。

4. 全球投资体系的格局变化为中国更好参与全球投资治理提供了新机遇

中国在全球投资中的地位日益提升,根据UNTCAD在2021年6月最新发布的《2021世界投资报告》,由于新冠疫情的影响,发达国家2020年外国直接投资额同比下降58%,发展中国家下降8%。就具体地域而言,欧洲2020年外国直接投资额同比下降80%,北美下降42%,拉丁美洲下降

45%,非洲下降16%,而亚洲地区则上升了4%,是唯一实现正增长的地区,约占全球2020年外国直接投资额的一半。亚洲地区能够实现正增长主要依赖东亚地区的经济复苏,尤其是中国的快速增长,东亚2020年外国直接投资额达2 920亿美元,中国占了1 490亿美元,同比增长6%。中国已经成为全球第二大外国直接投资流入国,同时还是全球第一大外国直接投资流出国,投资总额达1 330亿美元。[①]疫情和贸易摩擦叠加加速全球价值链重构,中国市场正在成为全球FDI的"避风港",虽然全球FDI总量连续多年下降,但中国依然是FDI的净流入国,很大程度上得益于中国近些年不断深化对外开放政策,在数字经济迅猛发展背景下对数字基础设施投入和日益改善的营商环境,这些变化为中国更好地参与制定更加公平合理的全球投资规则奠定了坚实的基础。

(二) G20框架下全球投资治理的挑战

1. 全球经济复苏之路仍然漫长,国际投资仍然处于低迷期,这对全球投资治理提出了更大的挑战

根据《2021世界投资报告》,全球FDI流量比新冠疫情前2019年的1.5万亿美元下降了1/3以上,只有1万亿美元的规模,而全球金融危机前的2007年全球投资规模达到2.27万亿美元,可见如今的全球投资水平还不及危机前高点的一半,说明全球FDI的恢复之路仍然漫长。这就需要更加持续高效、更加协调有序的全球投资治理来促进国际投资合作,恢复全球投资增长。

2. "逆全球化"和保护主义思潮在西方社会蔓延,阻碍了全球投资治理的进程

以特朗普当选美国总统和英国脱欧为标志,再加上其他一些重要大国国内右翼力量的发展,当前全球范围内的民粹主义、孤立主义和保守主义势力明显上升,这些无疑会对要求投资更加自由化和便利化的全球投资治理产生负面影响。实践中各国都出台了不少限制投资的政策。如2018年约55个经济体推出了至少112项影响外国投资的措施,这些措施中有超过1/3是对外国投资施加限制,是近20年来的最高数量。这些投资限制体现在三个方面:一是扩大了外资审查的范围,二是降低了投资审查的门槛,三是扩展了外国投资的定义。最有代表性的是美国出台的《外国投资风险审

---

① https://unctad.org/webflyer/world-investment-report-2021.

查现代化法案》,该法案把监管范围扩大到任何"新兴技术"行业,并且对"新兴技术"的定义非常模糊和宽泛。不仅是美国,其他发达国家也加大了投资安全监管力度。如澳大利亚收紧了电力行业、购买农业用地的审查程序;比利时建立了新的外资筛查机制;法国扩大了关键技术的定义,将人工智能、网络安全、机器人等行业纳入投资安全监管范围。与此同时,许多东道国政府阻止外国收购项目,2018 年有 22 笔超过 5 000 万美元的跨境并购由于监管或政治原因被撤回,是 2017 年的两倍,其中有 6 项是中国企业进行的并购交易。这些新出现的投资审查措施,使得国际投资环境更加难以预测。在这种情形下,需要加强国际投资政策协调来减少不确定性。各国加大投资审查背后的主要原因是对国家安全的关注,主要的担忧是先进技术外流、民用技术军事化、关键基础设施外资化等问题。因此,需要就此类关切展开国际对话,探讨制定外资审查机制的共同标准,加强这些机制的透明度和合法性。如果 G20 不能有效应对这些保护主义措施的蔓延,必然会使全球投资治理的改革和完善陷入停滞甚至倒退的局面。

3. 现行国际投资规则体系仍然呈现碎片化发展,不利于制定统一的多边投资规则

当前对 FDI 的全球治理还处于碎片化发展阶段,"意大利面碗效应"突出,对于制定统一的多边投资规则是一个巨大挑战。虽然 G20 杭州峰会已经通过了全球投资指导原则,为制定多边投资协定指明了方向,但任何新的全球性国际机制,从产生到发展再到成熟都需要一个过程,其间还需要与其他现有机制不断磨合和调整。在新冠疫情仍然肆虐之际,各国缺乏进行多边投资协定谈判的政治意愿。而且发达国家和发展中国家在投资规则制定中的基本立场仍然相距甚远,南北矛盾短期内也看不到缓解的迹象,因此在可预见的未来尚不具备达成统一的多边投资协定的条件和动力。

二、G20 框架下完善全球投资治理的基本思路

(一) G20 框架下全球投资治理体系的建构基础

传统全球投资协定是以双边投资协定为主,这种双边投资协定是在资本输出国与资本输入国之间签订的约束双方权利与义务的专业性条款,旨在促进、鼓励和保护跨国私人投资。这种协定的优点在于谈判往往只涉及资本输出国和输入国,双边协定通常签订速度快,并且能兼顾双方利益,也具有很强的针对性。当然也有局限性,主要体现在高昂的谈判成本、难以协

调的国家间投资争议以及不对等的话语权。

随着经济全球化的进一步深化,为克服双边投资协定的缺点,全球投资治理体系逐渐从以双边投资协定为主转向跨区域多边投资协定增多。这种投资协定是在WTO框架下,部分成员采取自愿方式参与投资领域的谈判协定,是三个或三个以上国家签订的投资协定,也是全球多边投资协定的补充和过渡形式。相对于双边投资协定,跨区域的多边投资协定具有两项优势:一是此类投资协定谈判的具体议题是特定的,能够突破一揽子谈判的困难,容易取得成功;二是协定涵盖的内容更加广泛,能更明显反映投资贸易间的关系,并吸引意愿类似的国家参与谈判,求同存异,也能更容易缔结符合投资方利益的协议。所以,当前全球投资协定形成了以跨区域多边协定为主、双边投资协定为辅的全球投资格局。双边协定转向跨区域多边协定将是未来构建G20框架下全球投资治理体系的基础。不过,正是这种注重各方意愿的利益联合,使得一些政治体制不够完善或区域资源有限的发展中国家往往无法参与到谈判中来,或是在谈判中处于劣势,导致区域间经济发展差距扩大,这就违背了跨区域多边投资协定的初衷。

(二)G20框架下全球投资治理体系的建构理念

经济理念作为一种具有自身演化周期的社会存在,能够对全球经济治理机制的变迁发挥自变量效应,特定的价值体系和社会思潮有可能引发全球经济治理机制的革命性变化。传统的全球投资理念是以放任自由主义为主的指导理论。这种传统的自由主义理念相信资本主义经济秩序能够通过市场机制自动调节,政府在经济领域就应当坚持"小政府大市场"的自由放任政策,不要去干预经济生活,扮演"守夜人"角色即可。这种理论指导下的全球投资,优点在于能给投资者带来全球交易自由,有权进入任何行业,在市场面前拥有同样的机会,激发投资者的投资欲望。但问题在于,放任自流的投资必然会因投资者的短视导致投资规模盲目扩大,或激发盲目竞争,造成全球资源分配不均,降低总体福利。

随着逆全球化和民粹主义思潮的蔓延,放任自由主义投资理念的弊端逐渐凸显。众多学者开始反思放任自由主义,并将目光重新聚焦于20世纪70年代的内嵌式自由主义理念。所谓的"内嵌的自由主义"理念,其本质是市场利益和社会价值之间达成妥协,内容是将自由主义机制嵌入合理的社会目标之中,方式是社会各群体(包括从自由化中受益或受损的各部分)之间达成妥协,共同承担自由化和全球化带来的负面效应,其手段是国家和社会达成一个含蓄的交易，即公众支持自由化的国际机制和国际经济政策，而国家通过财政和社会福利政策等再分配措施给那些受到损害的群体以补偿和支持。内嵌式自由主义的投资理念更有利于建立以非歧视原则为基础的多边主义国际投资新秩序，它包含有保障和例外条款，即有利于促进全球投资的增长，同时还能维持贸易收支平衡。从这个意义上说，更好地借鉴吸收"内嵌的自由主义"理念，将有利于重建相对公平和均衡的全球投资治理体系。

不过，需要指出的是，当初发生从"内嵌"到"脱嵌"的转变，本质是政治权力的变化，内嵌的自由主义陷入困境的根源是发生了所谓"双向运动"的失衡，①即国内政治力量的消长与国际格局的变化。要以这一理念重构全球经济治理体系，必须通过国际合作纠正这种失衡，通过某种程度的利益契合实现各国在合理的社会目标方面达成一致。但从近年来逆全球化和民粹主义思潮的上升、全球地缘权力竞争趋紧的形势来看，以"内嵌的自由主义"理念来引领全球投资治理体系的改革任重道远。

（三）G20框架下全球投资治理的建构目标

虽然历届G20峰会反复强调反对投资保护主义，但实际上，各国在全球金融危机后或多或少都采取了某些投资保护政策。如果过分依赖保护主义而不针对全球投资治理体系进行系统的改革，那么全球经济治理机制也将被保护主义所拖累。改革的目标至少应包括：

1. 推动投资自由化和便利化

这一点已经在杭州峰会的《G20全球投资指导原则》中得以明确，目前实践中仍然存在各种投资壁垒和歧视性待遇，以自我为中心解决问题的区域性投资政策也十分普遍，这些都可能导致国际摩擦。从世界经济格局发展的长期趋势来看，经济全球化无论在深度还是广度上都必然进一步提升，短期的回调或停滞只是这一螺旋式上升过程的阵痛。全球投资领域的自由化和便利化与经济全球化水平息息相关，因此，G20应谋求制定一份更高标准的、高度自由化和便利化的全球投资协定。

---

① 波拉尼所谓的双向运动，体现为依据社会中两种组织原则的行动，各自设定制度化目标，各有明确社会化力量的支持，各有特殊的运作方法。一即经济自由主义原则，目标是自我调节市场的确立，依靠贸易阶级的支持，主要运用不干涉主义和自由贸易作为手段。另一种是社会保护原则，目标是对人和自然以及生产组织的保护，依靠直接受到市场有害行动影响的群体支持，运用保护性立法、限制性社团和其他干涉手段作为自己的运作手段。[英]卡尔·波拉尼：《大转型：我们时代的政治与经济起源》，冯钢、刘阳译，浙江人民出版社2007年版，第114页。

2. 建立解决投资争端的有效机制

在国际投资过程中,国家间的投资摩擦及争端难以避免,建立有效的争端解决机制会大大增强投资效率。首先在实质性条款上,各国应当澄清国际投资规则,诸如公平公正的待遇、最惠国待遇适用范围等易于引发争议的实体性条款,减少不确定性规则内容,保证国际投资规则的一致性。其次在程序性条款上,增加仲裁过程的信息披露来增强投资争端仲裁的透明度。G20 应当积极寻求投资争端的解决方案来预防和避免国际投资争端,并采取多途径化解投资争端以降低投资争端的政治、经济成本。

3. 构建全球投资治理的价值共识

如何在全球范围内达成全球投资治理的价值共识是建构全球投资治理体系的关键,要在全球范围内建立公开、公平、公正的核心价值共识。正如《G20 全球投资指导原则》所指出的,投资相关规则的制定应保证所有利益相关方有机会参与,要协调发达国家与发展中国家在投资治理中的利益,构建更具代表性和包容性的全球投资治理体系。

(四) G20 框架下全球投资治理的构建路径

1. 以负面清单为核心构建全球投资开放制度

随着经济全球化的进一步深化,传统多边贸易体系的局限性逐渐显现,同时金融危机也在一定程度上加快了全球投资规则的重建。相较于传统的正面清单模式,通过列出企业不能投资领域的负面清单模式具有更大的自由化范围、更高的透明度,因而在全球投资规则的重构过程中,负面清单将成为新的全球投资规范的核心。G20 成员国应率先加快推进建设以负面清单为核心的全球投资开放机制,来提高外资准入的开放度和便利度。目前,负面清单模式越来越被大多数国家所接受,以负面清单模式为核心构建全球投资开放机制会成为消除投资自由化进程中投资壁垒和障碍的推动力。在维护好东道国利益和监管权的前提下,负面清单模式将实质性改善与贸易伙伴间的双向投资准入,促进全球投资合作,推动全球投资自由化。

2. 实施全球投资准入前国民待遇

《G20 全球投资指导原则》的第 6 条指出,"政府应有权为合法公共政策目的而管制投资"。现有国际投资规则鲜有涉及投资者义务及东道国监管权,导致投资者—国家权利义务失衡,而实行准入前国民待遇能很好解决这一问题。准入前国民待遇能为投资者提供快捷方便的服务,针对的是外国投资者能否方便进入东道国市场的问题。因而 G20 成员国应适度降低外国投资者准入门槛以推动准入前国民待遇的实行,让各类市场主体都有机会公平参与市场竞争。同时在此过程中东道国还需要提高外资监管体制的透明度,这对各国外资监管和风控能力提出了很高的要求。当然,实施准入前国民待遇并不意味着全面开放国家投资领域,负面清单模式就是为了降低准入前国民待遇门槛。所以,推动准入前国民待遇的关键在于设置高水平的负面清单,以降低高水平投资自由化带来的监管风险。这就要求各成员国共同努力在宏观层面进行制度创新,以便在充分利用外资的同时降低风险。

3. 努力营造公平高效的全球投资环境

经济全球化的不断发展要求各国摒弃偏见来推动全球投资自由化,以营造公平高效的投资环境。G20 成员国可以在以下三方面做出努力:首先是建设高标准、高规格的公平高效的营商环境。东道国在吸引和利用外资时应当适度降低外国投资者的准入门槛,建立和完善投资者权益保护制度,改革和创新投资监管服务模式,实现全球投资贸易单一窗口服务,从而合力打造方便快捷的综合管理服务平台,最终实现全球投资自由化。其次要完善和整合多元化纠纷解决机制。投资纠纷肯定不可避免,关键在于如何解决这些纠纷。各成员国可以通过不同途径解决投资纠纷,根据具体情况建立多元的、公开透明的纠纷解决机制,并不断进行机制完善和创新,鼓励纠纷各方通过友好协商方式解决纠纷,营造国际化的法律投资环境。最后是要加强各成员国之间的沟通和协商。由于各国的政治、经济和社会发展水平存在较大差异,各国应进行多层次、多维度的互动,增进了解,相互借鉴,互通有无,同时结合自身定位,制定和完善规划,创建高效的全球投资环境。

第二章
《G20 全球投资指导原则》
对全球投资发展趋势的影响

为了应对全球面临的共同风险和挑战，G20 为世界主要的发达经济体和发展中国家搭建了开展政策对话与沟通的平台，协调各国对策、强化全球合作，共同打造稳定的全球治理环境，促进世界经济增长。自 21 世纪以来，伴随世界经济日新月异的变化，作为全球多边机制的 WTO 协议已越来越无法规范国际贸易投资活动，解决经济全球化进程中出现的国际争端纠纷问题，因而亟待构建一个统一的且能引领全球发展的新规则。在此背景下，《G20 全球投资指导原则》（以下简称《指导原则》）应运而生，意义非凡。

第一节 基于"杭州共识"的《指导原则》

G20 创立于 1999 年，是极具代表性的国际合作论坛，其成员遍布世界，拥有全球约 85% 的总产出、66% 的总人口、75% 的国际贸易额和 80% 的国际投资额，[1]涵盖面广、代表性强、影响深远。为应对 2008 年的国际金融危机，世界需要在各国政府层面建立新的共识，于是 G20 峰会升级为领导人级别，议程扩大并包括金融市场、贸易和发展等问题。2016 年 9 月，G20 峰会在杭州举行，达成了"放眼长远、综合施策、扩大开放、包容发展"的"杭州共识"。在此基础上，G20 峰会审批通过了《指导原则》。《指导原则》是世界各国首次在多边领域就全球投资规则达成的共识，为各国制定国际国内投资政策提供了参考，是国际投资领域的一大里程碑事件，开启了国际合作、互惠共赢的新纪元。

---

[1] 资料来源于 G20 官方网站。

一、《指导原则》产生背景

(一)全球多边投资体系缺失

跨国投资是促进世界经济增长的重要动力,但长期以来全球一直缺乏一个全面而平衡的多边投资体系。目前现行的国际投资规则体系中存在着三大矛盾:

一是发达国家和发展中国家对待投资规则的立场不同,处于不同发展阶段的经济体在制定投资政策时分歧严重;二是跨国公司和东道国政府在国际投资合作中权责不对等;三是现行投资规则碎片化与多边投资规则的一致性要求矛盾。

鉴于世界各国和地区的对外投资和引进外资的行为都是基于当地的发展阶段、战略规划、经济基础和风俗习惯,20世纪90年代,OECD曾试图在发达国家之间建立多边投资协议,却因各国分歧未能达成。当时,除WTO框架下《与贸易有关的投资协定》为多边协议外,国际投资协定多为双边形式。截至2015年末,全球国际投资协定总数达到了3 304项,[①]并且2016年9月的杭州峰会前这一数量仍在增加。大量碎片化的双边投资协定给国际投资行为带来了极大的不确定性甚至是混乱,多重标准的存在增加了各国和跨国公司对国际投资的管理难度和成本,同时增加了投资者维权和自我保护方面的难度。为此,世界亟须建立一个统一的、能代表各方共同利益、促进国际投资和全球联动发展的多边投资体制。

(二)国际贸易与外商直接投资低迷

由于2008年国际金融危机后,全球投资动力不足,国际贸易增速持续低于经济增速,且总需求持续疲弱,跨国公司利润水平下滑,以及政府保护政策力度加大等因素,FDI保持低迷趋势。直到G20杭州峰会召开的前一年,即2015年,FDI虽较2014年增长了38%,达1.76万亿美元,但增长的一个特殊原因是大规模的公司内部重组,这对于实际生产活动来说没有产生实质性影响。剔除此因素后,2015年全球FDI实际增幅只有15%,远远低于危机前峰值水平。[②]2016年FDI流量小幅下降2%,为1.75万亿美元。[③]

[①②] UNCTAD:《2016年世界投资报告》,https://www.unctad.org。
[③] UNCTAD:《2017年世界投资报告》,https://www.unctad.org。

中国吸收外资全球排名第三。2017 年 FDI 下降 23%，为 1.43 万亿美元，[①]跨国并购下降 29%，其中美国 FDI 流入量下降 40%，降至 2 750 亿美元，但仍居全球首位。中国吸收外资全球排名第二。2012—2017 年全球外商直接投资数据如图 2-1 所示。

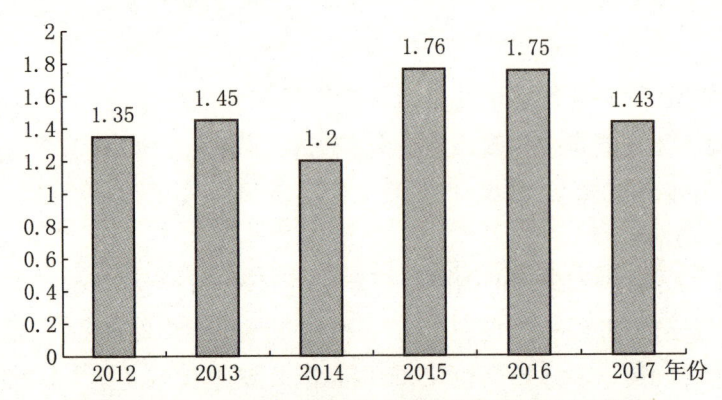

图 2-1　2012—2017 年全球外商直接投资额（单位：万亿美元）

• 数据来源：联合国贸易和发展会议 2012—2017 年《世界投资报告》。

（三）贸易保护主义抬头与逆全球化风潮涌动

自 2008 年国际金融危机以来，以美国为首的发达国家为了应对危机，纷纷采取贸易保护和外资准入审查等措施来保护本国产业和市场。从奥巴马政府的"买美国货""制造业回流"，再到特朗普政府的"美国优先"、频繁动用"301 条款"制裁他国，一系列贸易保护政策层出不穷，给国际间的正常贸易和投资行为带来了极大的困扰。从 2009 年至 2016 年杭州峰会召开前，G20 经济体一共采取了 1 583 项贸易限制性措施，其中只有 1/4 被取消。与此同时，在经济全球化的过程中，由于发达国家和发展中国家利益分配不均，且各国国内的上层和中下层人群利益分配不均，以及大型跨国公司和中小企业的利益分配不均，导致逆全球化的呼声逐渐高涨，民粹主义盛行，全球投资和贸易受挫，全球经济复苏进程受到影响。

（四）国际政治经济环境动荡

2016 年英国"脱欧"谈判、特朗普当选美国总统、朴槿惠被弹劾下台等"黑天鹅事件"给全球政治和经济带来动荡和不安。其中影响最大的是特朗

---

① UNCTAD：《2018 年世界投资报告》，https://www.unctad.org。

普当选美国总统,并开始变本加厉推行贸易保护主义政策,给全球经济复苏带来极大的不确定性。外部环境的动荡不仅增加了国际贸易和投资的风险,减缓了世界经济的复苏步伐,而且也使各国的国际贸易和投资策略已不再只是出于利润和发展的考虑,还被赋予了政治含义和国家关系的较量。与此同时,美元加息、减税和"缩表"预期等,造成全球资金回流美国,多国"明争暗斗",为防止巨额资金外流,出台各种类似保护措施,从而进一步加大了国际环境的不确定性。

(五)"杭州共识"积极贡献中国力量

面对全球多边投资体制缺失、国际贸易和投资低迷、逆全球化和民粹主义兴起,中国始终积极承担大国责任,倡导以构建人类命运共同体为己任,推动各国加强国际合作、求同存异、共同发展。2016年9月杭州峰会期间,习近平阐述了以平等为基础、开放为导向、合作为动力、共享为目标的全球经济治理观,提出建设开放型世界经济就应该"轻关易道,通商宽农",[①]共同构建公正高效的全球金融治理格局和开放透明的全球贸易环境。在杭州峰会期间,中国积极推动G20各国达成"放眼长远、综合施策、扩大开放、包容发展"的"杭州共识":

1. 放眼长远

全球正处于新旧增长动力的交汇期,经济增长弱于预期,国际金融危机的余震仍未完全消散,在大范围爆发新一轮技术革命之前,世界各国经济不会出现井喷式的增长。在此背景下,各国要联合起来,发掘世界经济新的增长点,积极培养新动力;通过技术、机构和制度创新,推动经济转型升级;放眼长远,秉持可持续发展的理念,既要高速发展,又要绿色发展,既要提高当代人的经济生活水平和幸福水平,又要保证子孙后代的发展权利。

2. 综合施策

制订国家发展计划时要综合考虑,要将"放眼长远"的可持续发展理念,与各国的财政政策、货币政策的制定和实施结合起来,并综合考虑经济、社会、环境因素,兼顾需求侧和供给侧的协调发展,妥善安排短、中、长期计划,在寻求经济发展的同时注意环境保护。

3. 扩大开放

中国用自己的发展奇迹向世界证明,开放是跨越发展的必经之路,合作

[①] 《习近平在二十国集团工商峰会开幕式上的主旨演讲》,《新华网》2016年9月3日。

是实现富强的捷径,而贸易保护与逆全球化只会带来贫穷和落后,甚至导致"双输"的结局。因此,世界各国要以求同存异的态度,努力构建开放型经济,反对贸易保护主义和民粹主义,促进全球商品贸易和跨国投资,共建多边贸易体制,减少关税壁垒,让经济全球化的福利惠及更多国家和人民。

4. 包容发展

经济增长的目的是让更多的人受益,在发展中要尤其关注妇女、儿童等弱势群体的需求,减少社会失业率,消除贫困,要让所有人共享发展成果。全球发展不是独角戏,各国要发挥各自禀赋,优势互补,对实力较弱的新兴市场国家加以帮扶,互惠互利,共同发展,促进人类整体进步。

"杭州共识"的提出有利于缓和各国矛盾,发掘增长新动力,反对保护主义,促进全球投资,确保发展成果全人类共享。它是《指导原则》达成的基础。

二、《指导原则》的内涵及其特征

(一)《指导原则》内容解读

G20在杭州峰会期间批准了《指导原则》,并宣布将"以此推动建立一个开放、透明、有利于投资的全球环境"。[①]《指导原则》共有九条内容,概括为:反对投资保护主义、非歧视、投资保护、透明度及参与权、可持续与包容、政府监管权、投资效率与便利化、企业责任、国际合作。

1. 反对投资保护主义原则

2008年国际金融危机后,投资保护主义逐渐兴起,成为经济全球化和国际合作的大敌,对国际投资行为造成了不小的阻碍,使得原本可实现的"双赢"局面却成为"双输"。为此,G20杭州峰会提出了反对投资保护主义原则,指出各国要深刻认识到国际投资对经济增长的引擎作用,避免与投资有关的保护主义行为。以中国为例,尽管中国入世以来一直遵守承诺,不断扩大市场准入,逐步取消外商投资的限制,如建立上海自贸区等,为外资进入消除障碍。但在所谓"中国威胁论"的影响下,中国的对外投资却常常受到人为阻碍。2014年11月,墨西哥政府单方面取消中国已中标的高铁项目;2015年1月希腊左翼上台后叫停了原计划出售给中远集团的希腊最大

---

① 《二十国集团领导人杭州峰会公报》,《外交部网站》2016年9月6日。

港口比雷埃夫斯港,中远集团在做出了比原报价增加34%的让步后艰难完成收购；①2017年1月,蚂蚁金服虽已宣布与美国速汇金汇款公司达成并购协议,但却遭到美国外国投资委员会(CFIUS)否决,最终只能放弃收购并赔偿3 000万美元解约金。上述列举的中国企业对外投资过程中遭受的不公正对待也只是"冰山的一角"。投资保护主义的盛行只会给投资双方都造成昂贵代价。若各国抱着"零和心态"去参与国际贸易投资,那只会是害人不利己。只有合作共赢才是各方的唯一正确选择。

2. 非歧视原则

非歧视原则要求各方"应设置开放、非歧视、透明和可预见的投资条件",这要求给予外国投资者国民待遇,让外国投资者在准入前和准入后的经营活动中享有与国内投资者相同的权利。当然,非歧视不代表东道国放弃监管的权利,但要求东道国在对国外投资者差别对待时要保证差别政策应该是透明的并且是有限的。非歧视原则与下文的政府监管权原则并不矛盾,因为只有当监管措施是出于维护公正、稳定的投资环境的需要时才是符合各方利益的。

3. 投资保护原则

该原则要求东道国政府为投资者和投资行为提供强有力的保护。这既包括制定相应的法律规范来提供立法保护,又包括建立防止投资争端的预防机制,防患于未然。此外,当投资争端发生后,东道国要提供公正、透明的争端解决机制和解决程序,避免"暗箱"操作和滥用职权。该原则与"投资效率与便利化原则"相互呼应,共同建立有利于投资者的外部环境。投资者的正当权利应当受到东道国和投资国双方的共同保护,按照共同准则和程序处理争议。

4. 透明度及参与权原则

鉴于东道国通常在国际投资中往往占据强势地位,在处理国际投资争端时,投资者的知情权和参与权常会受到侵犯。为此,《指导原则》要求建立公开、可查询的政策和法律体系,以保证投资相关规定的透明性,确保所有的利益攸关方能够及时、完整地获取信息。相关规定的制定过程中要保证利益相关方能够有机会参与,避免出现不公正行为。在执行过程中要严格

---

① 肖夏:《每股报价增加三成 中远收购希腊最大港口67%股权终获批》,《21世纪经济报道》2016年1月22日。

遵守法律规定,避免人为设置障碍,维护投资者的正当权益。

5. 可持续与包容原则

可持续发展强调的是当前与长远的协调,而包容发展强调的是经济利益与社会利益的协调,在经济发展的同时,要兼顾就业率、弱势群体、中小企业的利益,最大限度地让普通民众受益。因此东道国引入外资时,要让投资方式、数量和领域与本国的各行业综合发展计划相协调。投资行为不可仅看重眼前利益,还要放眼长远,并鼓励、引导外资进入基础设施、教育、医疗健康、环境保护等领域。投资政策的制定应该兼顾国内产业计划、劳动力就业、资源节约、国际市场保持和开拓。引入外资中,东道国需要秉持可持续发展理念,促进经济包容性增长。

6. 政府监管权原则

政府监管权原则强调,政府出于合法公共政策目的,有权对外国投资进行管制。该原则与可持续与包容原则呼应,政府引入外资的目的是发展,并与本国国情相适应,外资的引入不能损害国家利益。出于正当的、合法的目的,例如保护公共利益、战略性产业等,对外资进行的监管甚至管制,并非投资保护主义,而是政府的权利和义务,并且可以为投资者提供一个稳定、健全的投资环境,促进国际投资的发展。

7. 投资效率与便利化原则

投资效率与便利化原则要求国际投资政策应该使经济效益最大化,具备效用和效率,吸引外资并维持投资规模,同时具有便利化的举措,有助于投资者业务的开创、维护和扩大。目前各国普遍比较重视提供税收优惠、金融激励政策,而在外资利用效率方面却有所忽视。各国不能为了吸引外资而降低监管标准,甚至采取恶性竞争手段,而要积极营造有利于外国投资的公平环境,加强透明的便利化举措,提高资金使用效率。

8. 企业责任原则

国际投资的发展需要东道国和投资方的共同努力,东道国积极为投资者提供政策优惠、投资环境支持和法律保障,而投资方也应该承担起自己的责任。《指导原则》要求"投资政策应该促进和便利投资者践行企业社会责任,塑造作为负责任企业的公司治理最佳样板"。具体而言,外商投资企业需要积极落实社会责任,履行在经济、社会、环境方面的义务。这样做不仅能为企业树立良好口碑,有助于提高企业的市场竞争力,同时也可促进受资国可持续和包容发展。

9. 国际合作原则

世界各国应积极开展合作,用对话而非对抗形式处理国际投资问题,维护开放的国际投资环境,共同应对挑战。随着跨国公司的兴起和世界分工的深化,国际合作具有重要的现实意义,无论是多边规则的制定还是国际金融危机的解决都需要各国沟通合作。由于历史和现实原因,世界各国存在着或多或少的意识形态或经济利益的冲突,但在合作发展的问题上,世界各国有着共同的利益。国际合作原则要求各国坚持求同存异的原则,以共同利益为出发点,避免"以邻为壑"的做法,以合作求互利,维护人类的共同利益。

(二)《指导原则》特点分析

《指导原则》的特点归纳如表 2-1 所示。

表 2-1 《指导原则》的特点

序号	特点	核 心 内 容
1	承前启后	批判继承众多双边投资体系的共同利益关切,并提出可持续发展、包容增长、监管权和企业责任的新一代要素
2	集体立场	G20 与会各国在杭州共识基础上的集体立场,代表了各方的共同利益
3	长远性	立足当下,放眼长远,促进国际投资与国内长期发展战略协调
4	平衡性	平衡发达国家和发展中国家、东道国和投资方利益
5	关联性	九条原则相互联系、相互制约、相互促进,不可分割
6	非约束性	不具备强制性,只是各国国际投资政策制定的参考和指引

• 资料来源:作者归纳整理。

1. 承前启后

《指导原则》共有九项内容,其中反对投资保护主义、非歧视、投资保护、透明度、投资效率与便利化和国际合作这六项原则在以往的双边投资协定中多有涉及,并且也是国际投资谈判中老生常谈的话题。而可持续与包容原则、政府监管权原则和企业责任原则这三项则是新一代投资政策的核心要素。可持续与包容原则体现了各国的思考重点从简单的解除外国投资限制,到关注外资使用方式,促进引资行为与本国的短、中、长期发展计划结合,更加注重社会分配方式公平和人民普遍受益,在发展的同时兼顾环境保护和资源节约。而政府监管权和企业责任原则弥补了以往国际投资中重视东道国义务和投资方权利,而忽视东道国权利和投资方义务的不足,更加有利于保障外国资本的使用效率,同时维护东道国的正当权益。九项指导原则承前启后,反映了各国从"扩量"到"提质"的追求,表现出各国更加成熟的国家战略规划能力。

2. 集体立场

《指导原则》在2016年7月的G20贸易部长会议上制定,在9月的G20领导人杭州峰会上获得审批通过。由于各方的复杂利益关系和多国的差异化国情,其制定的过程颇显曲折,前后历经10稿讨论,可谓贸易部长会议上"最难啃的骨头"。由于参会各国对原本《指导原则》的一些细节存在异议,大会暂停了《指导原则》的签署议程,就细节问题进行二次讨论,导致2016年7月10日的贸易部长会议发布会推迟了近一个半小时。但这一经历也恰恰证明了《指导原则》的制定是在与会各国充分讨论的基础上进行的,反映了各国的利益交汇点,表明了各国在投资原则框架制定、投资者权益保护、投资便利化促进、争端调解以及政府监管权等方面达成共识,是集体立场的体现。

3. 长远性

《指导原则》与以往的大多数双边投资协定相比,其进步性在于包含了可持续发展和包容性经济增长的理念,反映了《指导原则》立足现实、兼顾长远的特点,符合世界各国发展的长期目标,减少了只顾短期收益而忽视环境保护、资源节约、社会发展等综合因素的盲目性。例如,发展中国家在引进外资时,对于污染性企业、垃圾处理行业等要慎重对待,合理安排,不可为蝇头小利让本国成为发达国家污染产业迁移的牺牲品;而劳动力密集的国家在利用劳动力优势和价格优势的同时,也要对投资的产业合理布局,发展本国高附加值产业,促进内涵经济和外延经济同步增长,积极进行转型升级,提高长期综合竞争力。而《指导原则》中对东道国的监督权支持,使得东道国可以根据自己的国情和国内发展战略依法对国际投资进行筛选和监督,保障了长远性目标的实现。

4. 平衡性

上文提到,现行国际投资体系中存在着三组矛盾,即发达国家和发展中国家在国际投资活动中地位和出发点不同、国际投资者和东道国的权责不对等,以及碎片化的双边投资协定的主张不一和多边国际投资体系的统一要求之间的矛盾。《指导原则》具有很明显的平衡性特点,努力化解发达国家和发展中国家在国际投资利益上的顾虑和分歧,求同存异,平衡利益。在东道国和国际投资者之间提出双方各自的权利和义务,给双方留下都能接受的空间,让双方的正当权益都能得到满足,这也正是《指导原则》能够在G20杭州峰会上达成国际共识的决定性因素。

5. 关联性

《指导原则》中的九项原则是相互联系的有机整体,密不可分。它既提到了东道国应反对保护主义,设置开放、透明、非歧视的投资条件,为外国投资者提供有形和无形的法律保护、争端解决机制和执行程序等,又提到了东道国享有对外国投资者的监督权,当投资者的行为危及国家利益时,政府有权为合法公共目的采取管制措施。投资者既享有受到保护的权利,又应该履行负责任企业的义务。此举目的是促进全球投资、实现可持续发展和包容性增长,并且为各国在处理国际投资问题时积极展开合作奠定基础。可见,九项原则是环环相扣,任何一项都不可或缺。

6. 非约束性

《指导原则》并不是一个强制性的协定,而是非约束性的"号召性"文件,实际执行效果需要取决于各国的具体行为。九项原则的提出仅仅是给各国在涉及国际投资问题时充当"纲领性"的参考和指导工具,在制度层面为各国提供一个共同的方向,并作为未来全球多边投资协定的先导性原则而存在。

第二节 《指导原则》对推动全球投资发展的影响

如上所述,2016年G20杭州峰会达成的《指导原则》共有九项内容,各项原则相互联系、不可分割,并基于与会各国的承诺,将可持续发展和包容增长、东道国监督等新一代投资要素囊括其中,为日后的国际投资规则制定和各国国内投资政策安排提供了参考,有利于建设开放透明的投资环境和促进经济全球化进程。它是全球主要经济体首次就多边投资问题达成的重要共识,对于全球投资发展趋势和中国的对外投资活动都具有非常积极的影响,具体如表2-2所示。

表 2-2　《指导原则》对全球投资发展趋势和中国投资活动的影响

对全球投资发展趋势的影响	弥补全球多边投资领域的空白,首次确立全球多边投资规则框架
	打击投资保护主义,促进国际投资公平
	求同存异,找到各方利益交汇点,弥合利益分歧
	放眼长远,促进经济可持续发展和包容性增长
对中国投资活动的影响	促进公平公正,维护中国企业对外投资的正当利益
	增强互信,促进与"一带一路"沿线国家经济合作
	在规则制定上抢占先机,提高中国国际投资领域话语权

・资料来源:作者归纳整理。

一、《指导原则》对全球投资发展趋势的影响

(一)开启全球多边投资领域先河

《指导原则》是世界上首份关于投资政策的多边纲领性文件,弥补了国际多边投资领域的空白,确立了全球多边投资规则的框架,为世界各国制定相关投资政策提供了指导,为展开公平、高效的国际投资活动提供了支持。《指导原则》的提出是历史性的一步,以往世界各国之间签订了数量众多的双边投资协定,但存在相互重叠和矛盾的地方。譬如,多个投资协定同时适用于一个投资活动,投资协定之间有交叉,存在法律冲突,当发生利益纠纷时容易出现多重诉讼的情况,大大降低了国际投资的效率,甚至造成一定程度的混乱,阻碍了全球投资的发展。而《指导原则》的提出是基于多边的集体立场,有利于促进原有双边投资协定的改革,化解冲突和矛盾。

那么,不具备约束性的《指导原则》在实际操作中能否起到上述作用呢?答案是肯定的。虽然《指导原则》是不具备强制性的原则性共识,但切莫忽视其"四两拨千斤"的作用,它作为基石,是各国签订真正多边国际投资协定的第一步,也是关键性的一步,未来这九项原则内容还会继续被细化,最终成为被各国所接受并共同遵守的多边国际投资协定。同时,《指导原则》释放了各国愿意共同构建多边投资协定、促进贸易投资自由和经济全球化的信号,为国际经济合作的顺利进行和世界经济的复苏增强了信心,这一点在逆全球化思潮涌动、贸易投资保护主义盛行的今天尤为重要。

(二)打击投资保护主义

投资保护主义是指东道国针对流入国内的内向型国际直接投资和母国针对流向海外的外向型国际直接投资采取各种针对性极强的歧视性限制措

施。投资保护主义具有全球性、周期性和政治性的特点，是国家间利益争夺的体现。从 2008 年全球金融危机以来，投资保护主义不断兴起，世界各国为了保护本国利益常常以"国家安全"为借口，对外国投资采取直接或间接的阻挠。而被阻挠的国家常常采取同样的措施进行反击，于是全球投资保护主义愈演愈烈，导致错失了国际合作、互惠共赢的大好机会。投资保护主义的兴衰在很大程度上与经济周期相关，当经济处于下行周期时，一些国家常常采取更加严厉的保护主义措施企图挽救本国经济，而在经济态势良好时，这种行为会相对减弱。

投资保护主义除了经济性原因之外，还有政治性原因。国家间意识形态的对立、历史因素导致的国家冲突，以及对"修昔底德陷阱"的恐惧等都是导致一国采取投资保护主义的重要原因。投资保护主义从表面来看似乎是为了保护东道国的国家利益，实际上得不偿失，错失了利用外资和外国先进技术的良机，与经济全球化的精神相悖。正当的东道国监督权是必要的，当国家利益真正受到威胁时东道国可以采取一些限制手段对外国资本进行管制。但实际上以"国家利益"之名进行的限制行为其实大多名不符实。譬如，投资者在进行国际投资时，常常会因为投资保护主义受到东道国的刁难，导致已经签订的合同作废或项目被叫停，让东道国失去发展的机会，也给投资方带来巨大损失。《指导原则》有利于打击投资保护主义，遏制歧视性措施对全球投资的不利影响，增强企业的投资意愿，维护开放、透明、高效的国际投资环境。同时，《指导原则》中涉及的企业社会责任等原则，还有利于企业自身加强规范，减少与东道国的投资冲突，共同减少投资保护主义措施的发生。

（三）弥合多方利益分歧

世界各国之间由于不同的历史背景、民族文化和发展阶段，在走向世界舞台进行国际投资和利用外资时容易出现利益分歧。一方面，发达国家大多既是投资国又是受资国，而发展中国家则大多为受资国，地位和实力的不同造成了双发利益关注点的分歧。在冲突中为了保护本国利益，一方往往不惜采取"以邻为壑"的过激手段，极易引起对手国报复，甚至阻碍了经济全球化的发展。另一方面，外商投资者和东道国之间也存在着利益分歧。投资者关注如何利用东道国的廉价劳动力、丰富自然资源和广阔市场获取最大利益，以及如何促进本国产业转移和升级等，而东道国则更加关注如何增加本国国民收入、兼顾本国长期发展战略、环境保护和资源节约，以及如何提高本国高附加值产业的增长，而不仅仅作为发达国家的低端商品组装加工工厂形式存在。

发达国家和发展中国家之间、投资者和东道国之间的利益冲突是现实存在的,但却不是不可缓解的,《指导原则》的达成对于弥合多方利益分歧大有裨益。《指导原则》为投资者提出了反对投资保护主义原则,要求东道国的投资政策开放、非歧视、透明和可预见性。投资政策既要有助于投资者实现效益最大化,促进投资业务的开创、经营和扩大,同时还得要求投资者承担相应的义务,自觉遵循负责任企业行为规范。东道国有权为合法公共目的对投资活动进行监管,必要时采取管制措施。《指导原则》虽然是非强制性的,但却是全球多边投资协定迈出的第一步,其"寻找利益交汇点、求同存异,共同发展"的理念有助于缓解国际投资活动中各方的矛盾情绪,为促进投资活动的顺利进行和全球共同发展奠定基础。

(四)促进经济可持续发展和包容性增长

经济可持续发展既是为了满足当代人的发展需求,又不会对子孙后代发展需求形成障碍,而包容性增长则强调增长的社会属性和各领域的协调性,在经济增长的同时兼顾环境保护、资源节约、产业升级、成果共享,让国民能够获得平等的发展权利。在以往的国际投资活动中,竭泽而渔的发展例子比比皆是,一些发达国家和新型工业化国家出于自身利益考虑,把一批批耗能和污染产业以直接投资的形式转移到新兴市场国家,造成当地资源枯竭和环境破坏。同时,由于东道国的引资活动缺乏规划性,其正常经济秩序受到严重挑战。

《指导原则》倡导投资应该兼顾国内外两个方面,既可以促进投资扩大,又能够兼顾东道国经济的长期增长,同时强调了东道国政府对投资的监督权和企业的相关责任,在实施投资自由化与便利化的同时给东道国政府留下了管理的空间。这些举措有利于促进东道国政府科学利用外资来发展本国经济、推动本国经济可持续发展和包容性增长。东道国可以在引入外资时,根据自己的发展规划,兼顾环境、人口、资源、社会等多方面因素,引导健康投资行为,在投资者获利的同时促进本国经济健康发展。国际投资活动不应是零和游戏,各方应取长补短、分工合作、互惠共赢。

二、《指导原则》对中国资本"走出去"的影响

(一)维护中国企业对外投资的正当利益

改革开放以来,中国不断促进产业结构升级,优化贸易结构,构建更加

开放的贸易投资格局,国内资本对外投资逐渐增速,2014年已成为资本净输出国。但在中国企业对外投资进程加快的同时,频频受到西方发达国家的歧视对待,并借以"危及国家安全"为由,设置重重障碍,阻挠中国正常的对外投资活动。譬如,中国对墨西哥高铁的工程承包项目、对希腊港口的收购项目、对美国速汇金汇款公司的并购项目等投资失败,也只是众多不成功案例的缩影。东道国的法律不透明,用行政手段强行干预正常经济活动,投资政策朝令夕改反复无常,甚至采取歧视性政策明里暗里加以阻挠等情况时有发生。G20杭州峰会上,中国推动达成的《指导原则》也是中国企业在对外投资活动中寻求获得公平公正待遇的第一步,有利于保障中国企业海外投资的正当权益。未来,《指导原则》的内容还可能进一步被细化,并终将成为各国共同遵守的强制性公约,届时各国对外投资环境将变得越来越好。

(二)促进中国与"一带一路"沿线国家经济合作

中国与"一带一路"沿线国家有着深厚的友谊和广泛的经济合作基础,"一带一路"不仅为沿线国家提供了基础设施建设的资本和技术,而且也为中国带来了广阔的发展空间和大量的合作机会。2017年中国对"一带一路"沿线国家新增投资占比为12%,比2016年占比提高3.5个百分点。[1]《指导原则》的出台可以减少国际投资过程中遇到的相关问题,弥合分歧,提高政治互信和经济合作,增进中国与"一带一路"沿线国家的友谊,促进各方共同富裕。尤其是《指导原则》中的可持续发展和包容增长原则有利于"一带一路"沿线国家的长期发展和提高当地居民的生活水平,为双方的长期投资合作打下坚实基础,而企业社会责任原则有助于中国企业增强自我监督,规范自身行为,减少利益纠纷。

(三)提高中国在全球投资领域话语权

随着综合国力的增强和对外投资规模的扩大,中国与世界的联系愈发紧密,对外合作关系的处理变得日益重要。在全球缺乏多边投资协定的背景下,中国推动G20各国达成的《指导原则》,不仅表明中国已经参与到全球投资规则的制定当中,而且内容上也体现了包括中国在内的新兴市场国家的利益诉求。《指导原则》是建立在"杭州共识"的基础上的。这反映出中国积极参与改善国际投资环境、建立全球共同发展新秩序的决心和能力,同时也预示着中国开始走进国际舞台中央,在全球治理中的地位及话语权与日俱增。

---

[1] 数据来源:国家外汇管理局网站。

第三节 构建"命运共同体",
体现中国参与全球投资治理的新理念

"命运共同体"作为大变局下中国主动参与全球治理的重要理念,以增进全世界人民的福祉为出发点。《指导原则》作为全球首个多边投资政策纲领性文件,代表着中国正以积极的姿态融入全球化,参与全球投资治理,用"中国方案"承担起与大国相称的国际义务,实现全球投资的"多赢"目的,这正是"命运共同体"的现实写照。

伴随着中国国际影响力的迅速提升,中国参与全球投资治理必然会受到美国等西方发达经济体的阻挠。在此情形下,中国如何为全球治理贡献自己的智慧和方案,将很大程度影响中国在全球治理中的话语权。本节从分析国际投资机制的构成及美式全球投资治理的困境出发,引出中国投资治理新理念——构建人类命运共同体,阐述全球投资治理的"中国方案"。

一、全球投资治理现状与趋势

全球治理是一种以规则为基础的治理,包含了人类活动的所有层面的规则体系——从家庭到国际组织——通过规范行为体行动来实现治理目标的过程。[①]但也有观点认为,全球治理是一种超越了国界、没有主权权力的治理。[②]由治理概念延伸到全球经济领域里形成了全球经济治理理念,所谓全球经济治理是指超越了国家主权的经济合作和共治中所包含的机构、规范、准则、标准、实践和决策过程。而全球投资治理脱胎于全球治理,作为全球经济治理的一部分。将治理理念引入国际投资当中,是全球治理的具体体现。在投资全球化以及全球性投资问题演进过程中,对国际投资的全球治理,即"全球投资治理"也随之发展起来。这是一个随着时代变化而变化的动态过程,每个阶段都有时代赋予它的新的议题。

全球投资协定主要是围绕国际直接投资而设定的规则。近年来,国际直接投资已经成为世界经济增长繁荣的主要驱动力量。联合国贸发会议组织发布的《2018年世界投资报告》的统计数据显示,全球外国直接投资额从

[①] James N. Rosenau, Governance in the Twenty-first Century, Global Governance, Vol.1, No.1, Winter 1995, pp.13—43.

[②] Lawrence S. Finkelstein, What is global governance?, Global Governance, 1995, pp.367—372.

2016年的1.87万亿美元降至1.43万亿美元。该报告认为，贸易紧张局势的升级和扩大对全球价值链投资产生了负面影响。同时，美国的税制改革引发的国际税收竞争对全球投资模式的影响同样不可小觑。此外，报告还指出，因地缘政治风险及政策的不确定性导致的全球投资回报率下降是全球跨国投资低迷的主要原因。

实际上，全球投资治理是全球治理的短板，因为在全球层面缺乏对国际投资规则的共识。相较于贸易领域和金融领域，国际投资机制尚没有形成一个类似于世界贸易组织和国际货币基金组织那样的全面的、综合的全球性协调机构，也没有一个统一的国际监管机构，这使得国际投资发展的需要得不到满足，于是世界主要经济体希望尽快形成一个统一的多边国际投资体制的要求愈发强烈。

（一）全球投资治理下的国际投资机制构成

国际投资机制是指各国在国际范围内实施的国际直接投资政策的明示或默认的原则、规范、规则和决策程序。[1]当前的国际投资机制以国家层面的规则体系为基础，以双边层面的规则体系为主体，以区域层面的规则体系建设为主要发展方向，以全球层面的规则体系为愿景。它所涉及的治理架构包括全球投资领域的各类国际组织以及争端裁决机构。

具体而言，当前的国际投资机制包含四个方面内容，包括双边投资协定、区域性投资协定、全球性多边投资协定以及各国投资政策措施，详见表2-3。

表2-3　国际投资体制的层次构成及特点

层次构成	特　点	案　例
双边投资协定	发展最为迅猛，当前国际投资协定体系的主体	联邦德国与巴基斯坦和多米尼加共和国签订的两项双边投资协定(1959)、美韩自由贸易协定(2012)、中国和澳大利亚签订的自由贸易协定(2015)、中国和韩国签订的自由贸易协定(2015)
区域性投资协定	近年来发展较快，代表国际投资机制的新趋势	《北美自由贸易协定》(1992)、《欧洲联盟条约》(1993)、《欧盟里斯本条约》(2007)、《中国东盟自由贸易区投资协议》(2010)、TPP(2016)
多边投资协定	起步早，发展慢，全球范围内尚缺乏统一的、全面的多边投资协定	《解决国家与他国国民之间投资争端公约》(1966)、《多边投资担保机构公约》(1985)、《跨国公司行为准则草案》(1984)、《外国直接投资待遇指南》(1992)、《与贸易有关的投资措施协定》(TRIMs, 1994)、《服务贸易总协定》(GATS, 1995)、《与贸易相关的知识产权协定》(1995)、《能源宪章条约》(1998)

[1] Stephen Krasner, Structural Causes and Regime Consequences: Regimes as Intervening Variables, International Organization, Vol.36, No.2, 1982, p.186.

续表

层次构成	特　点	案　例
外资审查制度、外资监管法律法规及政策	最初由发达国家建立，如今已被广泛采用，成为保护国家安全的必要手段	美国外资安全审查（CFIUS, 1975）、美国外国投资和国家安全法（2007）、加拿大外国投资法（1973）、澳大利亚外资审查（FIRB, 1975）、澳大利亚外资并购条例（1989）

•资料来源：作者分析整理。

第一，双边投资协定（BIT）。它是目前国际投资协定体系的主体，伴随着国际投资的发展而形成。自 1959 年第一份双边投资保护协定签订以来，全球双边投资得到迅速发展。协定缔结数量在 20 世纪 80 年代急剧增加，1996 年达到顶峰，此后年增长率呈现下降趋势，但总量仍在增加。2017 年是自 1983 年以来新增国际投资协定数量最少的一年。投资条约的制定似乎到了一个拐点。2017 年末，在所有的 3 322 项各类投资条约和协定中，双边投资条约有 2 946 项之多，约占已缔结国际投资协定总量的 88.7%。双边投资协定条款经过几十年的不断完善，已经成为具有高标准的投资保护能力和较高自由化水平的投资规则。不足之处在于，双边投资协定对全球投资治理有很大局限性，谈判成本高，协调性差。此外，当前已经签订的双边条约的数量无法涵盖全球所有经济体的投资关系，数量依然严重不足。

第二，区域性投资协定以及经贸协议中的投资条款。随着全球化水平的不断提高，各类区域、跨区域的投资协定以及综合议题中的投资条款也迅速发展起来。"地区主义在国际投资决策中崛起……涉及两方以上的区域和区域间投资条约可以采取不同的形式，特别是区域集团内的谈判、区域集团和第三国之间的谈判，或志同道合的国家之间的谈判。"[①] 从目前发展趋势看，占主导地位的双边投资协定的数目在减少。国家间的经贸合作更偏向于区域和跨区域的合作。在新的区域协定中，单纯以投资为议题的数量很少，更多的是包含贸易、投资的综合议题。其中，较具代表性的协议如《全面与进步跨太平洋伙伴关系协议》（CPTPP）等。

第三，全球性多边投资协定。政府为减少交易成本，实现资源的聚集和共享，达到落实各种特殊国际政策的目的催生了多边主义。某种程度上说，多边主义是一种既具有代表性又具有责任性的全球治理类型。尽管全球多边投资协定起步较早，但近几十年来发展非常缓慢。相较于以 WTO 为核

---

① UNCTAD. The rise of regionalism in international investment policy making: consolidation or complexity?, IIA Issues Note, 12 June 2013.

心的国际贸易体系以及以 IMF 为核心的国际金融体系,国际投资体系尚未形成一个综合的、完善的全球性多边投资协定。联合国(UN)、OECD 等国际组织都曾试图构建一个全球性、功能齐全、具有法律约束力的多边投资规则协定,但大多以失败告终,例如 1948 年的《哈瓦那宪章》中试图建立投资的多边框架和 1995 年 OECD 展开的多边投资协定(MAI)谈判等均未能就多边投资协定达成一致。即便如此,多边投资协定的建立还是取得了较大的成就,主要表现为 GATS、TRIMs 等投资规则的缔结以及国际投资争端解决中心(ICSID)的设立。

第四,各国投资政策措施。包括各经济体在本国内推行的国际直接投资相关制度、政策法规。从投资政策变动来看,国家层面的国际投资政策总体上更倾向于投资自由化,但限制和管制措施也不能避免。自 20 世纪 70—80 年代,为避免外国直接投资对国家安全和国民经济的危害,美国、加拿大、澳大利亚等发达国家就相继建立了外国投资审查制度。时至今日,随着市场一体化程度的加深,越来越多的国家根据其对外投资和吸引外资的特殊情况,也效仿建立自己的外国投资审查制度,形成了独特的对外投资政策。据 UNCTAD 统计,[①]2017 年,全球有 65 个国家和经济体采取了至少 126 项影响外国投资的投资政策措施。这是过去 10 年来国家数量和政策变化最多的一次。在这些措施中,93 项涉及投资自由化和促进,18 项采取限制或管制,其余 15 项措施是中性的。可见,全球促进投资自由化的投资政策所占比重超过八成,表明各经济体对于对外投资的态度依旧是积极的。

(二)美式全球投资治理的困境

全球投资治理体制在历经萌芽、发展、成型后,现在处于调整阶段。一方面,国际投资体制存在较多的问题,没有一个国家对现行的投资体系感到满意;另一方面,各国争相基于本国利益和投资问题采取实际行动。全球投资治理已在加紧进行,投资协定的改革刻不容缓,现已初见成效。2008 年国际金融危机后,越来越多的国家转向缔结双边和区域一体化投资协定,逐步淡化推进多边谈判的积极性。在客观上,双边或区域经济政策协调与全球政策协调之间出现相互竞争的格局。

1. 议题覆盖范围不完备

全球层面来说,因为缺乏足够的国际共识,各国无法缔结一套统一的国

---

① UNCTAD:《2018 年世界投资报告》,https://www.unctad.org。

际投资规则,而现存的局部性质的全球投资协定仅仅涉及部分投资议题,即与贸易相关的投资议题和部分投资争端议题。无论是在法律制定和实践方面,还是地理覆盖区域方面,现行的国际投资治理都呈现出议题覆盖范围的不完备性。双边投资协定是当下投资规则的主体,数量巨大,占已缔结国际投资协定总量的 88.7%,但其实际上提供的保护有限。目前共有 3 300 条协定,加之多项争端解决机制,当今的国际投资协议制度依旧庞大而复杂。"但是它仅为全球三分之二的外国直接投资存量提供保护,仅涵盖潜在双边投资关系的五分之一。若要全面覆盖所有投资关系还需达成至少 14 100 项双边条约。"[1]这不仅提出了要在国际投资协议体系影响力的辐射下促进和保护投资的有效性,而且还要努力建成全球投资协议网络,确保国际投资协议发挥其潜力。

2. 缺少系统性设计

高度碎片化状态下的国际投资协定规则,对于跨越多国投资的企业和签署投资协议的政府来说,合理安排运用已签订的多份协定达到利益最大化的难度在增加,最主要的原因在于缺少系统性设计,因而造成条款间相互交织、重叠。这被称为全球投资治理的"意大利面碗效应"。这种现象不仅加大了投资治理的复杂程度,也使得法律冲突的风险加强。实际上,一部分的国际直接投资不止受到一个国际协定的保护,甚至会有两个或两个以上协定同时作用。这不仅使得谈判成本高昂,协定之间的协调性差,更会导致这种风险增强。这种风险取决于双边投资协定或其他投资协定提供保护的灵活程度。此外,有些仲裁标准的不一致也会导致裁决之间存在很大抵触。争端解决机制的复杂程序,多个国际投资争端仲裁庭的解释差异,这些分散的国际投资机制都会增加相关主体参与全球投资的成本,降低全球价值链的资源配置效率。因此无论是从优化资源配置还是从重建全球化信心的层面考虑,提高制度的有效性和合法性,完善全球投资治理都不仅是必要而且是理性的选择。

3. 投资规则制定权被垄断

当今国际投资规则的制定权被美国掌控。美国推行的一系列国际投资规则日益影响到其他国家和组织的投资制度成为事实上的美式国际投资规则。以美国为首的发达国家已经成为规则的制定者和推动者,发展中国家

---

[1] UNCTAD:《2018 年世界投资报告》,https://www.unctad.org。

则被迫成为规则的接受者。不管是国民待遇条款、负面清单还是投资者和国家争端解决机制,这些都由美国首创并引入国际投资领域,不断扩散成为主流规则,成功引领了国际投资规则的发展。美式投资规则之所以成为主流,一方面是因为美国的大力宣传、引导以及施压;另一方面也是其他经济体对美式投资规则的主动效仿或被动接受。美式国际投资规则的标志是美国双边投资协定范本(BITs),这些范本是由发达国家出于满足自身对外经济政策目的而创造的。发展中国家因无法参与规则制定只好被迫接受该范本,而其自身权益无法得到保障。

4. 权利和义务的失衡

当前的国际投资规则体系存在权利和义务的失衡问题,主要表现为跨国公司投资者与发展中东道国之间的权利和义务上。这一现象具体反映在跨国公司投资者越来越多地利用争端解决机制来谋取利益。一旦争端解决机制启动,仲裁的胜利方往往属于投资者。近十多年里,基于条约的投资者与东道国间的争端解决(ISDS)发生诉讼案件持续增加,仅 2017 年,至少启动了 65 例新的基于条约的 ISDS 案例。在作出裁定的案件中,投资者胜诉的约占 60%。究其原因,这种失衡主要来自话语权的不平等以及发达国家与发展中国家各自利益诉求的不一致。从国际直接投资的来源地与目的地分布看,"外国直接投资是发展中国家最大的外部资金来源,占到发展中国家流入资金总额的 39%"。[①]正是基于上述权利与义务的失衡,发达国家投资者往往出于获取自身的权益,而不顾及东道国的社会经济利益,导致一些发展中国家不满裁决而要求修订协议或干脆选择退出协议。

二、G20 的"中国方案"为完善全球经济治理体系树立了新样板

基于 G20"杭州共识"而达成的一系列包括发展战略、规划、倡议及指导原则等文件,充分体现了作为一个负责任的第二大世界经济体,中国在积极推动全球经济治理中的"大国担当"。作为最大的发展中国家,"中国方案"也为完善全球经济治理体系树立了新标杆、新样板。

第一,探寻推动国际贸易自由化的可行性方案。G20 杭州峰会批准了《G20 全球贸易增长战略》,成为继 WTO 巴厘会议、内罗毕会议之后,全球贸易自由化推进中具有里程碑意义的一项成果,不仅有利于降低贸易成本、

---

① UNCTAD:《2018 年世界投资报告》,https://www.unctad.org。

提振全球贸易,而且还有助于改变多元化、分割化的区域贸易合作格局,推动全球贸易投资整体开放。

第二,增加新兴市场国家的代表权、投票权和发言权。针对当前国际货币体系基本上处于无政府状态,对资本流动、汇率制度选择、国际收支调节等国际货币体系的关键组成部分都没有制度要求的现状,杭州峰会批准了《迈向更稳定、更有韧性的国际金融架构的 G20 议程》,扩大特别提款权(SDR)使用以改革美元主导的现行国际货币体系。

第三,制定非约束性的全球投资指导框架,改进全球投资治理规则。杭州峰会成果中的《指导原则》,是全球首次就建设多边投资规则达成的纲领性文件,不仅有助于改变全球投资管理体系高度分散化、碎片化的现状,而且弥补了当前国际投资治理领域缺乏全球性政策指引的空白。

第四,继续推进基础设施投资、"互联互通"凝聚共识。基础设施投资是推动经济复苏的重要引擎,许多 G20 成员均提出了基础设施互联互通倡议,如欧盟提出的"欧洲基础设施联通计划",南非提出的"跨国铁路走廊计划",中国提出的"一带一路"倡议等。G20 财长和央行行长会议通过了《全球基础设施互联互通联盟倡议》,成功推动世界银行、亚洲开发银行、亚洲基础设施投资银行、新开发银行等全球 11 家主要多边开发银行就支持基础设施投资发表联合愿景声明,从全球层面增进不同倡议和计划间的合作与协调。

尽管 G20 包含发达经济体与发展中经济体,但这一机制缺乏有效打通发展中国家、新兴市场与发达经济体之间鸿沟的切实措施。中国提出的"一带一路"倡议与 G20 峰会中强调包容的理念一致,呼吁各国将注意力放在沿线国家的共同点而非分歧上,打破了以往国际社会中以"民主"和"自由市场"作为入场券而导致的发达经济体与发展中国家之间的不平等,也为一些曾被国际社会忽视的边缘化国家提供了共同发展的机会,通过遵循"共商,共建,共享"的合作理念,共商合作模式,共同分担风险,共享建设成果。

三、中国倡议全球治理新理念——命运共同体

当前,美欧发达经济体标榜的"普世价值观"在全球治理中的运用和实践结果表明,西方所固有的道德优越感以及全球话语权都在下降。另一方面,中国要在发达国家主导的全球经济治理中占有一席之地,改革现有的全球投资治理机制,还需要把中华文化中的处世之道与全球治理的核心内涵统一起来,在当今各国经济政策日益碎片化、保护主义泛滥的背景下,在全

球投资治理中追求人类共同价值,倡导"命运共同体"新理念。

"命运共同体"被视为新型全球化的主要理论。它向世界表明中国在看待全球治理问题上的世界观——构建人类命运共同体,描述了一个相互合作的世界,用一种国际关系的"新"方式,取代了西方"旧"模式。"命运共同体"是通过建立"利益共同体"和"责任共同体"来实现的。前者大致对应着一种经济上相互依存或经济上相互完善的状况;而后者是指政治和安全领域,即完全政治互信的情况。"命运共同体"为中国的全球投资治理提供了丰富的思想资源,也被当作全球投资治理新理念、新模式。这种新的世界观的治理思维,形成了中国与欧美奉行的完全不同的治世之策。

(一)中国参与全球投资治理的路径选择

在全球投资方面,中国既是全球投资治理的利益相关方,也是责任相关方。从国际投资现状看,中国不仅已是第二大对外投资国,而且吸收外资和对外投资之间也已发生结构性转变。自2014年第三季度起,中国从净资本输入国转变为净资本输出国。但是,迅速崛起的对外投资也受到既有的国际投资协议条约的制约。如前文所述,当今世界国际投资规则的主导者依旧是美欧为首的发达经济体,包括中国在内的广大发展中国家整体上只能被动接受这种游戏规则。这不仅表现为欧美对国际投资机制的设计优势,更重要的是其价值观、政治理念的传播已经深入实践的方方面面。但自2008年国际金融危机之后,美国的主导地位正不断遭受冲击。受英国脱欧、美国退出TPP等事件影响,全球经济出现了"逆全球化"的趋势。而另一方面,中国经过30多年的改革开放,中资企业在全球贸易投资链中的作用也愈发凸显。当前,中国以积极主动的姿态去参与全球投资体系建设,既是自身利益的客观需求,也是历史发展的必然选择。

此外,中国的"大国意识"觉醒,希望可以进一步提升对外开放的广度和深度,积极融入全球化当中。因为各民族的生产力、分工和内部交往的发展程度决定了各民族之间的相互关系,全球化的过程就是把各民族各经济体紧密联系起来,休戚与共,这也符合"命运共同体"的基本内涵。因此,构建中国倡导的全球投资治理体系、规则理应成为奋斗的目标和追求,而"命运共同体"理念正是中国积极参与、影响全球投资治理的指导思想。

(二)全球投资治理视域下的"命运共同体"建构

1. 坚持以"共同发展"为导向

在全球投资治理体系的规则制定中坚持"共同发展"的指导思想,形成更具发展性、包容性和灵活性的国际投资协定,这符合中国倡导的"正确义利观",是一种摒弃零和博弈、赢者通吃思维的公平。中国应倡议不断改善东道国投资环境、提高成员国投资开放度;同时还应考虑有助于提升发展中国家对外投资及引资能力的相关条款;积极倡导发展中国家通过减少投资审批环节、开展电子政务合作、提高法律法规透明度等措施增加投资便利程度,以降低资本输出国资本输出成本,提高发展中国家资本输入和利用效率。

2. 构造中国特色话语体系

全球投资规则发展的趋势就是反对投资保护,减少隐形门槛,更加追求投资的自由化和便利化。中国要想在对外投资贸易中构筑新动力就需要加快推进国内改革发展,不断增强国际话语权。改革开放以来,尤其是2001年加入WTO以来,中国的综合实力大幅提升,在国际规则制定方面拥有了更多的表达诉求的权利。在G20峰会上,中国推动《指导原则》的达成,不仅是迈出积极参与全球经济治理的关键一步,也是在全球治理体系中的影响力和话语权显著提升的真实写照。当前,落实新发展理念,构建新发展格局,推动实现更高水平的制度性开放,将有利于中国走进世界舞台中央,提升在国际市场上的核心竞争力,同时,也有助于向世界讲好"中国故事",构造中国特色话语体系,从而使中国在全球治理中真正成为国际规则的制定者和主导者之一。

3. 努力促进多边投资规则体系建设

多边投资规则体系将凝聚各经济体共识,为发展中国家争取更多利益,使之可以相对平等地参与国际经济合作。国际投资协定多边谈判不应具有意识形态及发展模式的歧视,应打破规则制定的排他性,为不发达地区提供发展机会,为中小企业对外投资提供优惠便利。此外,多边投资规则体系建设还需要包容南北国家不同的发展模式,考虑不同发展模式、发展阶段的需求。中国可以利用G20和WTO作为推动全球投资治理的主要平台,同时充分利用UNCTAD等国际组织的资源,发挥多边机制在全球投资治理中的重要作用。通过呼吁各国落实在投资领域所达成的共识,积极推动开展多边投资协议落地的后续协商,同时在重点双边投资协定方面取得突破,最终实现合作共赢、共同发展的目的。

第三章
全球投资自由化的发展历程与趋势

从全球投资自由化的发展历程来看,与投资有关的国际协定主要包括双边投资协定以及自由贸易协定中的投资章节(随着经济全球化的发展,贸易谈判中的投资主题已经变得越来越重要)。全球多边投资框架虽然历经多方努力,但至今仍未达成共识。

第一节 重心转换:贸易谈判中的投资主题

投资超越贸易是全球化深化的表现。贸易自由化的主题是降低关税,取消非关税壁垒。WTO不仅是最广泛的自由贸易机制,而且是一个公平的贸易机制,维护自由贸易。但是,投资自由化已经日益上升为各自由贸易区谈判的主题。从乌拉圭回合谈判开始,世界贸易机制的范围和管辖权逐渐从传统贸易拓展到了服务贸易、与贸易相关的投资措施、与贸易相关的知识产权和农产品贸易。这一拓展的过程反映了全球化的发展,是经济全球化发展的内在要求。因此,投资政策的提出不仅仅是开放贸易的需要,还是经济全球化、自由化的需要,投资问题本身就是作为经济全球化的一部分而提出的。

一、GATT关于贸易和投资规则的努力

1948年GATT的诞生可以说是第二次世界大战以后国际贸易发展中最具有历史性意义的大事。GATT不仅是一个世界性的多边贸易谈判和调节贸易争端的国际贸易机构,而且是其成员国制定关税和进行国际贸易时应遵循的具有约束力的国际多边贸易协定。该协定是在哈瓦那国际贸易组织大宪章的贸易条款的基础上形成的,而哈瓦那大宪章中本身就包含了有关外国直接投资和限制性的商业惯例的内容。由于美国的反对,哈瓦那大宪章没有获得通过。GATT一生效就有人提出将投资条款的内容纳入协定的范围,在1955年的复议中,GATT通过了关于经济发展的投资规定决议,

鼓励国际资本流入急需投资的国家。1956年,GATT将管辖的范围从政府边境措施扩大到了政府的内部政策,在20世纪70年代东京回合的谈判中又再次通过一些新规则的加入使管辖范围从贸易拓展到了与外国直接投资有关的竞争政策,特别是其中的《补贴和反补贴措施协议》。然而,随着70年代以后贸易自由化的不断发展,国际贸易的很大一部分是通过国际投资的形式来完成的,因此,有关外国企业待遇的国际规则以及投资政策中最重要的外国法人和自然人的待遇问题就显得日益迫切。

1982年,美国和加拿大之间爆发了一次与贸易有关的投资措施纠纷。这次纠纷起因于加拿大1973年通过的《外国投资审查法》(Foreign Investment Review Act)。根据该法案的规定,外国投资者在进入加拿大投资设厂时,必须对加拿大政府作出某种承诺,包括当地成分要求、出口业绩要求、股权限制、技术转让、竞争问题和国家产业政策等方面的内容。对此,美国政府表示了不满,主要是针对其中涉及对一些国内产品的采购,以及对一定数量和比例产品的出口,从而爆发了美加两国之间的贸易争端。由于GATT原先不涉及投资问题,这起对东道国政府外资管理体制的争端案例广受瞩目,并引起了一些国家的争议。1984年,经过GATT专家小组的讨论,得出以下主要结论:(1)缔约方可以保留规范国际直接投资的主权,仅当投资措施与贸易有关时才由GATT管辖。(2)本案结论不适于针对最不发达国家。(3)加拿大政府对当地成分的要求违反了GATT关于国民待遇义务的规定,而出口业绩要求并不违反规定。(4)GATT对"与贸易有关"的范围界定是:任何从属于就业、投资、研制开发以及其他明显不在GATT范围之内的措施均是可接受的。[1]这次裁决在GATT的历史上具有非常重要的意义:它不仅是GATT第一次对与贸易有关的投资措施进行裁决,并明确投资措施属于"与贸易有关"的范围界定,从而标志着GATT管辖范围的扩大,而且使GATT充分认识到投资对于贸易的重要性,为乌拉圭回合将与贸易有关的投资措施纳入新议题奠定了基础。

乌拉圭回合谈判开始后,美国为了适应国内跨国公司向外扩张的需要,提出有必要将扭曲贸易的投资措施纳入新的议题,特别是FDI适用GATT国民待遇和最惠国待遇原则的可行性,这对发达国家跨国公司进入东道国特别是一些对外国直接投资实行干预政策的发展中东道国市场,在全球范

---

[1] 徐海宁所编著的《WTO与贸易有关的投资措施协议:规范与承诺》中"附录"一节对此有详细论述。

围内进行价格制定和转移,实行全球采购、生产和销售是非常有利的。因此,这一提议得到了一些发达国家的支持。最初,发展中国家担心《与贸易有关的投资措施协定》(TRIMs)的签订,尤其是其中的国民待遇问题,将使外国公司与本国公司在投资建厂和经营时享有同样的权利,从而使本国丧失部分的国家经济主权,使国家利益被超国家的 WTO 规则所损害,因此反对将投资措施纳入议程。然而,发展中国家在 GATT 谈判中的作用十分有限。很久以来,由于限制性的配额体系——《多种纤维协定》(Multi-Fiber Arrangement,以下简称 MFA)的存在,占发展中国家出口很大份额的纺织品和服装被排除在 GATT 体系之外,一直是受到歧视的;对发展中国家至关重要的农业也没有被纳入谈判议程。为了换取发达国家对农业和纺织品贸易谈判的支持,最后,发展中国家同意将投资措施纳入议程并签订了 TRIMs。该协定虽然在建立国际投资协议方面取得了一定进展,但它仅对与货物贸易有关的方面构成约束,涵盖的范围有限,也未涉及激励性的投资措施,只是对会产生贸易扭曲的限制性投资措施加以规范,而且在执行中还存在很多问题,就建立多边投资框架而言还远远不够,更不可能替代之,这就要求 WTO 进一步朝建立一个完整的多边投资框架的方向努力。

1986 年 9 月,埃斯特角部长宣言将服务贸易、与贸易有关的知识产权措施(Agreement on Trade-Related Aspects of Intellectual Property Rights,以下简称 TRIPs)以及与贸易有关的投资措施等三项新议题列入 GATT 第八轮谈判——乌拉圭回合多边贸易谈判程序,从此拉开了新一轮多边谈判的序幕。从 1989 年开始的乌拉圭回合历经多年,终于在 1994 年 4 月 15 日于摩洛哥马拉喀什正式签署了《关于成立世界贸易组织的马拉喀什协议》,TRIMs 附件 1A、GATS 附件 1B 以及《与贸易相关的知识产权协定》(TRIPs)附件 1C 均附列其后。作为乌拉圭回合一揽子协议的组成部分和 WTO 对国际贸易秩序的管辖依据之一,这三项协议于 1995 年 1 月 1 日同时生效。

二、WTO 与贸易有关的投资政策

WTO 与贸易有关的投资政策主要体现在《补贴和反补贴措施协议》、GATS、TRIMs 以及 TRIPs 之中。这些协定是在 WTO 的前身——GATT 八轮谈判乌拉圭回合的谈判中确定的。在 20 世纪 80 年代初期,国际上对于是否将这些主题纳入 GATT,存在很多互相对立的立场。1986 年 9 月,当埃斯特角部长会议决定发起新一轮多边贸易谈判时,围绕是否将这些主题纳入谈判范围曾经进行了紧张的谈判,各国间存在严重的分歧,直到最后才达成一致意见。因此,这些协议是乌拉圭回合谈判的重要成果之一。

首先,《补贴和反补贴措施协议》一方面通过将补贴分成三类,并且不同类型的补贴待遇不同,从而影响投资者的决策;另一方面通过限制政府实施那些被认为能够造成重大贸易扭曲的补贴权利,为建立在规则基础上的投资自由化的发展提供了一种国际规范,促进了国际直接投资的有序发展。但是,该协议仅仅适用于货物贸易(而且仅仅适用于工业产品,农产品补贴是受《农产品协议》管辖的),因此,它对服务贸易的影响是间接和有限的。

其次,GATS的签署可以说是乌拉圭回合谈判取得的一项较高的成就。GATS作为一个整个服务贸易的框架协议,其内容已经超出了传统的关税与贸易概念(最惠国、国民待遇、关税减让表),从而为以后《金融服务协议》(1997年12月13日)及其附件的签署留下了广阔的发展空间。该协议中出现了许多相对于传统GATT模式的例外,如保障、补贴、一般例外与国家安全等,甚至初步地提到了竞争与商业限制的问题,这不能不说是一个很大的进步,是GATT的一个推进。同时,该协议的许多条款与投资有关,尤其是与服务提供商有关的投资,如建立分支机构、派驻专业人才等,因此可以说是在"投资"尚未纳入WTO主题情况下的一种事实上的"投资"协议。

再次,TRIMs将与货物贸易有关的投资措施融入GATT多边贸易体制,并将条约义务限制在少数过去在贸易争端及其解决中被认为是引起麻烦的措施上,不仅重申了国民待遇义务,而且禁止与特定投资措施有关的数量限制,从而推动了国际直接投资的发展。20世纪70年代以后,国际直接投资的发展十分迅速,与此同时,母国和东道国之间的矛盾也不断增多,为了适应经济全球化发展所带来的国际直接投资业务的扩大,乌拉圭回合将与贸易有关的投资措施纳入谈判的议题之中。

最后,TRIPs的签署也是乌拉圭回合谈判取得的一项非常重要的成就。TRIPs对各成员方与贸易有关的知识产权的保护提出了基本要求,有利于技术的国际转换和产业的国际转移,从而促进了吸引外国直接投资的法律环境的建设,因此也构成对国际投资领域的约束。

三、多哈发展议程:外国直接投资政策的新一轮谈判

在WTO的议程中,多哈谈判一直是众人注目的焦点。这不仅因为该

谈判是 WTO 成立以来的首次正式多边谈判,还因为在这次谈判中 WTO 将制定全球进入 21 世纪以后的世界贸易规则,涉及的领域十分广泛,对整个世界经济、贸易和投资都会产生重大影响。因此,各成员方对在 1999 年 12 月召开的美国西雅图会议寄予了很大希望。在此之前,1999 年 9 月召开的亚太经合组织新西兰奥克兰会议被视作西雅图会议的第一个准备会议。在会议上,围绕着是否展开新一轮多边贸易谈判,50 多个 WTO 成员国和地区递交了 150 多份提案,涉及农业、服务业贸易以及与贸易相关的投资措施等十多个领域,他们的报告正是西雅图会议的基础。这些议题主要可以分为两个部分,即传统议题和新议题,前者包括农产品、服务贸易、工矿业产品的关税减让和加强多边贸易体制,后者包括投资规则、贸易便利化、政府采购透明度、电子商务、贸易与环境、贸易与劳工标准以及贸易与竞争政策等。可见,在七项新议题中,投资规则占据了重要的一席。这是因为,在 GATT 乌拉圭回合的谈判中虽然已经制定了 GATS 以及 TRIMs,但是,进一步的磋商还有待继续,各成员方还期待着建立一套更深入和全面的综合性的跨国投资规则。需要注意的是,在新一轮谈判中,关于投资政策与竞争政策之间的关系也受到重视,为此,西雅图会议还成立了一个重要的工作组,专门研究贸易和竞争政策的互动关系,旨在为跨国投资和竞争政策制定一套规则。

2001 年 11 月 9—14 日,WTO 第四届部长级会议在卡塔尔首都多哈举行,最终通过了部长宣言等文件,就新一轮多边贸易谈判问题达成了共识,决定将贸易与投资等问题放到第五届部长级会议以后再进行,为外国直接投资政策的新一轮谈判奠定了基础。关于贸易与投资的问题,《多哈宣言》第 20 条、第 22 条分别阐明了以下内容:(1)同意建立一个多边的框架来保证为长期的跨国投资特别是外国直接投资提供透明、稳定和可预见性的条件,这有助于扩大贸易以及在该领域增强技术帮助和能力建设。谈判将在第五届部长级会议以后,根据在该部长会议上通过谈判的形式达成的决议来进行。(2)在第五届部长级会议之前,WTO 贸易与投资关系工作组将集中阐明有关范围和定义、透明度、非歧视、以 GATT 为基础的预设承诺形式、积极清单方式、发展条款、例外和国际收支保障、成员间磋商和争端解决等方面的问题。任何框架应能公平反映母国和东道国的利益,适当考虑东道国的发展政策和目标以及它们出于公共利益进行调控的权利。发展中国家和最不发达国家的特殊发展、贸易和财政需要应当作为任何框架中不可分割的一部分来加以考虑,以帮助各成员承担与它们各自的需要和环境相适应的义务和承诺。不仅要对其他 WTO 相关条款予以关注,适当时还应考虑已有的双边和地区性投资安排(WTO, 2001)。但是,2003 年 9 月在墨西哥坎昆举行的 WTO 第五次部长级会议上,各成员国在农业问题上无法达成共识,令多哈回合谈判陷入僵局。之后,多哈回合谈判一直处于"软重启"或"试探性重启"状态。

由于 WTO 多哈回合谈判迟迟无法就服务业市场开放达成具体共识,由少数 WTO 会员国组成的次级团体 WTO 服务业真正之友集团(Real Good Friends of Services,简称 RGF)于 2011 年底成立,进行国际服务贸易协定(TiSA)谈判。TiSA 谈判包含的主要问题分为四大领域:市场准入和国民待遇、跨境数据流动、国有企业和未来服务。从目前来看,TiSA 谈判主要涵盖了信息和通信技术(ICT),金融服务、专业技术人员服务、商业人员的临时进入、海上运输和国内管制,以及新提出的空中运输服务、快递服务和能源服务等领域。为了顺应全球投资的发展和对投资规则的需求,除部分 GATS 框架中已经有的内容如政府采购、竞争政策和监管协调、相互认证和国内监管以外,TiSA 还新增了部分条款,如国有企业和跨境数据流动等,以反映当前服务贸易发展的新规则,同时也体现了国际投资在全球贸易发展中的重要性。

第二节 趋碎片化:国际投资协定体系的演变

国际投资协定主要包括双边、区域和多边三个层次。广义的国际投资协定包括跨区域的投资贸易协定以及国际贸易协定中包含的投资内容。2012 年以后,美式高标准 BIT 范式的盛行,使国际投资协定从双边投资协定向一种新的国际投资协定趋势转变:以美式 BIT 范式为基准的新的高标准双边投资协定模式,跨区域的国际贸易协定中的投资内容,与正在行进中的全球多边投资框架一起,共同构成了国际投资协定的最新发展。

一、双边投资协定

两次世界大战期间,很多国家都签订了《友好通商航海条约》。1959 年,德国与巴基斯坦签订了《关于促进和保护投资的条约》(BIT),这也是第一个双边投资协定。在此基础上,全球逐渐形成第一代双边投资协定,即欧式BIT范本。这个时期的双边投资协定比较强调投资保护,对投资自由化关注较少。

在处理国际投资争端方面,1958年《承认及执行外国制裁裁决公约》签订,为执行国际仲裁法提供了条件。1965年,旨在解决投资者与东道国之间投资争端的专门机构"国际投资争端解决中心(ICSID)"建立,为解决国际投资争端提供了相应的国际机构。

20世纪80年代初,美国把双边投资协定作为保护海外投资的工具,从而逐渐形成了美式BIT范本,这也是通常所说的第二代双边投资协定。与欧式BIT范本相比,美式BIT范本更强调投资环境的自由化,强调"准入前国民待遇"。

2012年以后,双边投资协定的发展出现了巨大变化,过去关于欧式BIT范本和美式BIT范本的争议以欧式协定的淡出而告一段落。美国2012年BIT范本以更为强调透明度和公共参与度而占据了国际双边投资协定的主流。劳工与环境问题也开始逐渐受到重视,这与WTO关于投资问题的最新议题趋同。由于高标准的美式BIT范本占据上风,在此基础上发展而来的第三代双边投资协定逐渐确立。第三代国际投资规则强调高标准的投资自由化,竞争中立,以及发展中国家在全球投资规则制定中的话语权。

二、全球区域贸易协定中的投资内容

在区域层次上,处于同一区域的几个周边国家如果一致达成有关投资政策的协定,则能够增加共同的经济福利,避免资源配置的扭曲。因此,在一些区域内部甚至于跨区域之间都相继出现了一些较有约束力的制度。

(一)区域内部的协定:《北美自由贸易协定》

在北美,签订于1988年1月1日的《美加自由贸易协定》具有历史性的意义。《美加自由贸易协定》于1989年7月1日开始执行。该协定对国际投资规则的贡献在于:它制定了一个模式,为后续的贸易和投资谈判提供了重要的范例。例如,关于外国直接投资的部分(作为北美自由贸易协定的模式),关于免税部门的条例(作为多边投资协议的模式,包括与文化、医疗保健、社会服务、教育、交通和能源部门有关的国民待遇)以及关于服务贸易的部分(作为关税与贸易总协定以及世界贸易组织的模式)。同时,该制度的建立本身就是一种制度创新,为以后各项投资协定的诞生提供了蓝本。该协定的投资条款是1993年《北美自由贸易协定》的基础,而后者又是经合组织《多边投资协定》的模型。《多边投资协定》的投资条款在很多方面是与《北美自由贸易协定》投资条款的内容完全相同的,例如,《美加自由贸易协定》和《北美自由贸易协定》都包括了国民待遇这一原则。以上这些协定与世界贸易组织的多边投资协议也有关。

1992年达成的《北美自由贸易协定》的附属条例规定了一系列关于FDI的保留法律,并且针对汽车和纺织工业制定了严格的原产地法规,从而保护了成员国的跨国公司,因为美国在这两个部门的效率较低。通过这样一种既有保护措施又有推动自由贸易的混合方法,《北美自由贸易协定》对成员国中的一些低效率部门进行了保护,虽然这是以牺牲作为竞争对手的欧洲和日本的利益为代价的,但它在一定程度上防止了全球竞争的出现。而从1998年4月开始的建立美洲自由贸易区的谈判也在进行,其议题也包括透明度、投资与竞争政策、投资促进、投资鼓励等备受瞩目的问题。

但是,随着时间的流逝和美国总统的更迭,作为倡导者的美国"希望在知识产权、规制措施、国有企业、服务、海关程序、中小企业等领域升级《北美自由贸易协定》",这与加拿大和墨西哥的立场和诉求有一定的冲突,以致这一历史悠久的区域贸易协定目前也面临困境。[①]

(二)跨区域的协定:TPP、TTIP和CETA谈判中的投资问题

美国一度主导了两个重要的贸易协定的谈判,即TPP和TTIP。TPP是更高水平的投资贸易协定,其中的部分条款如外商投资的负面清单等,已经完全超越了贸易谈判的主题。截至2015年,TPP成员已经有美国、日本、加拿大、新加坡、文莱、马来西亚、越南、澳大利亚、新西兰、智利、墨西哥和秘鲁。美国于2017年1月退出后,TPP由日本主导并签署新的自由贸易协定《全面与进步跨太平洋伙伴关系协定》。

另外,美国和欧盟于2013年启动TTIP即美欧双边自由贸易协定的谈判,议题涉及服务贸易、政府采购、原产地规则、技术性贸易壁垒、农业、海关和贸易便利化等。TTIP涉及的内容包括解决双边贸易壁垒的条款,如跨境数据流动、数据隐私以及金融监管的协调,以及相互开放银行业、政府采购等,统一双方的食品安全标准、药品监管认证、专利申请与认证、制造业的技术与安全标准,并实现投资便利化等。作为双边自由贸易协定谈判,TTIP

[①] 欧盟也有相关的区域内部协定中的投资相关内容。2009年12月里斯本条约的生效就已经把原先欧盟成员国内部的双边投资协定的职责逐渐转移到欧盟。虽然关于细节各成员之间仍有不同意见,但大体方向一致,特别是关于可持续发展方面。

不仅涉及贸易,同样也涉及投资主题。TTIP 谈判也同样存在着严重的分歧,前途未卜。

此外,2017 年 9 月,《欧盟与加拿大全面经济贸易协定》(the EU and Canada Comprehensive Economic and Trade Agreement,以下简称 CETA)临时生效。该协定是欧盟和加拿大达成的首个自由贸易协定。CETA 的第八章为"投资",其中包括 6 个部分内容 45 个条款,另有 2 个附件及声明。CETA 投资章节涵盖了投资范围及定义、非歧视待遇、投资保护、保留及例外以及投资者与东道国间的争议解决等,在一定程度上代表了与贸易有关的国际投资规则的新动向。

三、多边投资协定

1949 年,由国际商会制定的《外国投资公平待遇国际法则》成为第一份获得通过的有关 FDI 的国际协议,但这份由非政府组织制定的协议实际上并没有约束力。之后,关于 FDI 的国际协议逐渐增多,且绝大多数获得通过,这些地区的、非政府的和多边的协议共同构成了对国际直接投资行为的规范。

(一) 20 世纪六七十年代的发展

20 世纪 60 年代以后,以跨国公司为主体的国际直接投资活动日益频繁。为了促进国际直接投资的发展,加强国际间的政策协调,一些国际组织纷纷制定有关投资的规则,但并未完全得到实施。

首先,1965 年 3 月 18 日,世界银行在华盛顿签订了《关于解决东道国与其他国家国民之间投资争端公约》(Convention on the Settlement of Investment Disputes between States and Nationals of Other States,又称《华盛顿公约》),并在 WB 内设立了 ICSID,为国际投资提供了一条争端解决的途径。

其次,从 70 年代开始,在联合国经社理事会所属的原跨国公司委员会的主持下,开始起草《联合国跨国公司行为守则》,并于 80 年代提出草案,但由于各国意见不一致,直到 1992 年 4 月跨国公司召开的最后一次年会上仍然没有结果,至今悬而未决。

最后,1976 年 6 月 21 日,OECD 在巴黎公布了《国际投资和多国企业宣言》(OECD Declaration on International Investment and Multinational Enterprises)。《国际投资和多国企业宣言》是比较重要的一份文件。它对跨国公司在各国的行为准则作了界定,提出了跨国公司与东道国相互关系的基本原则,但它没有把东道国对跨国公司的态度写入条款,因此不能完全适应经济全球化发展的要求。其主要内容为《多国企业指南》(OECD Guidelines for Multinational Enterprises)。[1]其中第三条"国际的鼓励和抑制措施"也明确了三项原则:(1)各成员国政府确认有必要加强它们在国际直接投资方面的合作。(2)各成员国政府确认有必要对于各成员国根据这一领域的特别法律、条例法规及行政惯例所获得的利益给以应有的重视,对国际直接投资规定正式的鼓励与抑制措施。(3)各成员国应尽量使这类措施明白易懂,便于人们了解其重要性与目的,并使人们易于取得有关情报。总体来说,这份宣言仍然是没有约束力的。

在这一阶段,国际组织制定的其他有关投资方面的主要协定还有:《对外资、商标、专利、许可协议和提成的共同待遇的第 24 号决议》(安第斯条约组织,1970 年)、《关于多国企业和社会政策原则的三方声明》(国际劳工组织,1977 年)、《联合国关于发达国家和发展中国家避免双重征税协定》(联合国,1979 年),等等。

(二) 20 世纪八九十年代的发展

20 世纪八九十年代,全球关于全球化与反全球化的争议十分激烈,连带使国际组织建立多边投资框架的愿望纠缠其中,出现了种种矛盾,OECD《多边投资协定》(MAI)的破产就是一个典型案例。特别是 90 年代末以后,对 FDI 进行保护、促进和自由化的趋势有增无减。发展中国家和地区以及转型经济国家对 FDI 采取的措施大都是减少外资进入的部门限制,或对原先限制或禁止外资进入的行业实行自由化,其中最为明显的是能源、电信、机场、制药行业,银行与保险等垄断性行业也开始对外资开放,外汇管制也有所减弱。随着 WTO 的成立,保护知识产权、加强对消费者和环境保护以及金融信息的开放等与贸易和投资有关的法律环境也得到优化;发达国家则进一步放松了对外资进入行业的限制。因此,从 90 年代末开始全球出现了逐步向以规则为基础的投资自由化发展的趋势。然而,由于 OECD 的 MAI 的流产,这种趋势尚未得到确立。

1. 国际组织关于建立多边投资框架的努力

1980 年,联合国贸发会议通过了一份自愿性文件《多边一致同意的管制限制性商业惯例的公正原则和规则》,要求各国采纳、改进和有效实施管

---

[1] 《多国企业指南》是 OECD 各国政府向跨国公司提出的关于跨国公司在其东道国行为的建议,它是 1976 年通过的《国际投资和多国企业宣言》的一部分,在 1979 年、1982 年、1984 年、1991 年和 2000 年均进行过修订。

制本国企业和跨国公司的限制性商业惯例的适当立法和程序。这套原则和规则的主要目标是:"保证限制性商业惯例不妨碍或否定贸易自由化利益的实现;提高国际贸易和发展的效率;普遍保护和促进社会福利,并特别保护和促进消费者的利益。"它要求企业不得从事的行为包括:"通过滥用或收购以及滥用居支配地位的市场力量,限制市场进入或不正当地限制竞争"时,它们所进行的"合并、收购、建立合资企业或其他对控制权的收购。"以上原则和规则有助于加强发展中国家处理跨国并购的能力。①

1985年10月11日,世界银行又在汉城通过了《多边投资担保机构公约》(又称《汉城公约》),为成员国的投资者提供了非商业性投资风险的保险。②根据该公约第12条(d)的规定,该机构必须在保证投资的前提下确保遵守"东道国的投资条件,包括为投资提供公平、公正的待遇和法律保护",第23条还规定"多边投资保证机构除了对研究和技术活动提供支持外,还应促进公约成员之间达成有关保护和促进外国投资方面的协议"③。

1992年9月21日,WB又与IMF一起颁布了《关于外国直接投资的待遇准则》(Guidelines on the Treatment of Foreign Direct Investment),但该准则是非强制性的,不具有约束力。

1998年,OECD也制定了《OECD准则》,以非约束性的手段来处理有害的优惠税收制度,其基本内容与《欧盟行为准则》相似,不同的是,《OECD准则》仅限于金融和其他服务活动,而欧盟则涵盖了各种商业活动。此外,OECD还就很多建议达成一致意见以抵消减少税收的竞争所产生的不利影响。

在这一阶段,国际组织制定的其他有关投资方面的主要协定还有:《关于管制限制性商业做法的公平原则与规则的多边协议》(联合国,1980年)、《国际劳工组织关于工作基本原则和权利的声明及其附属文件》(International Labour Organization, ILO, 1998)、《OECD反对贿赂外国政府官员公约》(OECD, 1999),等等。

2. 由OECD倡导的《多边投资协定》的流产

由经合组织倡导的MAI在货物贸易、服务贸易、与贸易有关的投资措

---

① 联合国贸发会议:《2000世界投资报告——跨国并购与发展》,中国财政经济出版社2001年版,"插文6.17: UNCTAD关于限制性商业惯例的原则和规则"。
② 该公约于1988年4月12日生效。
③ 转引自联合国贸发会议、世界贸易组织国际贸易中心、英联邦秘书处编著:《WTO企业指南》,中国(海南)改革发展研究院翻译,企业管理出版社2001年版。

施和与贸易有关的知识产权方面内容与WTO在部分内容上是一致的。与TRIMs相似,MAI同样提出对将会限制贸易发展或产生贸易扭曲的投资措施加以限制和规范,但它在涵盖的范围和约束的程度上要超过TRIMs(TRIMs仅对货物贸易加以约束)。[①]该谈判开始于1995年,根据原先的计划,MAI应当"为国际投资提供一个广泛的、拥有高标准的投资制度自由化和投资保护措施,以及有效的争端解决程序的多边框架",并且"是一个独立的国际条约,它对所有OECD成员以及欧盟成员国开放,并允许非OECD成员加入,[②]这一点将随着谈判的进展予以磋商"。MAI提出的核心原则包括透明度、国民待遇、最惠国待遇、资金转移、业绩要求、征用、争端处理等方面,考虑到每个国家的具体情况,还规定了一般例外、临时性保护措施、某一成员国特定的例外等条款,以照顾申请国的发展利益。实际上,当时在对是否应在协定中明确涉及激励政策进行初步讨论后,已决定推迟有关激励政策的进一步纪律的谈判。[③]这些纪律原先是为了避免各国间激励措施的过度竞争而制定的。该纪律被认为会受到各种次国家当局的反对,因为这些次国家当局仍希望运用激励政策来吸引FDI,而这些次国家当局如联邦制国家的"州"对FDI拥有一定的立法权,因此,一些代表团认为关于激励政策的问题最好是在地区或者世界范围进行处理。1998年,MAI宣告失败。

(三)进入21世纪后的发展

进入21世纪以后,各类包含投资条款的协定(TIPs)逐渐增加,这类协定"包括除双边投资协定(BIT)以外各种含有投资保护、促进和(或)合作条

---

① MAI, The Relationship between the MAI and the WTO Agreements, 29 August 1996, DAFFE/MAI(96)21.
② 当时已经有中国香港地区以及阿根廷、巴西、智力、爱沙尼亚、拉脱维亚、立陶宛、斯洛伐克共和国等8个非成员地区或国家作为观察员参与了该协议。
③ 有关投资激励的问题,MAI在1996年1月16日发表的报告中[MAI, Investment Incentives, 1 January 1996, DAFFE/MAI(96)5]曾经确立了四条国际规则,而在OECD1998年5月4日发布的报告"附件5"第9条规定[MAI, The Multilateral Agreement on Investment, 4 May 1998, DAFFE/MAI(98)17]:(1)缔约方有义务使采取的投资激励符合国民待遇和最惠国待遇原则。(2)任何缔约方如果认为它的投资者或投资受到了来自另一缔约方采纳的投资激励的不利影响,并且对资本流动或者投资决策产生了扭曲,可以要求与该缔约方磋商。(3)为了进一步避免和使这种不利的或扭曲的效应最小化以及避免缔约方为了吸引或保持投资而进行过度竞争,缔约方应该在MAI实施后三年内就建立附加的MAI纪律参加谈判。考虑到政策目标,例如缔约方地区的、结构的、社会的、环境的或研究和发展政策,以及在其他论坛进行的类似性质的工作,这种谈判应该承认投资激励的作用,并应该特别就有关明确的歧视、透明度、停滞和政府压低价格问题提出谈判。(4)本条款的目的在于说明投资激励意味着允许一种从与建立、获得、经营、管理、维持、使用、娱乐、销售或其他对一个投资者的一项投资的安排有关的公共支出产生出来的特殊优势,而不管这项安排是否与另一缔约国有关。由此可见,在1998年的文本中有关激励政策的进一步纪律的谈判已经被推迟到MAI实施的三年以后。

款的国际协定。TIPs 囊括自由贸易协定(FTAs)、区域贸易和投资协定(RTIAs)、经济伙伴协定(EPAs)、合作协定、联合协定、经济互补协定、更紧密经贸关系安排、建立自由贸易区的协定,以及贸易和投资框架协定(TIFAs)。不同于 BITs,TIPs 包括涉及两个以上缔约方的诸边协定"。[①]但是,这些 TIPs 在投资相关承诺的范围和方式上存在很大差异。有些 TIPs 包含了双边投资协定中常见的义务,如中韩 FTA;有些包含了限制性条款,如欧盟和哈萨克斯坦签署的扩大合作伙伴关系协定;有些在缔约方之间建立了关于实施投资促进和投资合作的制度性框架。

大型区域协定谈判涵盖了双边投资协定(BITs)或者其他投资协定中要解决的问题,主要关注点集中于以下两类问题:一是有关投资条款,包括适用范围、经营要求、待遇标准、投资自由化、否定性获益、资金转移免责条款、投资者-东道国争端解决机制、关键人员等;二是与投资相关的条款,如监管合作、知识产权保护、服务贸易、金融服务、政府采购、竞争、企业社会责任一般例外条款等。由于大型区域协定的发展,对于整个国际投资协定体制的整合起到了非常重要的影响。一方面,"大型区域协定有可能在其成员国与第三方国家达成的国际投资协定的基础上创造出新的标准";[②]另一方面,大型区域协定的发展在一定程度上促进了全球多边投资框架的形成。

在全球投资政策方面,UNCTAD 还与 OECD 一起,对 G20 的投资政策制定进行监测;积极推动投资自由化包括国际投资法和投资者-东道国争端解决机制(ISDS)的完善;同时,UNCTAD 启动了可持续发展投资政策框架,将包容性增长和可持续发展置于吸引和利用投资的核心,率先将可持续发展这一议题引入投资领域。

第三节 整合创新:国际投资协定体制的改革

进入 21 世纪以来,关于国际投资协定体制改革的呼声日益高涨,国际社会对于是保持国际投资协定体制的现状,还是退出相关体制,或是进行选择性调整,乃至是否进行彻底的系统性改革莫衷一是。可以说,进入 21 世

[①] 联合国贸易和发展组织:《世界投资报告 2016——投资者国籍及其政策挑战》,南开大学出版社 2016 年版,第 117 页。
[②] 联合国贸易和发展组织:《世界投资报告 2016——投资者国籍及其政策挑战》,南开大学出版社 2016 年版,第 132 页。

纪以后,关于国际投资协定是否进行体制改革的问题已经被迫不及待地提上日程,这在一定程度上也影响了全球投资政策的发展方向。

一、国际投资协定体制的演变过程及改革缘由

当前,国际投资协定体系日益碎片化,可持续发展问题不能得到有效解决,投资者-东道国争端案件大幅上升。尤其是在全球经济复苏乏力背景下,投资保护主义措施特别是国家安全审查等隐性保护主义措施日渐增多,对全球投资的恢复造成了严重的影响。在新的形势下,国际社会正在对国际投资协定体制进行广泛的审查和评估,国际投资协定体制的改革已经提上议事日程。

(一)国际投资协定体制的演变过程

2015年,UNCTAD提出,双边投资协定(BITs)、各类包含投资条款的协定(TIPs)以及多边投资协定框架等共同构成了国际投资协定(IIA)体制,并将"二战"后国际投资协定体制的演变划分为四个阶段。

1. 初始阶段("二战"后—1964年)

这一阶段是国际投资协定的萌芽阶段,对国际投资起到"弱保护"作用。主要包括:GATT(1947)、哈瓦那宪章草案(1948)、建立欧洲经济共同体条约(1957)、纽约公约(1958)、德国-巴基斯坦双边投资协定(1959)、OECD自由化准则、关于自然资源永久主权的决议(1962)等。

2. 分化阶段(1965—1989年)

这一阶段对国际投资行为的保护力度加强,并引入了ISDS条款,建立了投资者行为准则。主要包括:ICSID(1965)、国际贸易法委员会(UNCITRAL, 1966)、荷兰-印度尼西亚双边投资协定(1968)、UN跨国公司行为守则草案(1973—1993)、建立国际经济新秩序宣言(1974)、国际技术转让行动守则(1974—1985)、OECD跨国公司指南(1976)、MIGA公约(1985)等。

3. 扩张阶段(1990—2007年)

国际投资协定体系在这一阶段开始扩张,对于投资自由化的内容增多,同时ISDS也出现扩大化趋势。主要包括:WB的FDI待遇指南(1992)、NAFTA(1992)、APEC投资原则(1994)、能源宪章条约(1994)、OECD的MAI草案(1995—1998)、WTO(GATS、TRIMs、TRIPs, 1994)、WTO贸

易与投资工作组(1996—2003)等。

4. 重新定位阶段(2008年至今)

国际投资协定体系在这一阶段出现了从双边投资协定向区域性国际投资协定转变的趋势,每年新的国际投资协定数量下降,部分协定退出或进入修订阶段。主要包括:里斯本条约(2007)、UN商业与人权指导原则(2011)、UNCTAD投资政策框架(2012)、UN透明度公约(2014)等。

(二) 国际投资协定体制的改革缘由

尽管国际投资在世界经济中的地位与作用不断增强,但与国际贸易和国际金融相比,国际投资领域的国际政策协调却进展缓慢。后两者已分别建立了以WTO和IMF为代表的国际贸易体制和国际金融体制,而国际投资却没有一套全面和权威的制度安排,也缺少一个全球性的协调机构。总的来看,当前的国际投资协定体制存在以下三个方面的问题。

1. 当前的国际投资协定体系存在体制性弊端

截至2020年底,国际投资协定体系由3 360个国际投资协定(2 943个BITs和417个TIPs)以及多边投资争端解决机制构成。但是,这一庞杂的体系仅覆盖了全球1/5的双边投资关系以及全球外资存量的2/3。与此同时,各国还在继续谈判签订新的国际投资协定。高度碎片化的国际投资协定体系存在众多体制性弊端。首先,众多协定之间缺乏一致性、连续性,存在许多重叠、缺陷和自相矛盾。这种投资协定重叠、交叉的现象不仅增加了投资协定体系的复杂性,而且导致法律条款之间出现矛盾冲突,甚至出现投资者根据不同协定对同一东道国的同一政策措施提起多重诉讼的情况。其次,不同的投资争端仲裁庭对投资协定的解释存在相当大的差异性,而且争端解决机制程序冗长复杂。这样一个由双边、区域及多边协议组成的国际投资协定体制,对国家和投资者来说极其庞大复杂,弊端逐渐增多,改革势在必行。

2. 对可持续发展问题关注不足

很多发展中国家在众多的国际投资协定中承担了大量的义务,限制了国家政策的运用空间,导致相应的履约压力与成本不断增大。特别是2008年国际金融危机以来,一些国家希望运用产业政策和投资政策来促进经济增长,但这些政策选项却面临着国际投资协定的硬性约束。在构成当前国际投资协定体制的3 300多个国际投资协定中,绝大部分协定没有关于可持续发展的内容和条款。无论是在投资协定的总则还是实质性条款中,都缺少具体的投资促进和便利化措施。各国政府推行的投资便利化政策也存在很大的偏差和局限。各国注重为吸引外资提供各种财政和税收优惠政策,而没有从根本上解决阻碍外资流入的障碍,如含糊不清的法律程序及规定、对外企经营活动的烦琐要求以及营商环境方面存在的问题。总之,随着经济、社会、环境可持续发展议题进入全球议事日程,如何将这些议题纳入新一代的国际投资协定之中,也是国际投资协定体制改革必须面对的问题。

3. 投资者-东道国争端案件大幅上升

老一代的国际投资协定在保护投资者的同时,普遍没有对投资者应尽的义务包括企业社会责任作出规定。大多数投资协定只规定了投资者的权利,忽视了投资者的义务;只规定了东道国的义务,却没有关注东道国政府的权利。正是由于国家与投资者之间权利与义务的失衡,再加上复杂、庞大、充满缺陷和冲突的国际投资协定体系,近年来投资者-东道国争端案件大幅上升。1996 年以前,投资者与东道国之间的国际投资争端案件很少,每年新增案件一般为两三起(詹晓宁,2016)。进入 21 世纪以来,投资者-东道国争端案件大幅增加。2020 年,投资者发起了 68 起公开的争端案件。截至 2020 年底,公开的案件申诉总数已经达到 1 104 项,已有 124 个国家和 1 个经济集团是 1 起或多起公开的争端案件的被诉方。如何改革投资者-东道国争端解决机制、提高争端解决的效率及公正性,成为国际投资协定体制改革的重要议题。

二、国际投资协定体制的改革方案

近年来,针对现行国际投资协定体制的种种缺陷和不足,UNCTAD 积极呼吁国际社会重新审视并改革当前的国际投资协定体制,为此先后提出了《可持续发展投资政策框架》(2012)以及《国际投资协定体制的改革路线图》(2015)等一系列指导性文件,为各国改革国际投资协定体制以及国内投资政策提供了理论及政策方面的技术支持。同时,UNCTAD 还通过世界投资论坛以及国际投资协定会议等国际论坛掀起了新一轮国际投资体制改革的浪潮,通过自下而上的方式就当前国际投资协定体制改革的一些重大问题在学术界、立法界、各国投资协定谈判代表甚至各国政府主管部门之间不断增进和扩大共识。

(一)国际投资协定体制的改革目标、领域及政策选择

UNCTAD对"二战"后国际投资规则制定历程进行了梳理,揭示了国际投资协定在实践中如何运转以及未来国际投资规则制定可以借鉴的经验教训。在此基础上,UNCTAD针对国际社会对现行国际投资协定体制不断增长的不安情绪、日益迫切的可持续发展需求、政府在经济中日渐强大的作用以及投资环境的发展变化等现实因素,提出了国际投资协定体制改革的五大目标——保障监管权利、改革投资争端解决机制、投资促进与便利化、确保负责任投资、加强系统一致性。这五大改革目标可以通过改革相关领域中的具体问题来实现,而这些具体问题又分别与国际投资协定中的关键条款相对应。因此,UNCTAD针对每个改革目标,提供了若干以可持续发展为导向的政策选择,其中的一些政策选择可相互结合或调整,以满足不同的改革目标。通过将改革目标、对应的改革领域以及政策选择的三者结合,UNCTAD为国际投资协定体制改革提供了一份行动清单(表3-1)。

表3-1 国际投资协定体制的改革目标、领域及政策选择

改革目标	改革领域及政策选择
保障监管的权利	明确界定的(明确定义)IIA保护标准: • 公正与公平待遇 • 间接征收 • 最惠国待遇 "安全阀",例如,关于以下方面的例外: • 公共政策 • 国家安全 • 国际收支失衡
改革投资争端解决机制	与以下内容有关的条款: • 通过提高透明度,限制投资者进入,加强缔约方控制以及引入当地诉讼要求,对现行投资者-东道国投资争端解决机制进行调整 • 在现行机制中引入新元素(例如,引入争端解决的其他有效替代方法,设立上诉机构) • 替代现行投资者-东道国投资争端解决机制(例如,建立常设国际投资法庭,采用国家-国家争端解决和/或国内争端解决等方法)
投资促进与便利化	与以下内容有关的条款: • 加强促进措施(流入和流出) • 聚焦促进可持续发展目标的措施 • 开展投资促进与便利化方面的合作
确保负责任投资	与以下内容有关的条款: • 禁止降低环境或社会标准 • 确保与国内法规相一致 • 加强企业社会责任并在该方面开展合作
加强系统一致性	与以下相互作用有关的条款和机制: • IIAs和其他国际法 • IIAs和国内投资及其他政策 • 一国所签订的不同IIAs

• 资料来源:根据UNCTAD资料整理。

1. 保障监管权利

虽然国际投资协定有助于营造良好的投资环境,但也在一定程度上限制了国家在国内政策制定上的自主权。因此,国际投资协定体制改革需要确保国家保留其为追求包括可持续发展目标(例如,环境保护、促进公共健康或其他社会目标)在内的公共政策利益而进行监管的权利。此外,保障监管权利对国家实施必要的经济或金融政策也是必要的。当然,新一代国际投资协定在向国家提供必要的政策空间以追求正当公共利益的同时,也要避免为国家实行投资保护主义或不合理歧视政策提供法律借口。

保障监管权利方面的政策选择包括:(1)对最惠国待遇(MFN)、公正与公平待遇(FET)、间接征收等条款作出更清晰明确的阐述或限制。以间接征收为例,国家可以通过制定间接征收的标准、明确不构成间接征收的措施以及省略或排除间接征收条款等三种方式来维护国家的监管权利。(2)引入公共政策例外、国家安全例外等"安全阀"条款。以公共政策例外为例,国家可以通过明确例外所适用的公共政策目标、确定措施与目标之间的关系、防止例外的滥用以及为仲裁庭理解例外条款提供指导等四种方式来平衡投资保护与维护公共政策目标之间的关系,维护国家适当的监管权利。

2. 改革投资争端解决机制

近年来投资者-东道国争端案件的不断增长,加之不同仲裁庭对国际投资协定条款的不同解释,都加剧了对现行投资者-东道国争端解决机制的批评。一些担忧认为,当前的机制在并不一定增加外资流量的同时,使东道国承担了额外的法律和财政风险,而这些风险在签订国际投资协定时以及在没有明确侵犯私有财产的情况下常常是无法预见的;在争端解决方面,与国内投资者权利相比,该机制给予外国投资者更多的权利;它使合法政府决策面临"监管寒流"的风险;它还导致不一致的仲裁裁决;此外,该机制在确保透明度、任命独立仲裁员以及保证正当程序方面存在不足。以上都是国际投资协定体制改革需要解决的问题。

改革投资争端解决机制方面的政策选择包括:(1)调整现行的投资者-东道国争端解决机制,包括改进仲裁程序,限制投资者使用机制的权利,运用筛选机制将敏感案件提交国家-国家争端解决机制解决,引入当地诉讼要求作为诉诸投资者-东道国争端的前提条件;(2)为现行机制增加新的内容,包括构建有效的非诉讼争端解决机制,设立上诉机构(无论是双边、区域还是多边的);(3)以其他争端解决机制代替现行的争端解决机制,包括设立常设国际投资法庭,以国家-国家争端解决机制代替投资者-东道国争端,以国内争端解决机制代替投资者-东道国争端。

3. 投资促进与便利化

鉴于发展中国家面临着每年 2.5 万亿美元的可持续发展融资缺口,促进与便利化投资对实现 2015 年后发展议程而言至关重要。然而,迄今为止大多数现行国际投资协定极少包含能够有效鼓励对外投资或吸引投资的投资促进与便利化条款。取而代之的是,通过保护投资来间接达到促进投资的目的。因此,国际投资协定体制改革的第三个目标是,在丰富国内政策的同时增加国际投资协定中的投资促进与便利化内容,以此增强外国投资对可持续发展的促进作用。

投资促进与便利化方面的政策选择包括:(1)增加对外投资促进与便利化条款(母国措施),包括推广母国的投资促进措施,提供母国技术援助以改进东道国的管理制度以及促进投资便利化措施,制定以可持续发展为目标的母国投资促进措施;(2)增加吸引投资条款(东道国条款),包括鼓励为东道国带来可持续发展利益的投资,建立投资监察员/协调人制度;(3)增加投资促进条款,包括建立投资促进共同委员会或理事会,加强协定方之间的沟通交流,促进国家投资促进机构之间的合作等;(4)增加区域性投资促进条款,包括建立双向投资促进机制,设立区域基础设施项目及工业区管理机构等。

4. 确保负责任投资

外国投资有利于促进发展,但同时也有可能对环境、健康、劳工权益、人权或其他公共利益产生负面影响。然而,国际投资协定没有或极少规定与投资者所获保护相对应的投资者责任。因此,国际投资协定体制改革目标之一是确保负责任的投资者行为。这包括两个维度:将投资者给社会带来的积极贡献最大化("有益")以及避免负面影响("无害")。

确保负责任投资方面的政策选择包括:(1)不降低条款标准以防止为吸引外资导致的监管标准的"逐底竞争",包括明确重申遵守环境、人权、劳工标准等方面的国际承诺,在国际投资协定中引入"不降低有关标准"条款,引入跟踪机制以监督相关条款的实施情况;(2)引入投资者责任条款,包括要求投资者遵守当地法律,强化企业社会责任(CSR)并促进其与国际投资协定之间的协调。

5. 加强系统一致性

在缺乏多边投资规则的情况下,国际投资协定体制的分化、多方面和多层次等特点导致了国际投资协定之间、国际投资协定与其他国际法之间以及国际投资协定和国内政策之间的重叠、交叉和冲突。鉴于当前国际投资协定体制的高度碎片化特征,改革所面临的关键挑战是避免该体系进一步碎片化,尽量协调国际投资协定之间、国际投资协定与其他国际法之间以及国际投资协定和国内政策之间的关系。

加强系统一致性方面的政策选择包括:(1)提高国际投资协定体制的协调性,包括遵守共同的国际投资协定体制改革路线,在区域层面整合并简化国际投资协定网络;(2)协调国际投资协定与其他国际法之间的关系,包括重申各缔约方在其他国际法下的承诺,直接参考其他国际法规等;(3)将国际投资协定体制改革纳入国内政策议程。

(二)国际投资协定体制改革的指导方针与路线图

UNCTAD认为,国际投资协定体制改革应该以利用国际投资协定实现可持续发展这一根本目标为指导,聚焦关键改革领域,遵循多层次、系统性以及包容性路径。在缺少一个全球性协调机构的情况下,国际投资协定体制改革需要一个共同的议程和愿景,因为任何缺乏多边协调的改革行动只会继续加剧碎片化,只有采取协调一致的方法,才能保证国际投资协定体制的稳定性、明确性以及可预测性,并促进所有利益相关方目标的实现:有效利用国际投资协定以促进可持续发展。为此,UNCTAD提出了国际投资协定体制改革的指导方针与路线图(表3-2)。

表3-2 国际投资协定体制改革的指导方针

利用IIAs实现可持续发展	IIA改革的最终目的是,确保IIA体制在保护和促进投资的同时能够更好地推动可持续发展
聚焦关键改革领域	改革的关键领域是:保障为公共利益而进行监管的权利,改革投资争端解决机制,加强IIAs的投资促进与便利化功能,确保投资者责任,加强系统一致性
在各层面上采取行动	改革进程应当遵循多层面的方法,在国家、双边、区域以及多边层面上开展,并在各个层面上采用适当以及相互支持的行动
确定具体措施的先后次序	在各层面上,改革进程应当循序渐进,在厘清事实和问题的基础上,按恰当顺序及时间采取行动,制定战略计划并朝着既定目标努力
确保包容、透明的改革进程	改革进程应该包容、透明,允许所有利益相关方提出其观点并做出贡献
加强多边支持结构	改革进程应以普遍、包容的结构为支撑,该结构可通过政策分析、技术合作以及提供经验和共识构筑交流平台,协调不同层面的改革行动

• 资料来源:同表3-1。

1. 国际投资协定体制改革的指导方针

根据"二战"后国际投资规则制定的经验教训以及可持续发展投资政策框架的核心原则，并结合当前所面临的改革挑战，UNCTAD提出了国际投资协定体制改革的六大指导方针，以此来指导各个层面(国家、双边、区域及多边层面)的改革行动。国际投资协定体制改革应当聚焦关键改革领域，遵循多层次、系统且全面的方法，从而达到利用国际投资协定实现可持续发展的目标。

2. 国际投资协定体制的改革路线

UNCTAD认为，以可持续发展为导向的国际投资协定体制改革行动可以而且必须在国家、双边、区域以及多边层面上同步推进。在各个层面上，改革进程将大致遵循以下步骤：(1)评估现状，并明确存在的问题；(2)制定改革的战略方针及行动计划；(3)实施行动并实现预期目标。在缺乏一个全球性协调机构的情况下，遵循共同的改革路线，能够有效增强国际投资协定体制改革的协同性(表3-3)。

表3-3 国际投资协定体制的改革路线

层面	评估/确认问题	战略方针/行动计划	行动与结果
国家层面	国家IIA评估 • 条约网络和内容概况 • 影响和风险评估 • 改革需要	国家IIA行动计划 • 涉及标准和指导方针 • 改革领域和切入点 • IIA改革方法 • 谈判策略	新的条约范本单边终止实施 • 国内改革 • 提高意识 • 完善制度 • 能力建设
双边层面	就IIA进行共同磋商以确认改革需要	联合行动路线计划	共同解释 重新谈判/修订 双方同意终止
区域层面	整体评估 • 条约网络和内容概况 （区域IIA和BIT网络） • 影响和风险评估 • 改革需要	整体IIA行动计划 • 设计标准和指导方针 • 改革领域和切入点 • 巩固并简化IIA网络的IIA改革方法	巩固/合理化BIT 共同范本 共同解释 重新谈判/修订 实施/援助机构
多边层面	IIA体制全球评估 • 评估/经验教训 • 确认系统性风险及新出现问题	就关键和新出现问题达成多边共识 关于系统性改革的共同愿景	多边行动计划 • 系统性改革的多边一致标准和指导方针 • 建立机构，促进各层面的改革 多边支援 • 研究分析 • 协调，包括作为与其他法规间的纽带 • 技术援助 • 共识构筑和经验交流的平台/论坛

• 资料来源：同表3-1。

(三)国际投资协定体制的改革工具

在进行国际投资协定体制改革及制定新一代国际投资协定时,可以供国家选择的改革工具种类繁多且作用各不相同。UNCTAD将这些改革工具划分为八大类——引入新条款、取消(省略)现有条款、重新制定现行条款、例外条款、关联条款、调整条款、创建机制、参考其他法规。这八大类改革工具可以单独或共同应用在国际投资协定的相关切入点或具体条款上。

工具之一——引入新条款。该工具对不同改革目标的影响取决于新条款的内容。比如,引入新条款有助于保障监管权利(如果该条款是起到"安全阀"作用的一般例外条款或国家安全例外条款)。再如,引入新条款有助于促进负责任投资行为(如果该条款为"不降低有关标准"条款或CSR条款)或促进投资(如果新增条款涉及母国措施,或是与负责投资促进的共同委员会相关的条款)。

工具之二——取消(省略)现有条款。与引入新条款类似,该工具的影响取决于各条款的具体内容。避免引入具有争议性或容易引起仲裁庭矛盾解释的条款,从而有助于提高法律确定性(例如,省略保护伞条款),保障监管权利(例如,省略最惠国待遇、公正与公平待遇条款)以及改善投资争端解决机制(例如,替代投资者-东道国争端解决机制)。

工具之三——重新制定现行条款。重新制定现行条款通常是明确或限制条款的范围。明确条款范围,最终将提高法律确定性与可预测性,因而投资者和东道国均能够从中受益。例如,通过重新制定必须满足的间接征收标准,来限制对间接征收情形下的保护。

工具之四——例外条款。例外条款可以限制条约的适用范围(例如,限制受保护投资、投资者的范围)或特定条款的适用范围(例如,限制适用投资者-东道国争端解决机制的情形)。此外,国家还可以出于公共利益和国家安全方面的原因对特定部门、产业或政策进行例外规定。一般而言,例外条款有助于保障国家的监管权利。

工具之五——关联条款。关联条款通常会对投资者获得投资保护设定特定条件。例如,投资者如果想要获得保护或取得诉诸投资者-东道国争端解决机制的权利,必须遵守东道国法律;或者要求仲裁庭在解释投资保护标准(例如,公正与公平待遇)时,考虑各国不同的发展水平。设定获得保护需要满足的条件,通常会削弱国际投资协定的保护力度。与此同时,关联条款也能够强化协定在促进负责任投资方面的作用。

工具之六——调整条款。调整条款意味着调整条款的标准强度,包括使用劝告性语言(例如,CSR 问题),规定差别责任(例如,对欠发达伙伴规定相对宽松的义务),或者延期履行协定义务(例如,对欠发达伙伴规定一定的过渡期或分阶段履约)。在 CSR 问题上使用劝告性语言通常被用于加强协定促进可持续发展的功能,而规定过渡期或分阶段履约则一般用于特殊与差别待遇情形。尽管特殊与差别待遇是 WTO 法律体系中的基本规则,但还没有被纳入国际投资法之中。

工具之七——创建机制。这一工具包括对现有委员会或理事会制度的改进,或建立新的机制(例如,上诉机构、国际投资法庭)。就其对改革目标的影响而言,这一工具可以解决与投资者-东道国争端解决有关的挑战(例如,创建上诉机构或国际投资法庭),加强国际投资协定的投资促进作用(例如,建立投资促进共同委员会),增强国际投资协定促进负责任投资的作用(例如,创建负责审查 CSR 相关问题的机制),加强国家作为协定主体的作用(例如,设立负责审查国际投资协定或向仲裁庭提供条款解释指导的机构)。

工具之八——参考其他法规。这一工具包括参考其他国际法规,以提高国际投资协定和其他国际法规(例如,关于人权、环境、公共健康的)之间的一致性;参考 CSR 规则,以促进负责任投资行为;参考《维也纳条约法公约》以确保条约解释的一致性(在存在解释冲突的情况下);参考与投资争端解决有关的国际公约或规则(例如,《ICSID 公约》以及被广泛使用的《UNCITRAL 仲裁规则》)。

(四)推动老一代协定现代化的改革选项

当前,仍有 2 500 多项国际投资协定是在 2010 年之前签订的。因此,推动老一代协定的现代化是国际投资协定体制改革必须面对的任务。各国在推进老一代协定现代化和减少国际投资协定体制碎片化的过程中面临诸多选项。UNCTAD 提出了 10 个改革选项并分析了各自的优缺点,供各国根据具体的改革目标来选择和采用。这些改革选项并不相互排斥,而是可以互补使用,尤其是对那些拥有广泛的协定网络的国家而言。

一是联合解释协定条款,明确协定条款内容并限制法庭酌情解释的空间。国际投资协定中条款措辞宽泛可能会在投资者-东道国争端解决诉讼中产生相互冲突的矛盾解释。用于明确协定条款内容的联合解释有助于帮助投资者、东道国和法庭减少不确定性并增强可预测性。例如,2016 年 10

月,加拿大与欧盟及其成员国发布了全面经济贸易协定的"联合解释文件",给出了就监管权和补偿等条款所达成的一致意见。

二是修订协定条款,通过引入新条款或者修改、删除现有条款来调整现有协定内容。老一代国际投资协定中常见的宽泛的义务规定有时可能难以通过联合解释的形式对其加以明确。通过修订协定条款,双方可以更好地应对环境的变化,并确保经修订的协定反映其不断发展的政策偏好。例如,新加坡和澳大利亚在2016年5月对双方签订的自贸协定进行了修订,经修订的投资章节对定义和实质性义务等进行了大量修改,并引入了争端解决例外。

三是替代过时的旧协定,以新协定替代旧协定。这一改革行动通过以新代旧的形式替代过时的旧协定,新的国际投资协定可以在相同的协定伙伴国之间签订或更大的国家集团间签订。重新签订协定使得各方能够根据最新的环境变化,吸收新一代国际投资协定的改革特征,[①]对新协定进行规划以体现其当前的共同愿景。例如,在2020年正式终止的42项国际投资协定中,有7项是通过生效的新协定替代旧协定完成的。

四是整合国际投资协定网络,废除各方两个或更多的BITs并以新的诸边投资协定对其进行替代。废除多个旧的BITs并以新的多边投资协定对其进行替代,有助于推进协定内容现代化,同时减少国际投资协定网络碎片化。例如,对欧盟而言,只要与第三国签订国际投资协定,这一新协定就可以取代欧盟各成员国此前与该国签订的所有BITs。再如,在2020年42项终止的国际投资协定中,有20项是由于2020年8月29日所有欧盟内部BITs终止生效完成的。

五是管理共存协定间的关系,明确在特定情形下适用于哪种共存协定。部分协定签订方决定同时保留旧协定和新协定而不是进行替代,为了解决

---

① 新一代国际投资协定的11项改革特征包括:(1)协定序言提及健康和安全保护、劳工权利、环境或可持续发展;(2)完善投资定义(例如,列出投资特点,排除证券投资、主权债务投资和纯粹源自商业合同的货币期货投资);(3)限定公平和公正待遇(等同于国际惯例法下外国人应享有的最低待遇标准和/或明确国家义务清单);(4)明确什么构成和什么不构成间接征收;(5)详述资金自由转移例外,包括平衡国际收支困难和/或执行国家法律;(6)废除所谓的"保护伞"条款;(7)一般例外,例如为保护人类、动物和植物的生命和健康或防止资源枯竭;(8)明确认可协定方不应该通过放松健康、安全或环境标准吸引外资;(9)推进企业社会责任标准,通过在国际投资协定中纳入独立条款或在协定前言中提及;(10)限制投资者-东道国争端解决机制的适用性(例如,限定可诉诸投资者-东道国争端解决机制的协定条款,将政策领域从中排除,压缩提交仲裁的时间周期,不设置投资者-东道国争端解决机制);(11)有关投资促进和/或便利化的具体前瞻性规定(例如,促进人员准入与逗留便利化,进一步提升相关法律法规的透明度,加强投资机会信息交流)。

新旧协定发生冲突或不一致的情形,各国可以纳入冲突条款以明确共存的国际投资协定之间的关系,表明在出现冲突或不一致的情况下适用哪种协定。例如,澳大利亚-秘鲁 FTA(2018)中包含的冲突条款规定,如果协定之间存在不一致性,双方应相互协商解决。

六是参考全球标准,提升一致性并协调国际投资协定和其他国际法及政策制定领域间的互动。国际政策制定产生许多可能对国际投资产生直接或间接约束力的标准和文件。在国际投资协定体制的改革进程中,各国可以参照多边认可的标准和文件。这些文件体现了有关议题的广泛共识,对其进行参考有助于消除国际投资协定与其他国际法及政策制定领域的割裂。例如,越来越多新签订的国际投资协定参考了 CSR 标准,尤其是涉及劳工、环境、人权、反腐败等领域的代表性"国际通行标准"。

七是多边参与,在众多国家之间建立共识或新规则,纳入可以带来彻底变化的新机制。多边参与是国际投资协定体制改革中最有效也是最困难的途径。如果获得成功,全球多边改革努力将是解决当前国际投资协定体系所面临的高度碎片化、重叠和交叉等多重挑战的最有效方式。目前,多边参与的努力主要体现在各国通过 ICSID、UNCITRAL 持续推动对投资者-东道国争端解决机制的改革上。

八是废除未批准的旧协定,表明一国作为协定签订方但不愿批准协定的态度。在大量的现有国际投资协定中,相当数量的旧协定还没有批准生效。一国可正式表明不再受上述协定的约束,并以此作为清理其国际投资协定网络并促进新的更加现代化的投资协定谈判的途径。例如,十余年前签订的 480 多项国际投资协定还没有生效,这表明各国已经不打算再批准这些协定。

九是终止现有旧协定,免除协定项下各方的义务。终止过时的旧协定,无论是单方面还是共同终止均是以直接的方式来免除各方的义务。通常,协定规定一方单方面终止协定的前提是 10—20 年的初始期限到期。单方面终止将触发存续条款,这将使协定延长运作至终止后的一段时间。为了清楚起见,各国可以考虑在共同终止协定的同时宣布存续条款无效。例如,在 2020 年 42 项终止的协定中,10 项是单方面终止,24 项是共同终止,7 项是被新协定替代,1 项到期。

十是退出多边协定,退出方免受协定约束。从与投资相关的多边协定(如 ICSID 公约)中单方面退出可以使退出方不用继续承担协定义务,有助于降低一国面对投资者的应诉风险,但也可能对未来的多边投资合作带来挑战。单方面退出表明该国对该体制明显丧失信心并希望退出该体制(而不是改革)。例如,玻利维亚(2007 年)、厄瓜多尔(2009 年)、委内瑞拉(2012 年)先后退出了 ICSID 公约。

这 10 个改革选项各不相同,有些更具技术性(如联合解释或修订协定条款),而有些则更具政治性(如多边参与);有些关注程序(如修订或替代协定),而有些则涉及实质内容(如参考全球标准);有些希望继续融入国际投资协定体制(如修订、替代和多边参与),而有些则选择退出(如终止而非替代、退出多边协定)。它们代表了对国际投资协定体制进行改革的常用方式,而不是具体制定协定条款内容。[1]

三、国际投资协定体制的改革进展

在 UNCTAD 的推动下,国际投资协定体制改革在国家、双边、区域及多边各个层面取得进展,并趋向于进一步的投资自由化和便利化。通过这种理论层面与实践层面的良性互动,各投资利益相关方(国际机构、政策制定者、商界、学界等)对于国际投资规则的共识不断增多,国际投资协定体制改革的协同性也得以增强。由此可见,全球投资治理正在获得国际社会的广泛关注和支持,基于自由化和便利化特征的国际投资协定体制正在以各种方式进行改革与创新,并努力在全球获得更多的认同。

(一)国家层面的进展

国家层面的改革行动对于推动双边、区域和多边层面的改革行动至关重要,也是通过国际投资协定实现国家可持续发展的第一步。越来越多的国家认识到改革国际投资协定体制的必要性,大约 100 个国家参照 UNCTAD 的《可持续发展投资政策框架》以及《国际投资协定体制的改革路线图》重新审查了各自现有的国际投资协定,其中约有 60 个国家利用上述框架修订或起草了新的双边投资协定范本。一些国家在双边投资协定范本中引入了一些新的条款,如投资促进与便利化以及可持续发展条款等。根据 UNCTAD 2016 年对选定的 10 项国际投资协定范本的评估显示,多数国家在承诺投资者保护的同时也在努力维护监管的权利,并致力于改善投资

---

[1] 联合国贸易和发展组织:《世界投资报告 2017——投资与数字经济》,南开大学出版社 2017 年版,第 144—160 页。

争端解决机制。例如,所有的国际投资协定范本均细化了投资定义,纳入了资本自由转移规则的例外事项,并限制了对投资者-东道国争端解决机制的使用。10 项范本审查中,9 项对什么构成和什么不构成间接征收进行了澄清;8 项包括投资者义务条款(如企业社会责任条款和"不降低有关标准"条款),仅 2 项包含有关投资促进和(或)便利化的具体前瞻性规定。[1]

（二）双边层面的进展

双边层面的改革行动很大程度上反映并建立在国家层面行动的基础上。双边行动通常会给涉及双边关系的投资协定带来根本性改变。启动国际投资协定的联合审查是双边层面改革行动的第一步,目的在于分析当前形势,评估双边国际投资协定关系的影响和风险并明确改革需求。联合审查双向进行,能够促使协定缔约双方形成共同解释,以及重新谈判、修订协定、签订新的国际投资协定或终止协定。双边层面新签订的国际投资协定中大多包含了以改革为导向的重要条款,代表了双边层面最突出的改革行动。根据 UNCTAD 的评估,在 2018 年签订的 29 项国际投资协定中,27 项协定包含至少 6 项改革特征,20 项协定包含至少 9 项改革特征。[2]2020 年签订的全部国际投资协定均包含改革导向的条款,旨在维护监管空间和促进可持续投资。所评估的 9 项国际投资协定分别包含至少 8 项改革特征,其中一项国际投资协定包含 10 项改革特征,2 项国际投资协定包含全部 11 项改革特征。在 UNCTAD 提出的五大国际投资协定体制改革目标中,有 4 个仍然是改革的重点领域,其所受关注程度几乎相同,分别是维护监管空间、投资争端解决机制改革、通过更多可持续发展导向的条款促进负责任的投资,以及投资促进和便利化。

（三）区域层面的进展

区域层面的改革行动与国家及双边层面的类似,但同时也更加复杂,并可能带来更大程度的变化。近年来,大型区域性国际投资协定数量不断增多,可能对未来的国际投资协定体制改革以及国际投资规则制定产生重大影响。目前正在推进或已经达成的大型区域性国际投资协定包括非洲大陆自贸区(AfCFTA)的可持续投资议定书、欧盟-英国贸易协定、中欧全面投资协定(CAI)、区域全面经济伙伴关系协定(RCEP)、美国-墨西哥-加拿大

---

[1] 联合国贸易和发展组织:《世界投资报告 2016——投资者国籍及其政策挑战》,南开大学出版社 2016 年版,第 125 页。
[2] 联合国贸易和发展组织:《世界投资报告 2019——特殊经济区》,南开大学出版社 2019 年版,第 121 页。

协定（USMCA）和跨太平洋伙伴关系全面进步协定（CPTPP）等。所有这些协定都引入了改革导向的条款，旨在确保投资保护和国家监管权之间的平衡。在投资者-东道国争端解决机制改革方面，一些大型区域性协定（RCEP、CAI和欧盟-英国贸易协定）完全排除了投资者-东道国争端解决机制，而另一些（USMCA和CPTPP）则在保留投资者-东道国争端解决机制的同时给出了例外规定或特定安排。

在这些协定中，最大的亮点是RCEP在2020年11月正式签署。这标志着当前世界上人口最多、经贸规模最大、最具发展潜力的自由贸易区诞生，为疫情下全球经济的早日复苏增添了动力。该协定包含一个以改革导向条款为特征的投资章节，具体体现在：纳入了完善的投资定义；以非详尽的方式规定所涵盖的投资应具有的特征（如资本或其他资金承诺，预期收益或利润以及风险承担）和投资可能采取的形式；包含了国民待遇、最惠国待遇、最低待遇标准等当前国际投资协定的标准性条款；对禁止业绩要求、投资转移、间接征收等作出了明确的规定；在投资促进和便利化方面，规定简化投资审批程序和建立一站式投资中心，以提供帮助和咨询服务；此外还约定建立投资者提出投资建议的机制和缔约国主管机构会议交流的机制；协定没有设立投资者-东道国争端解决机制，规定在协定生效后两年内就投资者-东道国争端解决机制进行讨论，并在开始后的三年内完成讨论。RCEP"投资"章节对原"东盟10+1自由贸易协定"投资规则进行整合升级，在投资市场准入和投资保护等方面作出了全面、平衡的投资安排，实质上形成了当前亚洲地区规模最大的投资协定，有助于营造更加稳定、开放、便利的区域投资环境，为本区域吸引外资、促进发展注入强劲动力。

2020年12月30日，CAI谈判完成。CAI对国民待遇、最惠国待遇、市场准入、负面清单、例外条款等进行了详细规定，同时在国有企业、业绩要求、标准制定、技术转让等公平竞争方面达成了一系列共识。CAI还设立了关于可持续发展的具体章节，其中包括对劳工和环境保护的承诺，以及围绕分歧解决而设立单独和专门机制的规定。CAI在投资者-东道国争端解决机制方面没有具体规定，而是承诺在协议签署后的两年内完成投资者-东道国争端解决机制的谈判，并将考虑UNCITRAL组织下的投资者-东道国争端解决改革进展。以UNCTAD全球投资政策框架的标准来衡量，CAI是一个高标准、有前瞻性和可持续发展导向的新一代投资协定。协定涵盖了双边投资关系的核心问题和要素，包括市场准入、公平竞争、投资便利化和争端解决机制等方面的内容。协定对市场准入采取负面清单的方式,融入了可持续发展的理念,涉及领域远远超越传统双边投资协定,甚至在一些方面还高于美国签订的投资协定的标准。因此,CAI 代表了新一代高水平的国际投资协议,可以作为未来国际投资协定体制改革和升级的典范。CAI与 RCEP 等新一代投资贸易协定,共同构成了未来全球投资体制的基础框架。

(四) 多边层面的进展

多边层面的改革进展有助于减少国际投资协定体制的碎片化并确保改革的成果惠及所有参与方。2016 年 9 月,G20 杭州峰会通过了全球第一个多边投资规则框架,即前文所述《指导原则》,多边的全球投资规则框架开始建立。《指导原则》提出的九项原则包括:反对投资保护主义、非歧视、投资保护、透明度及参与权、可持续与包容、政府监管权、投资效率与便利化、企业责任、国际合作。这九项原则内涵丰富,构成了未来国际投资体制框架的主体。它的通过在国际投资规制史上具有里程碑式的意义,主要体现在:第一,《指导原则》就构成国际投资体制的核心问题提出了指导性原则,为未来国际投资体制框架的构建奠定了重要的基础。第二,《指导原则》是"二战"后第一次在多边领域就全球投资规则达成共识。通过该《指导原则》的 G20 成员方占全球国内生产总值和全球贸易的 80% 以及全球 FDI 的 2/3 以上,涵盖了全球最主要的发达国家、发展中国家以及新兴经济体国家。《指导原则》虽然不具有强制效力,却是促使多边投资规则协调一致的重要成果,有利于推动新一轮国际投资协定体制的改革,对多边投资体制的构建也具有十分积极的意义。[1]

投资促进与便利化是国际投资协定体制改革的重要议题。从国家层面来看,很多国家已经制定了投资促进与便利化政策方案,但大多数措施仅与投资促进相关(如地区推广和提供激励),而忽略了便利化(使投资更为容易)。在多边层面,涉及投资便利化的具体措施也并不多见。2016 年 1 月,UNCTAD 启动了《全球投资便利化行动纲领》。在得到于 7 月举办的世界投资论坛的支持以后,在 UNCTAD 第 14 届大会期间获得了与会者的广泛赞同,并在之后的其他会议中被认可为"投资便利化政策的高质量参考文

---

[1] 詹晓宁著:《全球投资治理新路径——解读〈G20 全球投资政策指导原则〉》,《世界经济与政治》2016 年第 10 期,第 5 页。

件"。该行动纲领为提升政策透明度和投资者信息获取水平、确保行政管理程序的高效运行以及增强政策环境的可预测性等方面提供了政策选择。该行动纲领包括了10项行动方针和40多项政策选择。其中既有可供各国单边实行的措施,也有可引导国际合作或可被纳入国际投资协定的措施选项。①

2017年,BRICS贸易部长会议批准了全球投资便利化领域的第一份专门文件《BRICS投资便利化合作纲要》,明确提出增强投资政策框架透明度、提高投资相关行政程序效率、提升投资相关服务能力、合作水平等投资便利化的核心要素。2017年,中国在第11届WTO部长级会议期间主办了投资便利化部长早餐会,呼吁WTO成员共同推动全球投资便利化,并形成了《为了发展的投资便利化联合部长宣言》。虽然这份宣言不具有法律效力,但仍然指出了促进投资自由化和便利化这一未来改革的方向。2020年9月,WTO关于投资促进发展的结构性讨论的各参与方正式开启谈判。谈判旨在"非正式合并文本"的基础上起草特定条款的具体建议。在此谈判范围内,投资便利化被定义为创造一个更加透明、高效和有利于投资的商业环境,使国内和外国投资者更容易开启投资、开展日常业务和扩大现有投资。其目标是计划在2021年11月举行的第12届WTO部长级会议上取得具体成果。

为进一步支持和加快国际投资协定体制的改革进程,UNCTAD于2020年11月启动了国际投资协定改革加速器(Accelerator)。加速器是协助各国推动现有老一代投资协定现代化的工具,通过在选定的关键领域对老一代协定的实质性条款加以重点改革来实现其逐步创新的理念。加速器重点关注根据可持续发展目标和国家监管权最需要进行改革的八类国际投资协定条款——投资的定义、投资者的定义、国民待遇、最惠国待遇、公平与公正待遇、全面保护和安全、间接征用、公共政策例外。在UNCTAD《可持续发展投资政策框架》的基础上,加速器为每一类条款制定了以可持续发展为导向的政策选项,并拟定了反映这些选项的条款范本。加速器详细说明了这些政策选项在最新国际投资协定范本中的使用情况。这些条款范本附有解释以强调其目标,提供背景介绍并说明如何将各种改革方案结合起来。这些带有改革导向的条款范本可直接用于国家、双边、区域和多边层面,以

---

① 联合国贸易和发展组织:《世界投资报告2016——投资者国籍及其政策挑战》,南开大学出版社2016年版,第5页。

解释、修订或替代老一代投资协定。

此外,UNCTAD还在2020年11月举办了以"COVID-19时代的国际投资协定改革"为主题的国际投资协定年度会议,来自政府、私营部门、民间社会和学术界的300多名代表参加。会议指出,新冠疫情和由此而来的经济危机产生了巨大挑战,但也为下一步国际投资协定体制改革提供了新的动力。此次线上国际投资协定会议呼应了确保国际投资协定体制促进和便利可持续发展投资的目标,以及确保其保障各国在后新冠疫情时代为维护公共健康而进行监管的权利。UNCTAD下一届国际投资协定年度会议将在2021年世界投资论坛期间举行,会议将根据2020年11月启动的国际投资协定改革加速器中提出的备选方案,重点讨论老一代投资协定的加速改革议题。

第四章
全球双边投资协议谈判进程与议题

伴随20世纪90年代以来的经济全球化进程，国际投资日益成为世界经济的重要驱动力和核心纽带。为应对WTO多边治理机制出现的困境，世界主要经济体都在积极寻求在多边框架外的双边合作机制。全球范围内双边投资协定(BIT)的签署已经发展成为全球治理体系中的一个明显趋势，且越来越多的高标准投资条款被写入协议中，为促进协议签订国之间的投资便利自由化，加强投资权益保护以及优化投资环境提供了重要的制度保障。

第一节 全球主要双边投资协议谈判进程

一、韩国-美国

1998年亚洲金融危机后，韩国开始制定一系列改革措施，旨在把经济运行转移到一个更加合理完善的轨道上来，在对内改革的同时，韩国政府也加快了对外开放的步伐。为了能够保持和更多地吸引国外的资本，韩国政府大力推动对外投资，并与他国签订双边投资协议。早在1998年6月，韩国总统金大中和美国总统克林顿在政治会谈时就曾商议缔结双边投资协议，韩国政府希望通过与美国制定投资协议来提高韩国的对外信誉，同时让美国的资本流入韩国，提升韩国的经济活力，尽快复苏并振兴经济。然而在协商双边投资协定草案时，双方就电影配额制度这条引发了争议。电影配额制是韩国一种重要的电影保护政策，该政策会规定电影院在一定时间内义务上映本国电影，限制本国电影和进口电影的数量比例，旨在保护本国电影业的发展。美国认为达成双边投资协定的条件是废除韩国的电影配额制，因为其违反了协定草案中的第6条A项。韩国政府起初接受了美方废除电影配额制的要求，并表示将在除了农业以外的其他领域全面开放国内投资市场。然而这一决定引起了韩国文化界尤其是电影圈的强烈不满，韩国的文化观光部发表了国内电影事业及保护文化整体性的电影配额制不可废止的方针,并与金大中总统传达了这一立场,电影人自发组织游行示威,为反对废除电影配额制做出了种种努力。

1999年韩国同时考虑到国内的舆论状况和推进双边投资协定的重要性,提出分开协商利益的提案,但又遭到了美国政府的反对,美方坚持解决电影配额制问题。韩国各方一时又处于对立之中,一些有影响力的电影人甚至在光华门地区进行了"光头"示威活动,拒绝以其他电影支援政策来代替电影配额制。该争议导致韩美双边投资协定的进程一直停滞不前,韩国政府面对社会压力不得不做出让步。也因此,韩美双方于2000年10月暂时中止了双边投资协定的商议。2002年,韩国计划于当年结束与美国双边投资协定的谈判,韩方准备接受美国提出的减少国产影片配额的要求,但再一次遭到了强烈反对,韩美双边投资协定再次遭到搁置。

直至2004年美国驻韩大使提出要达成韩美贸易投资的共识,仍然需要解决电影配额制的问题,这是韩美投资关系中的重要障碍,并且他强调了开始缔结自由贸易协定(FTA)是美国接下来的方针。自此两国之间的中心转向了缔结FTA,并在其中完善双边投资体系。为了能够顺利地与美国签署FTA,韩国政府也终于决定实施电影配额制的改革,将这一障碍问题强硬有效地解决,避免在商定FTA时将自己处于不利地位。于是从2006年开始,美国和韩国双方就FTA先后进行了8轮谈判,并于2007年6月签署协议。然而协议的最终确定也并没有那么顺利,国内政治力量的相互阻碍,各方利益集团对于农业等相关部门的争议不断,最终经过追加谈判,直到2012年,美国、韩国两国国会才终于批准通过了双边自由贸易协定。

美韩FTA对于两国的投资和贸易往来,促进两国合作有重要意义,其中对于双边投资也做出了很多规定。在"投资"章节中,对于投资的适用范围、国民待遇、最惠国待遇、投资于环境等实体性规定做出了说明,也对磋商与谈判、仲裁程序、裁决以及文件传达等程序性规定做了说明。整体来说,美韩两国的双边投资规则符合开放的市场准入标准,为了促进投资,采取了"准+负"——准入前国民待遇加负面清单的市场准入模式,即将国民待遇的适用范围扩大到投资的准入阶段,使本国的投资者与外国的投资者享有平等的待遇。公平竞争,这一规定不仅符合国家投资法的发展趋势,也进一步增加了美国和韩国投资的自由化程度,增进了两国的资本自由流动。同时,美韩的双边投资规则也将最惠国待遇标准扩大到投资设立的阶段,尤其是在最低待遇标准的规定中更加强调了公平公正待遇以及相关的保护。协议中对于公平公正待遇有非常详细的规定,厘清了其内涵,同时对于投资者在准入和运营阶段的业绩要求做出了严格限制,资本自由汇兑和转移等方面的规定也更加全面。在投资保护方面,美国在征收补偿方面遵守"赫尔原则"的补偿标准,也就是全部赔偿原则,这是由于像美国这样的发达大国对于大多数发展中国家的政治环境和法律环境并不信任,为了保护投资者在东道国境内的投资,防范东道国的肆意征收以及国有化行为造成的影响,必须提出这样的征收和补偿条款。在争端解决机制方面,为了解决投资者和国家之间的争端,设立了透明和有效的仲裁机制,赋予了投资国家解决争端的更多可操作性规范。另外,美韩的双边投资协议中也加入了企业社会责任等方面的规定,例如投资和环境条款等。

而这一美韩 FTA 在 2017 年遭到终止,特朗普政府在 2017 年 7 月 12 日正式要求重新谈判该协定,主要目标是缩小美国与韩国的贸易逆差。2018 年 3 月,两国宣布就韩美 FTA 修订达成一致,此次修订主要是在美国的威胁和要求下,韩国做出了更多的让步,进一步向美国开放市场,尤其是汽车贸易领域、钢铁领域等。此次修订对于双边投资协议部分变动不大,但可以看到韩国在美国施压下做出了短期的妥协,然而在一些诸如农产品市场、美国汽车零部件等领域并没有做出大让步,本质上无法改变两国贸易结构,也难以逆转贸易逆差。未来美韩两国在投资领域的市场准入等规定也将迎来更多的挑战。

二、中国-韩国

1992 年,中国和韩国正式建立了外交关系,政治关系的缔结也有力地促进了两国经济关系的发展,两国双边投资及贸易不断增加,经济联系不断加强。为促进双方投资的便利和规范化,两国自建交伊始就迅速签订了《中韩关于鼓励和相互保护投资协定》,为对方在各自领土上的投资创造有利条件,给予相关投资经营活动优惠的待遇和保护,促进两国贸易和经济的往来。该初始协议对于投资待遇、征收和补偿、争议解决、其他义务等方面均做出了规定。

自从双方的缔结友好贸易伙伴关系,两国之间的相互投资非常活跃,韩国成为中国重要的外商直接投资来源国。截至 2006 年底,韩国对中国的直接投资累计金额占外国对华投资金额的 5.11%,排在外资前列。同时由于

1992年签订协定时,中国尚未加入《关于建立解决投资争端国际中心条约》,到1993年中国方正式成为缔约国,而原始协议中对于投资争端解决的规定尚不明晰完善,经过15年的发展,该公约和解决投资争端国际中心的仲裁体制已经更为广泛地被很多国家所接受,中国认为有必要修订条约,在新的双边投资协议中体现这一点。

因此,2007年12月,中韩双方在初始协定的基础上进一步进行了修订,全国人大常委会批准了《中华人民共和国政府和大韩民国政府关于促进和保护投资的协定》(简称《投资保护协定》)。这一协定是继1992年投资协定后更加完善的双边投资协议,对两国的投资产生了重要的影响。

其中2007年投资保护协定和1992年版本最大的区别在于投资者与缔约方争议的解决上。在1992年的协定中,除了征收相关的法律争端外,其他因投资产生的争端需要经过双方的同意才可以提交至国际投资争端解决中心进行仲裁,也就是说中国拥有逐案审批的同意权。而在2007年新的协定中,与投资相关的争议争端,无须东道国同意,只要投资者选择提交,即可提交到国际投资争端解决中心进行仲裁,也就是说,中国放弃了握在手中的逐案审批同意权。这一重大改变对中国来说其实是一把"双刃剑",一方面能够增强外方投资时的信心,给外资提供充分的保护;另一方面采用"全面同意"大大增加了中国政府被韩国投资者诉诸国际投资争端解决中心仲裁的风险。同时对比美国等发达国家尽管也接受了全面同意的形式,但设定了大量的例外条款以保证一些决定关乎国计民生的重大事项的决定权仍然能控制在自己手中,然而中韩的投资协议中只有最惠国待遇涉及重大安全例外。这对于中国这样一个大国来说也增加了很大的经济风险。

除此之外,中韩双边投资协定也明确了对于两国间投资待遇的问题,采取以最惠国待遇为基础,国民待遇和非歧视待遇为补充的通行做法。中韩协商的最惠国待遇主要表现在外资准入阶段、企业经营阶段、企业救济方面、企业赔偿方面等。在国民待遇方面,尽管外资往往希望能够在准入阶段就享受国民待遇,但实际上大多数国家对于外资采用国民态度都比较谨慎,对于中韩两国来说,韩国对于外资的国民待遇大多集中在企业经营阶段和企业救济方面。非歧视待遇则主要体现在征收和国有化这两个方面。

其实从这一投资协议可以看出,中韩两国在最惠国待遇原则等问题上实际上还是持较为谨慎保守的态度,尤其对比美国和韩国签订的投资规则,中韩两国存在更多的限制,这也是两国结合了国情,比如经济发展的实际状况和所能承受的开放程度后达成的协议。

2007年的双边投资协议中实际上已经涵盖到了大多数情况下投资相关的各个方面的问题,为之后两国贸易投资的进一步发展打下了坚实的基础。到了2012年5月,随着世界各国之间建立双边贸易联系,签订双边贸易协议,中国和韩国也宣布正式启动FTA,并希望在中韩签订自由贸易协定之后,将双边投资协定中的内容纳入其中,在FTA协定中设置专章规范投资问题,并进一步充实和完善。

经过数轮谈判后,2015年6月1日,中韩双方在韩国首尔正式签署了FTA,共22个章节,包含18个附件。其中"投资"专章涉及19个条款和3个附件,在此前投资协定的基础上,自贸协定做出了更加细致的规定,全球经济发展形势的变化以及全球产业分工促使中韩FTA中对于投资的定义更加清晰且开放,并对一些程序进行了规范,有效地减少了两国在双边投资中可能出现的摩擦。同时,在争端解决方面,FTA更加明晰地规定了机制和流程,有效提高了争端解决的效率。该FTA协定给缔约双方的投资提供了一个更加完备、便利的环境,对于投资和服务贸易条款等进行了补充,对中韩的直接投资也进行了指导性的规定,大大增加了投资的广度和深度。在贸易协定中的一些鼓励性政策,同样能够拓宽两国的传统货物贸易领域,促进贸易投资的发展,为双边投资的发展提供支持。

如今看来,中国和韩国依然是彼此重要的投资伙伴,在本国的外资引进中占有重要地位,中韩的双边投资具有投资项目多、规模小的特点,并且投资产业和领域仍在逐步拓宽,未来两国仍需要在此基础上不断磨合洽谈,深化合作,才能进一步利用双边投资带动本国经济发展,做到互利共赢。

三、中国-东盟

中国与东盟国家的关系从20世纪70年代开始逐渐升温,尤其自中国改革开放以来,走和平发展之路,与东盟国家的政治联系日益紧密,也为双方的贸易、投资等经济合作打下了坚实的基础。20世纪80年代起,东盟国家对中国的投资开始增加,投资领域主要集中在制造业;而中国对于东盟国家的投资规模则较小。这也体现出中国和东盟之间并不稳定的经贸关系,受到各种内部和外部因素的影响和制约较大,尚未形成规范稳定的经济合作关系。因此签订双边贸易协定、投资协定是十分必要的。随着中国和东盟的合作意愿日益强烈,中国和东盟十国分别签订了有关投资的双边协定,如 1985 年与泰国签订的《中华人民共和国政府和泰王国政府关于促进和保护投资的协定》，这是中国与东盟国家签订的第一个双边投资协议；1985 年与新加坡签订的《中华人民共和国政府和新加坡共和国政府关于促进和保护投资协定》等。在之后的十几年内，中国陆续与新加坡、马来西亚、菲律宾、越南等东盟国家通过缔结双边投资协议的方式来加强彼此之间的投资保护。直到 2001 年，中国与缅甸签订了双边投资协定，至此中国与东盟十国全部签订了双边投资协定，对于双边投资给予了鼓励和保护。

中国与东盟国家双边投资保护协定既存在中国与东盟国家关于投资定义、投资待遇、资本转移、征收国有化、补偿等问题的规定，也存在中国与东盟国家在缔约争端解决、投资争端解决方面的内容，集实体和程序于一体。由于中国与这些国家分别进行谈判签订协议，故程序上比较简单，针对性也更强，符合两国当时的实际国情和投资状况，有助于促进投资发展。不过由于签订时间较早，经验不足，许多条约并不完善，协议存在具体内容模糊、核心内容宽泛而不够细致的问题。且由于签订的时间不同，东盟各国经济发展、文化背景及观念出入较大，加之经验不足，各协定对投资的保护水平参差不齐，在投资的概念、投资的主体、投资者的待遇和保护以及投资争议的解决等问题的规定上出现了碰撞、冲突的状况，不能完全符合现有中国-东盟自贸区投资关系的发展对法律协调一致的需求。然而从另一方面来说，东盟十国虽然各有特点，实际状况也不完全相同，但是整体的投资环境和要求都是趋同的，很多问题也存在普遍性，这十个双边投资协议可以说是"大同小异"的。也正因为此，伴随着东盟各国的联系日益紧密、中国与东盟的合作日益加强，形成中国与东盟整体的协议成为一个必然的趋势。

2002 年，中国和东盟启动了自由贸易区谈判。2004 年双方签署了《货物贸易协议》；2007 年双方签署了《服务贸易协议》；2009 年 8 月 15 日，中国商务部长陈德铭和东盟十国的经贸部长在泰国曼谷共同签署了《中华人民共和国政府与东南亚国家联盟成员国政府全面经济合作框架协议投资协议》（以下简称《投资协议》）。中国-东盟的投资协议对原本分散独立的 10 个双边投资协议进行了整合，严格来说，该投资协议的缔约方并不是中国与东盟，而是中国和东盟的 10 个成员国，因此这其实应该算作一个多边协议，但由于东盟内部存在的趋同性，我们可以将其视作中国与东盟整体形成的一个"双边投资协议"。中国与东盟国家的十个双边投资保护协定与该《投资协议》应该互为补充。十个双边投资保护协定从各个国家国情出发，侧重于两国之间具体的发展,而《投资协议》则着眼于中国和东盟自贸区的整体发展,更需要协调各国直接的利益,着重于和谐、共同的发展。该协议的目的是在中国和东盟之间建立一个更加自由、透明、便利且有良性竞争的投资体制,保证各缔约方都能获得公正公平的待遇,但同时也需要注意到因为东盟十国之间不同的国情,例如发展阶段、经济状况、发展潜力等不同。因此该协议也充分考虑到了异质性,对柬埔寨、老挝、缅甸和越南等东盟年轻的成员实行了特殊的对待。同时《投资协议》也对于原本十个双边投资保护协定中模糊、不严谨的部分进行了补充和完善。

具体来说,从投资定义来说,原本的十个投资协定对于投资均采用开放式的定义方式,缺乏严谨性和限制性的定义会扩大投资的范围,进而可能损害东道国的定义;同时签订这些双边投资协定间隔了十余年之久,投资术语并不一致和规范。在 2001 年最后一个东盟国家与中国签订完双边投资保护协定之后,中国和东盟的贸易投资又迎来飞速发展,世界格局也发生了变化,更新的内容并未在双边投资协定中展现出来。因此《投资协议》首先将开放式的定义改为了混合式的定义,即在原本基础上对于模糊的投资定义做了进一步明确,使投资定义兼具严谨性与全面性。其次将不规范的术语进行了完善和统一,对于各国之间的双边投资协定具有重要参考价值。另外,《投资协议》还更新了遗漏的新增内容,做到了与时俱进。

从投资待遇制度来看,中国与十个东盟国家的双边投资保护协定都对于公平公正待遇有明确的规定,然而条文过于抽象,很容易使公平公正待遇只是"纸上谈兵";对于最惠国待遇尽管也有明文规定,但范围较为狭窄,投资准入阶段未纳入适用范围,其中九个协定还规定了一些诸如关税同盟待遇不适用的情形,使得范围进一步缩小,不利于吸收外资和自由化。而且由于签订时间较早且没有及时更新,国民待遇出现缺失,只有最后签订的中缅双边投资保护协定中规定了国民待遇,这其实是大大落后于国际上的投资规则的,会对外国投资产生不利影响。而在 2009 年签订的《投资协议》中,双方首先明确了公平公正待遇的内涵,有助于全新秩序的建立;在最惠国待遇方面,《投资协议》取得了进步,明确说明了适用于投资准入阶段;最后还补充规定了国民待遇,保证了外国投资者和本国经营者能处于平等地位,公平竞争,但该国民待遇并不适用于投资准入阶段。

从投资保护制度方面来看,2009 年的《投资协议》改进了原本十个双边投资保护协定中间接征收界定不明、对补偿和转移没做出明确规定的缺点,提高了投资者对于征收的可预见性、东道国补偿的积极性和对于东道国的保护力度，既保障了投资者的利益，也维护了东道国的经济安全。

对于投资争端解决机制，作为实体规则得以实施的支柱，十个双边投资协定也都进行了规定，以便摩擦出现时能够规范、快速、公平地解决，其中各有差异。比如中国和马来西亚的双边投资保护协定增加了申诉的途径；中国和缅甸的双边投资保护协定则增加了提交国际投资争端解决中心（ICSID）的方式，更为完善、专业。因此在《投资协议》中，中国和东盟也借鉴了一些较为完善的双边投资保护协定，明确增加了 ICSID 仲裁的争端解决方式，对于保障投资者利益和建立良好的经济秩序有着重要的作用。

如今，距离中国和东盟《投资协议》的签订又已经过去了十年，这期间全球贸易迅猛发展，国际投资形式与水平日新月异，投资议题更加广泛，双边投资协议也愈发高标准和完善，针对新的投资形式，中国和东盟应该充分利用机会，面对挑战，利用好中国-东盟自由贸易区（CAFTA），利用好"一带一路"建设这一重要发展平台，进一步升级投资协议，促进两方和谐发展，实现优势互补，为区域和全球经济发展做出积极的贡献。

四、中国-澳大利亚

1972 年，中国和澳大利亚建交，逐渐建立起经济和贸易联系。中国和澳大利亚都属于地大物博的国家，但由于所处位置和国情不同，在气候、自然资源、人力资源等方面有着显著的差别，因而两国能够形成绝佳的互补关系。这些为两国的双边投资奠定了一个坚实的基础。因此自建交以来，两国在贸易和投资合作上形成了良好的关系。

1988 年，中国和澳大利亚签订了《中华人民共和国政府与澳大利亚政府相互鼓励和保护投资协定》，这是中澳最早形成的双边投资协议，将投资的重要性在协议中进行了强调，在互相尊重主权、平等互利、相互信任的基础上开展双边投资。该双边投资协议就投资定义、投资待遇、透明度、缔约双方争议等方面做出了 14 条规定。但由于签署年份较早，条文存在不完善的问题，例如在投资待遇部分仅仅提到了公平公正待遇，没有提到被广泛使用的国民待遇和最惠国待遇。尽管如此，该投资保护协定依然为中澳的双边投资和贸易创造了良好的条件。此后两国的经贸合作迅速发展，2003 年，中国和澳大利亚签订了《中澳经贸合作框架协议》，在更多元化的领域进行了合作。

与此同时,中国企业前往澳大利亚进行投资的热情也日益高涨,中国对澳投资总额迅速增长,涉及能源、海运、制造业、服务业等多个领域,其中采矿业投资占了相当一大部分的比重。同样,澳大利亚对中国的投资也不断增加,累计投资项目和在中国投资设立的公司数量也极为可观。在这样一个相互投资体量巨大的情况下,伴随着中国"一带一路"倡议和澳大利亚北部地区发展计划的提出,进一步开放投资,推动投资自由化,形成高质量的双边投资关系已经成为必然的趋势,一个更崭新更完备的双边投资协议也呼之欲出。

2003年10月,中澳双方签订了《中国和澳大利亚贸易与经济框架》,并决定就建立自贸区进行联合可行性研究,在确认其重要性和必要性后,中国和澳大利亚于2005年4月正式启动了自由贸易协定的谈判。由于受到不同政治环境的影响,双方在谈判过程中免不了出现一些分歧。在谈判过程中,提高中国农产品市场对澳大利亚的开放程度和澳大利亚对中国企业投资的审查门槛是焦点和核心,好在双方在不断努力下,达成了一致的整体谈判思路,分歧日益缩小,最终经历10年的谈判历程,曲折的21轮谈判和数十次小范围磋商后,中国和澳大利亚于2015年6月17日正式签署了FTA,并于当年12月20日正式生效。

在该协定中,"投资"篇章为第九章,共有25条和两个附件,第一节为投资,第二节为投资者国家争端解决程序条款,这一部分也是此次中澳谈判中对于投资规则着重协商的部分,因为在协定起草时正值争端解决机制饱受争议之际,中澳两国政府都经过了严肃的考虑、斟酌和严格的考察才最终敲定双边投资协议中的争端解决机制条款,其占据了投资章全文的60%,对于中国未来自贸协定的签订具有重要价值和意义。

在第一节的实体规则中,最基础的核心条款是投资待遇,中澳FTA规定了双边投资享受国民待遇和最惠国待遇。相较以往较为笼统的国民待遇规则,中澳双边投资协议中详细列举了外国投资享受国民待遇的具体方面。中国投资者在澳大利亚领土上的投资在设立、运营、出售的环节均可以享受国民待遇;而澳大利亚投资者在中国领土上的投资仅在运营、出售环节享受国民待遇。这是由于两国的开放程度不同,中国仍然较为保守谨慎地实行有限开放,采用"准入后国民待遇"。最惠国待遇则弥补了此前双边投资保护协定中缺失的部分,同时该条款还明确了最惠国待遇不适用于争端解决领域的缔约意图,从而杜绝了在争端解决过程中滥用最惠国条款的可能性,保证了投资双方的利益。

对于投资者-东道国争端解决条款(ISDS条款)而言,如果东道国政府违反了双边投资协议中保护投资的约定,允许投资者向东道国政府提起诉讼,投资者可以依照相关规定将案件交由国际仲裁庭进行裁决。这一条款尽管能够维护投资者的利益,但是对于东道国的主权却是一个挑战,对于国内投资者也存在不公平的因素,因此国际上对于这一条款的态度也一直在改变。中国整体来说呈较为开放的态度,因为在中国高速发展的过程中,其日益成为一个重要的资本输出国,ISDS条款无疑对于海外投资具有保护作用。但同样需要考虑到中国也是一个重要的资本输入国,因此要做好两者之间的权衡,找到平衡位置。而对于澳大利亚来说,其政府对于ISDS条款则愈加严格限制,甚至还声称不再在FTA中加入ISDS条款,此后虽有动摇,但仍然一直存在争议。在中澳FTA中,两方进行数轮考量和谈判后,做出的ISDS条款规定非常细致且全面,从磋商、提交仲裁请求、仲裁庭组成、仲裁的进行等方面都做出了详细的规定,几乎涵盖了当时国际上最为先进全面的投资协定中的所有内容,建立起了一套高标准的行为准则,使得双边投资协议的透明度也大大增强,远远超越了1988年的中澳双边投资条约中的简单规定。考虑到两国国情的不同,该ISDS条款还是一套为中国和澳大利亚量身打造的条款,尤其是针对澳大利亚政府对ISDS持较为消极的态度,该协议提出了先行磋商制度,即投资争端发生后投资者可以先向东道国政府提出磋商请求,如果未能解决则提交仲裁。这一友好协商的方式能够很大程度上避免仲裁的发生。该条款的创新充分为东道国保留了更多的规制空间,维护了国家的经济主权和公共利益。另外对于仲裁条件、事项范围、仲裁员人选、程序等方面的严格规定也能够防止ISDS条款被投资者滥用。

值得一提的是,在中澳FTA中有一个与众不同的部分就是"未来工作计划",这是该双边投资协议的一大缺陷,由于实体投资规则数量较少,一些诸如业绩要求等的重要条款都被规定在"未来工作计划"中,需要之后进行新一轮的审议,就尚未涉及的重要问题达成一致。在两国贸易和投资持续增加的趋势下,需要尽快完善这一协定,在当前协议投资保护不足的背景下,投资者需要付出更多的努力去充分了解东道国的法律法规和监管政策,避免引发风险。

2019年1月1日起中澳开始实施新一轮关税削减,双边贸易中几乎所有商品都将享受零关税,同时在进博会上中澳两国企业签署了跨越 5 年、总价值近 150 亿澳元的 11 项协议,涵盖范围包括了旅游、资源、基础设施、电子商务等诸多领域,未来中澳双边投资的机会还将更多。对于中国来说,其在澳的投资总额是澳大利亚在华投资总额的数倍,为了切实保护中国海外投资者的利益,同时保留对国内政策的规制权,做到平衡发展,中国应积极推动双边协议完善的进程,并打破在双边投资协议缔约时的被动地位,掌握主动权。

五、印度-欧盟

印度和欧洲一直有着很深的历史文化渊源,尤其是由于英国殖民统治的关系,印度与英国之间在政治、经济、文化等诸多方面都有着千丝万缕的联系。欧共体 1958 年建立以来,在消除内部贸易壁垒的同时,也与第三方国家发生了大幅增长的贸易联系。1961 年英国第一次申请加入欧共体后,1962 年,印度也自然地与欧共体建立了外交联系。1973 年,英国考虑到本国经济发展的必要性,在农业问题上做出了妥协加入了欧共体。这对于印度在英国享有的优惠政策造成了挑战,因此印度为了自身的经济贸易发展,更加注重了与欧共体之间的关系。20 世纪 70 年代后,印度和欧共体之间的双边经贸关系得到了迅速发展。1973 年印度和欧共体九个国家签署了《商业和经济合作协定》,自此双方以普惠制为基础开启了双边贸易合作。尽管印度在这个双边关系中处于较低的地位,但是仍然获得了很大的援助,提高了其本身的贸易地位。1981 年这一协定正式签署并扩展了合作范围,加强了除贸易外其他领域的经济合作,双方战略伙伴关系逐渐建立。

1993 年欧盟正式诞生,与此同时世界格局也瞬息万变,许多国家纷纷建立了合作伙伴关系。于是为了进一步加强印度和欧盟在贸易投资等领域的合作和联系,1993 年 12 月双方签订了《伙伴关系和发展合作协定》,打开了更大的政治经济互动的大门。同时作为 1991 年实行的经济自由化总体战略的一部分,印度在 20 世纪 90 年代初开始签署双边投资协定。1994 年,印度与英国签署了第一份双边投资协定,自此以后,印度陆续与 80 余个国家签署了双边投资协定,其中也包含欧盟的许多国家。印度启动进入双边投资协定的进程,目的是增强外国投资者的信心,以吸引外国投资,促进本国的经济发展。这其中欧盟是印度较大的 FDI 来源国之一,尤其是进入21 世纪以来,欧盟向印度直接投资的总额占印度 FDI 总额的 20% 以上,投资便利化机制促进了印度来自欧盟的外资流入。

考虑到双方在对方政治和经济上的重要性,2004年,印度和欧盟正式确定了战略伙伴关系,使双方能够更好地解决复杂的国际问题,对于政治、经贸、教育、地区问题等方面的合作进行了明确,制度也日趋健全,欧印关系由此进入深入发展的阶段,摒弃了意识形态差异的束缚,进行平等对话。此后一段时间内两者的关系持续升温,欧盟成为印度最大的区域贸易伙伴,而印度也是欧盟一大重要的贸易伙伴,贸易额和投资额大量增加。在印度有大量欧盟公司,为印度富余的劳动力提供了丰富的直接和间接就业机会。在这种背景下,达成欧盟-印度FTA是建立强劲经济关系的自然趋势。

2005年,第六次印度-欧盟峰会通过了欧盟-印度联合行动计划,确定了共同目标,并在政治、经济和发展合作领域提出了广泛的支持活动。在这一联合行动计划的支持下,双方成立了一个高级别贸易小组,建议启动印度和欧盟之间的全面自由贸易协定谈判,即所谓的双边贸易和投资协定(BTIA)。2006年在赫尔辛基举行的第七届峰会双方达成了共识,于2007年正式启动谈判,拟议的BTIA包括货物贸易、服务贸易和投资。然而,经过了六年十余轮的谈判,由于双方在一些关键问题上存在分歧,谈判在2013年5月中止。

其中终止双边投资协定是谈判中的主要争论点之一。此前为了保护投资,印度与几个欧盟成员国签署了双边投资协定。然而,2016年,印度单方面决定终止对包括英国、德国、荷兰和法国在内的57个国家的双边投资协定,以便在BIT的新模式文本基础上重新谈判旧条约。其实早在2015年12月,印度就提出了一种新的模式,打算取代现有双边投资促进、保护协定和未来的投资条约。双方在投资协议中争议的问题是ISDS条款,印度希望通过该条款要求投资者在寻求国际仲裁之前先尝试所有国内解决程序,欧盟反对这一新的ISDS条款,并敦促印度在恢复BTIA谈判之前,将旧的投资协议延长六个月。2016年4月,印度发布了一份新的双边投资条约范本,取消了与欧盟成员国的所有投资条约,这成为双方的一个痛点。欧盟对印度单方面决定终止与23个欧洲国家的双边投资协定表示严重谴责,并警告称,其成员国将停止对印度的投资;要求印度保持这些单独的协议有效,直到签署新的协议。2017年,欧盟甚至提出单独签署一项全面投资协议,但印度仍然反对。印度考虑在2017年3月31日单方面终止所有此类现有条约,给各国一年的时间根据通过的双边投资条约范本重新谈判这些条约。

究其原因,实际上是随着印度对外投资的增长,印度投资者自己也越来越希望通过 BIT 来保护自己的投资权益,并为在东道国寻求保护提供一条途径。

2017 年 3 月 31 日,随着印度单方面终止所有现有投资条约的最后期限临近,欧盟仍然拒绝接受印度想要修改的条款,印度同样拒绝欧盟开始谈判一个独立的投资条约,而 BTIA 谈判也仍然毫无进展。印度希望走中间路线,签署一个缓和版的 BTIA,包括一个"投资"章节,暂时把有争议的问题放在一边,但欧盟仍然没有同意这一提议。印度也表达了重启谈判的意愿,给了欧盟各国足够的时间重启新的双边投资协定谈判,同时印度表示欧盟可以允许个别欧盟国家与印度签署协议,但欧盟的政策并不允许这样做。

自谈判陷入僵局以来,印度在其经济领域取得了长足进展,通过各种举措实现现代化,比如"印度制造""数字印度"和"投资印度"等,力图证明自己是一个可靠、负责任的经济体。欧盟也充分认识到印度经济的潜力,2018 年欧盟发布的《印度战略》也承认了印度是世界上重要的大经济体,但也指出其严重依赖出口和外来投资,鼓励印度开放其经济,以增强其国际竞争力,更好地融入全球价值链,提高其在全球贸易中的份额。因此,恢复谈判对双方都至关重要,实现贸易投资的自由化和规范化对双方都有好处。

于是,当印度和欧盟关于双边贸易和投资协议谈判中断两年多后,2020 年 7 月举行的第 15 届印度-欧盟峰会上,贸易和投资问题成为主要焦点,会后双方发布了联合声明,双方领导人表示同意进一步发展贸易和投资关系。这次达成一致也有望为欧盟和印度的优惠贸易协议和双边投资条约铺平道路。

第二节　全球双边投资协议的主要议题

一、服务贸易与投资开放

20 世纪 80 年代中后期,在国际政治、经济格局发生重大变化的时代背景之下,国际间投资协定谈判开始寻求在各层次推进投资自由化和投资保护,并在多边协定 GATS 中确立了服务行业自由化机制。GATS 的宗旨是在透明化和逐步自由化的条件下,扩大全球范围内的服务贸易,并促进各成员的经济增长和发展中国家服务业的发展。新一代国际投资协定谈判中寻求突破的核心议题之一也重点关注金融服务贸易规则的完善。

当前，全球贸易增长的主要驱动力之一是服务贸易的强劲发展，其在促进全球自由贸易中的作用也日益明确。中国(海南)改革发展研究院院长迟福林指出，服务贸易较快发展是新一轮经济全球化的突出特点，全球贸易投资规则中心正加快从货物贸易领域转向服务贸易领域，服务贸易将影响和决定全球及区域自由贸易的进程与格局。在 2005 年至 2015 年间，全球服务贸易的规模和份额迅速增长，发展机会巨大。与服务经济在世界经济中 70% 的份额相比，服务贸易在世界贸易中的份额有很大的提高潜力。特别是，新兴经济体金融服务进程的加快将进一步释放服务贸易的增长潜力。当前，服务贸易已逐渐成为国际贸易和投资协定谈判的重要议题之一。服务市场的开放程度直接影响全球投资和相关联的自由贸易进程，同时，越来越开放的服务市场将会进一步影响全球贸易和投资规则。

在全球范围内的双边投资协定中，投资准入条款都会受到相当的重视，关乎资本流动和投资的对外开放程度。依照联合国的标准，一般来讲，外资准入模式可被划分为五类，在国际投资协定中最受青睐的两种外资准入模式分别是正面清单式和负面清单式。正面清单具有循序渐进的特点，通过列举出可以进入的行业来进行外资进入引导，比较适合于经济欠发达国家。所以多数发展中国家在对外开放初期都是采用的正面清单制度，以保障国家对于引进外资过程中的潜在风险有较好的把控能力。而负面清单式，即在国民待遇之上进行完全准入但用清单列举的除外，是一种比国民待遇更加完善的外资准入模式，已逐渐在全世界范围内广泛使用。在目前的国际间双边投资谈判中，采用负面清单模式来开放引进外资已经成为一种常用的模式。除了发达国家之外，不少经济发展水平较低的发展中国家也逐渐转变为采取这种模式引入外资。从国际上负面清单的实际使用情况来看，发达经济体尤其是美国及欧盟，已经成为负面清单的主导者和倡导者，其自身引入负面清单模式以后又通过双边、多边以及协助建立等多种方式向他国输出负面清单模式。这些被输入的国家包括但不限于亚非拉等地区的许多发展中国家，逐步建立起庞大的负面清单施行区域，并由此形成新的国际投资环境。

当前，国际投资规则在不断完善中逐渐趋向自由化，主要以准入前国民待遇和负面清单模式为代表。传统的欧式协定往往只赋予准入后国民待遇，对外资准入要求符合东道国的法律法规，对外资进入实行审批制。负面清单模式则打破这一规定，进一步促进投资自由化流动，对外资的保护标准也逐步提高。负面清单模式有着开放程度更深,且一般采取较高标准的特点,有助于在国家层面进一步推进投资开放的战略。

负面清单模式第一次出现便是在美国拟定的第一代对外双边投资协定中。20世纪80年代,美国在第一代双边投资协定的附件中将例外行业以附表的形式一一列举,使其成为双边投资协定的部分内容,这就是早期的负面清单。然而经过多年的发展,负面清单制度在国际间也仍然没有形成统一的标准。在国际双边投资协定中,依据不同国家自身的政治环境、经济状况和对于经济发展的不同诉求,负面清单对不同商品和产业领域对外资开放的横向和纵向尺度都存在很大的差别。

在全球主要经济体中选取美国、日本、欧盟和发展中国家为代表,其负面清单制度均有着各自的特点。美国的负面清单没有列出详细的产业列表,总体思想是偏向于支持加强投资开放和投资自由化。并且美国还表示,未来任何可能的行业创新或技术进步出现后,美国都将自动开放该行业,从而推进投资自由化进程。与此同时,鉴于美国的负面清单制度具有较强的灵活性和机动性,国际投资协定中的各种负面清单并不会影响或限制美国的安全审查制度。日本的负面清单中则有相当一大部分比重涉及第一产业的相关行业,且会根据不同缔约国的地位有针对性地给予不同缔约国差异化的政策措施,同时在实践操作中保留了较大的自由裁量权。另外,基于本国对外开放和自身发展的需要,日本的负面清单制定的主要目标是优化本国的营商环境。欧盟较晚开始启用负面清单制度,但其旗帜鲜明地提出要实现贸易投资的自由化,从而进一步实现服务贸易和投资自由化。对于发展中国家而言,其负面清单制度大多存在发展滞后且实施细则不够详细清晰等问题。但近几年,以中国和印度为代表的发展中国家的负面清单制度逐渐与国际规则进一步接轨,且在不断调整完善,以适应国际经济环境变化和促进本国投资对外开放。

尽管负面清单制度已经被广泛采用且促进了国家投资开放程度,但其自身仍存在缺陷。对发达国家而言,其负面清单中对本国利益的保护造成权利义务不对等,不利于引入外资;同时其较为完善的负面清单制度对于透明度和政府的执政能力要求较高,在实际操作中会为发展中国家带来一定困难。对发展中国家而言,其对于负面清单的内容准确划分还存在缺陷。同时,各国对外资准入审批程序的改革进度并不同步,进而导致负面清单内容上还存在较大差异,在以服务业为代表的很多行业无法做到准确准入限制,容易对本国产业的发展造成负面影响。

伴随着多轮国际双边投资协定谈判和博弈,各国投资领域对外开放程度逐渐加深,都在寻求深入参与全球价值链分工合作。但是在行业间横向对比来看,对于服务行业的限制程度依然较严格。当前,国际货物贸易规则基本完善,而服务贸易规则仍处于框架初成的阶段。在未来全球和区域内双边投资协定谈判中,服务贸易将成为下一个关注的焦点。未来,以欧盟为代表的发达经济体将继续进一步推进服务贸易的快速发展,而发展中国家也希望通过深化对外开放程度,深入融入世界经济体系,借助投资和贸易自由化程度的提高,加快本国经济发展。

二、国有企业竞争中立原则

最早实行竞争中立原则的国家是澳大利亚,具体时间是在20世纪90年代,当时的澳大利亚政府认为,国有企业的经济活动冲击了本国正常的经济发展和产出的增长,由此开始进行国有企业改革。例如,1993年澳大利亚政府发布了《希尔墨报告》,提出了六项国家竞争政策改革目标,其中就包括了"竞争中立"。1995年,澳大利亚颁布国内法律《竞争原则规定》,竞争中立原则成了一项正式的法律原则。在1996年澳大利亚政府颁布的《联邦竞争中立政策声明》中,竞争中立的概念得到明确,即"竞争中立是指政府的商业活动不得因为其公共部门所有权地位而享受私营部门竞争所不能享有的竞争优势"。可见,澳大利亚提出竞争中立是为了消除公有制在经营活动中扭曲资源配置对生产和消费产生的影响,构建公平竞争的市场环境。但此时的竞争中立主要限制的是政府的行为,尚不包括国有企业,也并不影响到对外贸易和投资。

自2011年开始,OECD将竞争中立原则进行界定及细化,并据此每年发布对应的研究报告,指出所谓的"竞争中立原则"实际上就是"在一个经济市场中,不存在一个实体享有过度竞争优势或劣势的状态"。根据这一内涵界定,竞争中立原则所指的目标对象主要锁定了政府部门和国有企业。同时,OECD的报告也详细地讨论了竞争中立的理论框架,以及相对应的政策目标和手段,例如针对国有企业的税收中立、管制中立、直接补贴等方面,如何加强管控和识别。

21世纪初,新兴经济体快速发展,国有企业高速壮大。而美国在经历了2008年金融危机后,很多企业均受到了不同程度的重创,也增加了其竞争压力。由此,一方面为了转移矛盾和舒缓困顿,更重要的是,限制或约束发展中国家的国有企业发展,削弱其国际竞争力,美国开始修改双边投资协定及跨太平洋伙伴关系协定,将竞争中立原则纳入其中。

此后美国进一步扩大了竞争中立原则的内容,根据其标准,只要政府对国有企业"施以援手",国有企业一旦受益,就会涉嫌违反竞争中立原则。例如,在 BIT 的 2012 范本和 TPP 中,对于国有企业定义的范围和对于政府对国有企业的格外优待,即"非商业援助"的定义都非常宽泛,而对于"国有企业因为非商业援助对外国企业造成了不利影响"这一点则更为严苛,只要国有企业占据了优势地位、市场份额表现优于平均水平或是其他任何有利结果,就会视作对其他市场主体不利。可以看出,这些对于竞争中立原则的规定均过于苛刻,每一个环节都有很大概率被指责为一方违约,对于缔约国的投资非常不利。

因此在双边投资协议的谈判过程中,发达国家和发展中国家对于竞争中立原则的态度实际上是大相径庭的,且经过美国的大肆推广后,竞争中立问题所覆盖的范围也越来越广,成为当前国际贸易和投资领域的一大焦点和主要议题。美国等发达国家一直在推崇这一严苛的竞争中立规则,因为这一规则一方面能够限制新兴经济体的竞争力,另一方面又能让他们规避这一原则,从中获利。

对于发展中国家来说,国有企业蓬勃发展,在国际市场上也占据了一定的重要地位,然而由于竞争中立规则,这些国有企业在政府采购、招标投标中的便利和优势也会被视为非法,即使是因为良好的业绩和信用所获得的,也会有很大风险因为竞争中立规则被起诉到国际仲裁机构。然而发展中国家国际地位较低以及国际投资相关人才的缺乏,在国际仲裁中往往处于劣势地位,会被掌握话语权的发达国家不公平对待,这大大限制了发展中国家国有企业的竞争力。另外,这一规则也是对政府控制国有企业的一大挑战,发展中国家庞大的国有企业不仅仅是发达国家大型企业的竞争对手,实际上也是它们"垂涎"的收购对象。竞争中立原则增加了政府保护国有企业的成本,因为一旦国有企业和外国企业因为违反规定发生了纠纷,就很有可能被认定为东道国政府和外资企业的纠纷,按照投资者-东道国争端解决条款会交由国际仲裁庭解决,提高了东道国政府的法律风险,加重了其维护国企的负担。而国有企业也因为被施加很多束缚,能从政府获得的补贴等变少,创造经济价值的能力打了折扣,对政府的价值下降。这会导致一些发展中国家在进行区域协作或双边/多边投资合作时，考虑到更便利地进入国际市场、减少未来风险而作出出售国有企业的决定，一旦接受这一决定的国有企业涉及一些事关国计民生、具有垄断地位的业务，就会对国家经济安全造成巨大的威胁。

反观发达国家，以美国为例，由联邦政府出资的国有企业非常少，只有少数由州政府出资的小型国企，然而从实质上看，美国的很多大型企业都与联邦政府有着千丝万缕的联系，美国政府会给一些大型企业提供巨额补贴，尽管它们并不是国企，因此美国非常巧妙地躲避了国有企业竞争中立原则的惩罚，把这一规则变成了一个单方面限制对手国家但却能保护自己的工具，违背了公平公正竞争的初衷。

因此，一旦竞争中立原则在国际双边投资协议中成为主流规则，发展中国家的政府和国有企业就会受到很大的负面影响，无法在双边投资中取得平等地位，甚至会遭遇很多束缚。发展中国家也意识到了这一点，因此也在双边投资协议中积极做出努力，它们一直致力于改变当前国际贸易投资规则中不合理的部分，建立起新的更加公正公平的国际经济秩序，然而发达国家不情愿让步，放弃主导地位，又不能完全否定发展中国家提出的合理诉求，最终结果往往是发展中国家为了让发达国家妥协不将竞争中立原则完全纳入双边投资协议，不得不放弃一些其他方面的要求，做出让步。尽管这一定程度上改善了目前竞争中立原则被不公平使用的状况，但发展中国家仍然处在谈判中的弱势地位。

随着经济全球化和投资自由化的不断深化，可以预见的是，未来竞争中立原则在国际投资协议中仍然会成为一个无法回避、备受关注的议题，而发展中国家也势必会为了维护切身利益做出种种努力。对于发展中国家来说，要改善目前的尴尬境地，要积极研究这一规则，从多方面进行努力，主动应对挑战。首先从自身实力来说，要深化国有企业改革，全面且高质量地提升国企国际竞争力，由于发达国家支持竞争中立原则的一个重要原因是对于缔约国国有企业竞争力的怀疑，所以要从根本上抓住国有企业在国际市场上竞争的经济规律。从掌握话语权的角度来说，发展中国家应该更加主动地与发达国家进行谈判，据理力争地减少竞争中立原则对于本国的不利影响，持续跟踪研究当前的竞争中立原则所存在的问题，在双边/多边的贸易和投资谈判中争取更多的话语权，争取改变目前过于严苛的现状，缩小竞争中立规则的范围，降低相关要求，促使该规则更加能够适应且反映发展中国家的基本国情和经济状况,在国际投资大环境下建立更加合理、公平的竞争政策体系。

三、国际电子商务

在技术变革的主要驱动下,得益于数字化、互联网技术创新与通信技术革命,传统服务贸易正在逐步向数字服务贸易转型,国际电子商务应运而生。美国从20世纪90年代后期在全球力推电子商务自由化,1999年WTO发布《电子商务工作方案》,对电子商务的范畴进行了界定,说明了电子商务是经过电子方式完成的商品和服务的生产、分配、营销、销售和递送过程。在早期的双边投资协议中,国际电子商务就以电子商务条款的形式出现,核心的诉求包括电子传输免关税、数字产品非歧视待遇、电子认证/数字证书、消费者保护、无纸化贸易管理和透明度等。其中应该特别注意的是,国际电子商务首先与关税有着密切的联系,从实现途径上来说,国际电子商务不仅可以在线上实现,还可以在普通的贸易框架下实现,这就产生了物流配送过程中需要支付的关税。在多个双边投资协议中都有一个共通的原则,即不征关税原则,并且协定中的电子商务关税条款都是独立的内容。

进入21世纪,电子商务融合式发展,跨境数据流动持续扩张,原有的双边投资协议在一定程度上制约了国际电子商务的推进。一方面,WTO框架下现有的双边协定对国际电子商务的适用性存在争议,WTO下产品和服务的传统分类在结构上与国际电子商务不兼容,并且至今没有关于国际电子商务的综合性协定;另一方面现有双边规则不能有效化解数字贸易壁垒,难以满足发达国家维持数字贸易领先地位的诉求。在这个宏观背景下,美国开始在区域层面引领国际电子商务规则的制定,《跨太平洋伙伴关系协定》(TPP)、《跨大西洋贸易与投资伙伴协定》(TTIP)以及《国际服务贸易协定》(TISA)成为21世纪颇具分量的规则。在TPP第14章,电子商务聚焦了数字产品和服务贸易的自由及开放,对创新、技术选择、版权以及消费者保护等方面进行了规定,跨境数据自由流动、计算设施非当地化以及源代码的非强制转移得到了系统的界定。TPP中,"对电子传输(数字产品或服务)不征收关税"的规则得到了进一步巩固,例如禁止成员对任何数字产品或服务(涉及电子书、软件、音乐和视频等在线内容的线上传输)征收关税,禁止缔约方用歧视性手段对待对方的数字产品,禁止直接支持本国类似产品的竞争者等,同时不干涉缔约方对数字产品或服务征收国内税费,增加缔约方国内的财政收入。

《美国-日本数字贸易协定》(UJDTA)是 2019 年 10 月与《美国-日本贸易协定》(UJTA)同时签订的,是迄今为止第一份专门针对国际电子商务的协定,这份协定于 2020 年 1 月 1 日正式生效,也是在解决数字贸易壁垒上全面、高标准的协定。UJDTA 的创新和发展在于对数字税规则进行拓展、拓展计算设施非本地化到金融领域、单独引入加密条款和对知识产权的保护。协定第 6 条税收规定允许缔约方基于非歧视性原则对数字产品和服务征收国内税费(数字税),即对跨国公司所提供的数字产品和服务的营业额进行税费的征收。近年来数字经济和数字贸易迅猛且不均衡发展,对原有税收征管体制构成重大挑战,美国互联网巨头在欧盟获取巨额利润的同时基本规避了税收,美国和欧盟主要国家围绕数字税征收问题存在较大分歧,形成对国际电子商务发展的障碍,因此数字税条款的出现是国际电子商务发展的必然结果。UJDTA 规定数字税的征收要基于非歧视性原则,表明美国认识到数字税的征收已不可避免,这一原则下条款的深化可以巩固互联网龙头的地位。国际电子商务背景下的贸易中间环节大幅减少、成本大幅降低,边际成本几乎为零,在双边投资协议中通过区域合作为数字贸易打开新市场,缔约国可以获得数字贸易的超额收益。

从上述发展趋势来看,国际电子商务方面在双边投资协议中的核心问题是关税豁免以及税收管辖权如何分配。在具体议题上,美国与日本要求 WTO 电子传输关税豁免永久化,凭借信息产业和数字贸易的优势,两国突出了此项利益诉求。但 WTO 成员方在超过六年的 WTO 电子商务工作计划期间没有达成一个明确和永久的对电子传输及其信息内容的关税豁免延期。美国就通过双边投资协议确保了对数字化交付的信息产品的内容及其传送二者的永久的关税豁免。这在美国-智利、美国-澳大利亚的双边投资协议中都有所体现。相反的是,欧盟及其他国家反对电子传输关税豁免永久化,欧盟及其他国家认为,作为数字贸易壁垒的并不是关税,而是其他的管制措施,这些措施阻碍了对服务提供者的自由市场准入和国民待遇,尽管有暂时延期协议,但没有服务贸易的完全市场准入和国民待遇承诺。而要获得真正有意义的市场准入,WTO 对电子传输的关税豁免延期协议必须同时结合与数字化交付信息产品有关的服务部门达成的更广泛更深入的服务贸易具体承诺。从发展中国家角度而言,该种要求将会导致其失去与数字贸易相关的各种关税收入。根据 WTO 的国民待遇原则,成员方将不能对来自互联网的进口产品征收歧视性国内税,而如果同时禁止征收关税使互联网进口的关税为零,在美国等极少数国家是电子商务净出口国的背景下,其影响是不可想象的。而且发展中国家在得到发达国家的援助和农产品市场准入承诺之前大概率将坚守原则。而欧盟对美国的主张有所保留,因为关税壁垒是 WTO 成员方保护国内数字信息产品市场的最后依靠。

在税收管辖权分配问题上,国际所得税征收的中心问题涉及为了避免跨境收入的双重征税。依照现行的国际税收制度,无论是基于居民税收管辖权还是所得来源地管辖权,只有当一个纳税人与某个管辖区具有某些物理联系时才会具有对该纳税人的税收管辖权。任何一种税收体制都是以场所的地理概念为前提的。在所得来源国,税收的可能性和实施是基于交易发生在其国境内的事实,对于基于居所的税收管辖权,税收权力衍生自在其地理范围内的居所概念。然而国际电子商务是一种全新的商业运作模式,运作模式是虚拟的数字化空间,存在缺少与一个物理位置链接的问题。在双边投资协议中,有利于发展中国家的电子商务所得税管辖主张被排斥,以消费地为基础的税收早在 OECD 1998 年召开渥太华会议发布的《电子商务的税收框架》报告中就已被反对。同时,美国倡导的利益最大化的电子商务所得税居所地管辖被抵制。OECD 曾提议通过将常设机构的概念扩大为包括一个外国实体所拥有的服务器或通过将网络服务提供者包含在非独立代理人的概念中,把常设机构的概念扩大至可适用于电子商务,美国也在后续双边投资协议中转而同意 OECD 示范条约的税收体制,这样至少可以保证美国的电子商务不会受到歧视性征税。

在双边投资协议议题中,国际电子商务规则也成为国际投资规则重构的竞争焦点,构建包容性的国际电子商务规则是当务之急,在"数字鸿沟"及日益坚固的美国电子商务高标准"围栏"面前,推动国际电子商务朝着更加稳健、公正的方向发展也将是持续发展的命题。

四、高标准知识产权保护

19 世纪下半叶开始,知识产权国际保护的观念开始形成,随着世界经济交往的日益频繁,在国际经济贸易与投资领域的知识产权保护协调也得到了世界各国的关注。1967 年,51 个国家签署了《建立世界知识产权组织国际公约》。1970 年,世界上第一个专门以知识产权保护为目的的国际组织,世界知识产权组织(WIPO)成立,推动了国际贸易的顺利发展。20 世纪

80年代以来，随着国际贸易投资规模的日益扩大，以及科技的不断发展，知识产权占贸易投资比例增加，为了将知识产权保护议题纳入国际贸易中去，以美、欧为首的发达国家在关贸总协定乌拉圭回合多边谈判中主导制定了《与贸易有关的知识产权协议》(TRIPs)。然而该协议存在发达国家和发展中国家利益严重不平衡的问题，发展中国家对于此协议进行了反抗，WTO实现了协议的修正，并且通过向WIPO等国际组织寻求帮助，诞生了新的国际规则。在这一进展的过程中，TRIPs知识产权保护标准实际上已经不能满足发达国家的利益诉求，他们开始试图推行更高的知识产权保护标准TPP就是一个代表。知识产权议题是TPP谈判中重要一环，美国为了维护自己知识产权强国地位以及在更大的范围内推行超TRIPs条款，以美国起草的知识产权草案作为谈判基础，用高标准知识产权保护主导了整个TPP知识产权谈判，其中的很多规定都继承了美式双边贸易谈判的内容，在商标保护、专利权保护、版权保护、执法措施等方面提出了比TRIPs更高的要求。TPP在促进国际知识产权强保护的发展方面起到了重要作用，甚至可能推动建立了知识产权新范式。而由于知识产权在投资领域日益凸显的地位，美国又利用知识产权和对外投资之间的相关联性，通过双边投资协议的方式试图在全球范围内主导高标准知识产权保护。

具体来说，随着世界科学技术的不断更新发展，知识产权也已经成为投资领域的一项重要资产。美国早在《1984年双边投资协定范本》中，就将知识产权纳入投资保护范围的协定，以"穷尽列举"的方式排除了对定义范围以外其他类型知识产权的保护；《1994年双边投资协定范本》将投资的范围进行了扩大，《2004年双边投资协定范本》则强调了只有当知识产权作为资产在经济活动中发挥作用时才能作为投资协议的保护对象，体现出美国对于知识产权的保护的核心从主观权利到资产运作的转变。由于知识产权已经被纳入了"投资"的范畴，因此协议缔约国有义务对于知识产权实行和其他投资一样的保护。美国的这一举措为许多双边投资协议提供了范例，各BIT中也一直普遍地将知识产权界定为投资的一种形式。

从受保护的知识产权的界定来看，知识产权相较于其他投资比较特殊，它具有地域性，即在投资者母国受到承认的知识产权并不一定在东道国受到认可，并且即使是同一类型的知识产权，不同国家所规定的权利范围也不会完全相同，因此在大多数双边投资协议中，知识产权投资的有效性往往按照东道国国内法律决定，这将防止外国投资者强迫东道国接受超过本国接受程度的高标准知识产权保护义务。从对于知识产权的直接保护来看,双边投资协定对于外资的投资待遇往往有国民待遇、公平公正待遇和最惠国待遇等,既然知识产权也属于投资范畴,其同样可以享受这些待遇。以美国为例,在沿袭 TRIPs 的基础上,2004 年 BIT 范本将以投资形式进入东道国的知识产权客体适用国民待遇和最惠国待遇的范围从经营阶段延伸到了准入前阶段,为投资者获得相关的法律保护提供了一个有效的平台,也实现了美国提高知识产权保护水平的目的。从对于知识产权的间接保护来看,双边投资协议往往还通过征收补偿条款的排除性规定来间接提高保护知识产权的水平,具体体现在知识产权的强制许可、废止、限制和设立。在争端解决机制方面,和 TRIPs 相比,双边投资协定中的知识产权救助则更加强调了国际仲裁,即 ISDS 条款相关规定,而知识产权被征收仲裁实际上会导致知识产权利益上的严重不平衡,影响全球知识产权保护的结构。

整体来说,双边投资协议通过界定"投资"概念的方式将知识产权保护纳入了投资保护的框架,然而其相应的公平公正待遇、征收补偿条款等可能会导致东道国承受超出 TRIPs 的最低标准知识产权保护义务。美国 BIT 范本以及 TPP 中的高标准知识产权保护实际上会对一些发展中国家带来较大的影响和冲击,因而当前国际知识产权保护条约的制定也成为一个发达国家和发展中国家博弈的过程。

以美国为首的发达国家本身知识产权的保护力度就比较强,法律法规也比较完善,在科技硬实力领先的情况下,它们不断寻求新的途径以创造有利于高标准知识产权国际保护的地域管辖规则,通过双边投资协议突破市场准入和产权归属的限制,降低其对外投资在东道国可能遇到的政治、经济、法律等方面的风险,促使企业获得更好的投资环境。同时也可以利用专利技术和对外投资相结合,在关键领域建立竞争对手难以突破的专利壁垒,获取市场份额,实现经济收益。这是发达国家在知识经济时代希望能够主导全球经济发展风向和把握发展速度的必然要求。随着知识经济大国的不断涌现,并以更多形式出现在双边/多边贸易和投资的背景下,高标准、宽范围的知识产权保护会成为一个持续升温的发展态势。

但是对于发展中国家来说,并不意味着在国际投资协议中参加的知识产权条约保护的标准越高,对本国的发展越有利,每个国家更应该结合自己的社会经济发展水平,制定出相匹配的知识产权制度并加入符合客观情况的国际知识产权保护条约中去。TPP 中高标准知识产权保护其实更多维护的是知识产权所有人以及发达国家的利益,发展中国家极力寻求保护的领域可能并没有被关注到,这会导致利益失衡的后果。除此之外,由于高标准知识产权恰恰是发达国家国内知识产权体系的体现,一旦因为双边贸易投资深入东道国的法律体系,就容易引起国家之间的知识产权摩擦,也会影响发展中国家的技术进步,形成更强的贸易壁垒等问题,最终影响到对外贸易和投资。

未来在双边投资协议的谈判过程中,发达国家将会继续倡导高标准知识产权保护,这一议题会持续升温,而作为"守方"的发展中国家应当在谈判中积极主动地提出知识产权诉求,挖掘本国需要突出保护的部分,加强创新,在国际知识产权制定的过程中充分体现自身的利益。同时发展中国家无论是出于对自身知识产权的保护,还是为了避免在国际贸易投资中的知识产权争端,都应该不断改进和完善本国知识产权保护体系,根据国家发展水平适度增加部分符合趋势的高标准知识保护条约,为将来加入全新的国际投资关系做好充足的准备。

五、环境与劳工标准

随着经济全球化,各国之间的经济交往越来越密切,国际投资行为不断加强,跨国公司应运而生,对本国和东道国的经济发展都起到了重要作用。然而我们也要看到它带来的负面影响,就是对环境的冲击。环境问题由来已久,尤其是工业革命以来更对我们赖以生存的地球环境造成了极大的影响,在全球经济高速发展的阶段,高污染高耗能企业更是对环境造成了很大的负担。在国际投资发展的背景下,对于资源和环境的利用开发也已经突破了国界的限制,成为全球性的问题,一方面一些跨国投资企业会通过对外投资把一些污染型企业转移至发展中国家,另一方面又将资源密集型企业转移过去,这对于发展中国家的环境保护和资源开发都造成了巨大的压力。环境问题从来也不只是一个国家的问题,对于地球环境的变化世界各国休戚与共,国际投资造成的全球性环境问题需要世界各国共同努力解决。在双边投资协议中,大多数投资条款的目的主要都是保护投资的自由化以及缔约国双方的经济利益,但是如果一味追求经济利益,就会对环境资源无节制地开发,因此很多双边投资协议中也加入了环境相关的条款,目的在于协调对外国投资者经济利益的保护和东道国环境规制权之间的关系,这两者看似矛盾,实际上最终目标都是促进国家的可持续发展。

从国际双边投资协议来看,自1994年WTO发布的《关税与贸易总协定》中提到"可持续发展原则"后,21世纪以来缔约国之间都开始加强了环保意识。美国2004年修订的双边投资协定范本中对于环境立法模式和环境立法规则都已经有了明确的方向。到了2012年,范本中进一步改善了对生态环境保护的条款,投资协定中对于环境保护的规定也有了更加具体的描述。主要体现在:认可了国内的环境法律和国际投资协定中的环境条款具有相同的地位;列举规定了东道国政府所拥有的环境规制权;提高环境保护的标准,加强环保力度;新增了公众参与原则,增加了公众和非政府组织参与环保问题的机会。总体来说,该双边投资协定加强了东道国的环保责任,为此后美国签订的双边投资协定中环境条例的制定提供了参考。除此之外,在一些自由贸易协定中,也对环境保护问题做出了明确的规定,例如被称为最"绿色"的自由贸易协定——《北美贸易协定》(NAFTA)中,序言部分即明确了缔约国之间应该以符合环境保护、促进可持续发展的方式达成追求的目标;在投资专章中也强调了不能因为鼓励投资而降低国内环境保护条例的标准。

但当前国际投资协定中关于环境的条款仍然存在一些问题,对于投资者赋予的高标准的保护往往在环境保护条款中没有充分体现出来,约束力较弱。例如在投资和环保的争端中,东道国因为一些环保措施被投资者以侵害利益为由上诉至国际仲裁庭的案件不在少数,而最终结果是缔约国往往因为采取了一些环保措施会被国际仲裁庭判定为间接征收而面临巨额的赔偿,这对于环境保护非常不利,因此应该考虑将环保措施纳入间接征收的例外中去。同时双边投资协定中的公平公正待遇带来的投资自由化可能也会由于其外部性损害生态环境等公共利益。

因此在国际投资和环境问题都是全球性议题的今天,如何在投资协议中设置合理的环境保护条款也成为一个至关重要的环节。在国际投资谈判中选择环境条款路径时,发达国家往往会采用一些政治手段,因为它们希望通过环境法规建立起较高的环境门槛,使投资协议中的条款符合自身的环境法律法规,避免本国市场被破坏,同时又希望避免在东道国被规制的风险,它们会对发展中国家施加压力,以便让发展中国家根据其环境标准在签订协议时在其他方面做出让步。而发展中国家由于经济发展的需要会积极吸引外国投资,如果本国环境保护法律法规不够完善,缺乏环境规制权,则会导致对环境的压力增大,但如果环境保护门槛过高也会降低其对于外资的吸引力，因此发展中国家目前所需要协调的是国家投资自由和经济发展与环境保护之间的平衡，不能以牺牲环境为代价换取经济利益。

在环境保护主义愈发兴盛的趋势下，双边投资协议中的环境保护条款势必会引起更多的关注，各国在谈判中将会充分兼顾经济利益和环境安全，对环境条款的设定也会更加谨慎且合理。

除环境问题外，"人"的问题——即劳工权利问题也成为双边投资谈判中的一个重要议题。贸易和投资开放会伴随人力资本的流动，"人"是创造价值的主体，基于对人权的保护、对于社会公平公正的需要和东道国与投资者利益的平衡，加强对与劳工权益的保护，将劳工保护条款纳入双边投资协议也是促进投资良好发展的必然要求。

在1994年以前，国际上的双边投资协议中几乎没有提到劳工条款，然而随着全球化的铺开，国际投资领域的繁荣，部分国家开始修订双边投资协议。1994年起，美国签署的双边投资协定和自由贸易协定中都包含了劳工条款，此后美国在2004年和2012年的BIT范本中都规定了劳动保护的问题，并积极发动提倡将劳工保护条款纳入体系中，与国际贸易挂钩。欧盟方面也采取了和美国类似的做法。

美国的双边投资协议范本中在序言和投资与劳工专款中都规定了劳工保护条款，尤其是2012年的BIT范本对于劳工保护具有重大的历史性意义，其中明确了劳工保护的范围，并参照《国际劳工组织工作基本原则与权利宣言》中的核心劳工标准进行了更强的约束；协议也规定了劳工争端的磋商程序，强化了磋商的机制，主张发生摩擦时可以通过谈判等方式寻求解决方案，这一措施在程序上为劳工权利提供了保护。而加拿大的双边投资协议中则对于劳工保护相关的争端解决做出了进一步补充，规定了三种争端的解决办法：磋商程序，斡旋、调停和调解程序，争端解决程序。这改变了过去磋商、审查和仲裁的做法，体现了加拿大增强劳工标准实施力度的意愿。而在《跨太平洋伙伴协定》中，也涉及劳工和环境保护标准的内容，它对于劳工保护的程度非常强，要求所有缔约国都需要保护国际劳工组织承认的劳工的合法权益，确认了劳工保护条款的法律约束力，并对标准做出了具体的规范，在协定主文中详细列举。对于劳工问题的争端解决，TPP指出所有磋商必须基于相互尊重的原则，如果磋商无法解决，则进入投资者-东道国争端解决机制或国家争端解决机制。

然而在双边投资协议中纳入劳工保护条款也造成了一些问题。首先是主权冲突问题,主要焦点在于劳工保护涉及各国的公共利益,一国设置的最低薪酬、工人罢工等问题可能会与一些政治问题相关,因此劳工保护条款有可能会侵犯东道国的主权,这也使与劳工保护相关的争端是否要进入仲裁程序造成了争议。国际社会往往把劳工保护争端排除在仲裁之外,主要是因为如果纳入ISDS程序,则投资者可能会把东道国为了本国利益采取的劳工保护条款上诉到仲裁庭,从而会对东道国保障劳工权益产生负面影响。然而随着国际社会对于劳工保护的重视,各国对于劳工的保护水平也会上升到一个新的台阶,明确劳工保护争端是否可仲裁,对于未来双边投资协议中劳工权益的保护至关重要。

总而言之,在当前的形势之下,保护劳工权益也已经成为一项全球性的议题,将劳工保护条款纳入双边投资协议已是大势所趋。这也将进一步引导国际投资协议朝着"以人为本"的方向发展,只有修订并完善好劳工权利保护条款,在全球范围内加强劳工保护的意识,各国结合本国国情形成成熟的劳工保护体系,并最终达成共识,才能更有效地保护劳工权利,为国际投资创造良好的环境,促进投资蓬勃发展。

第五章
全球投资制度安排的特征分析

第二次世界大战以来,经济全球化在曲折中前进,整体呈现更加自由、开放、包容的特征,贸易自由化、投资便利化、金融国际化在全球不断深入拓展。但是,经济全球化快速发展过程中,也积累了诸多问题,比如收入分配不平等、贫富差距加大、地缘冲突增多等,也出现了贸易保护主义、单边主义等逆全球化迹象。在经济全球化的新形势下,全球投资制度安排仍在酝酿当中,然而一些明确的趋势、特征已经显示出来。

第一节 全球投资制度安排体现高标准原则

随着世界经济运行动力从以贸易为中心转向以投资为中心,贸易和投资的关系也越来越紧密,投资在世界经济中的作用越来越重要,投资对经济的影响越来越明显。但是全世界仍没有一个多边的投资协定,只是一些贸易协议里包括了投资的内容和条款,因此,确立多边投资制度安排尤为急迫。其中一个重要的原因是资本流动性可能带来的高风险不可控制。因为,资本流动相对商品贸易更加便捷,同时也更难监管,投资对经济的直接冲击和影响也比贸易要大,各个国家对投资的准入条款、监管规则的认识和看法也不尽相同,所以,全球投资协定的达成非常困难。然而,从目前各国正在谈判的双边和区域投资协定可以看出,未来要达成全球投资制度安排可能需要关注的一些重要特点。

一、全球化形势深刻变化要求投资规则高标准

国际直接投资的大发展是与跨国公司的兴起密切相关的。20世纪70年代起,一大批跨国公司如雨后春笋般涌现,跨国公司逐渐成为世界经济的微观主体,形成了以贸易、投资、人才等要素全球流动为特征的经济全球化,但是经过40多年快速规模化发展,全球化走到了十字路口。剑桥大学国际经济学专家芬巴尔·利夫西在《后全球化时代》一书指出,"后全球化时代"

意味着以促进自由贸易为特征的国际经济秩序和各国政府的政策范式向限制这些流动的方向转变。与过去贸易便利化、投资自由化、金融国际化为标志的全球化相比，后全球化时代出现了新变化。

一是全球供应链高端收缩、低端转移。全球化背景下，企业通过贸易和投资在全球范围内配置生产要素，供应链、产业链在全球延伸，国际分工深化，各国要素的比较优势充分发挥，生产效率提升。在后全球化时代，由于各国对外战略与政策的变化，企业的全球战略重新调整，供应链安全的重要性超过供应链效率，全球供应链、产业链呈现分化态势。研发、设计、高级人才等高端要素由发达国家向发展中国家传导、溢出渠道受阻，供应链的高端向发达国家收缩；劳动密集、高污染等供应链的低端继续向成本更低的发展中国家转移，越南、印度尼西亚、印度等国家将成为新的流入地。发展中国家发挥后发优势的难度增大，陷入产业低端锁定的概率上升。这种产业迁移的趋势，发达国家往往会提高对投资的保护要求，也就倒逼发展中国家接受发达国家提出的高标准要求。

二是保护主义、单边主义持续不断。第二次世界大战以后，快速的全球化驱动商品和资本跨国流动加剧、全球财富大量累积、中产阶级迅速增长，世界经济迎来了前所未有的大发展。与此同时，各种矛盾也在不断集聚，收入分配不平等程度加深、中产阶级陷入困境、精英体制失衡、贫困、恐怖主义等各种社会问题暴露出来。抵制全球化的声音越来越大，先有英国"脱欧"，后有美国针对多个主要贸易伙伴挑起贸易冲突，又连续退出《巴黎协定》、《中导条约》、联合国教科文组织等重要国际条约和国际组织。昔日全球化的倡导者，今日成为逆全球化的主导者。后全球化时代，各国为了自身利益，纷纷采取以我为主的战略，国家之间竞争加剧，基于企业利益、以自由市场配置资源要素的最有效模式被政治因素干扰。保护主义、单边主义将持续对国际分工合作与世界经济一体化进程产生不利影响。在保护主义、单边主义盛行的背景下，一些国家可能过度保护本国公司的利益而提高各类投资标准。

三是生产本地化趋势加剧。后全球化时代，在供应链分化调整，保护主义和单边主义兴起的背景下，全球化经营模式将从全球生产、全球销售走向本地生产、本地销售。本地化模式虽然牺牲了效率，扭曲了不利于全球经济更快增长和整体福利更快上升，但是带动了当地就业、促进了当地经济增长，可以有效避开保护主义、单边主义政策设置的限制。政府为了吸引对外投资和减少本国资本外流,纷纷出台税收、土地等方面优惠政策,加快行政改革,竞相优化营商环境。一些国家发展对外投资的环境既有保护主义的排斥力,也有本地化的吸引力。

因此,全球化新形势下供应链、产业链的转移,单边主义与保护主义的兴起,以及土地化趋势的加强,都在一定程度上导致全球投资制度向高标准的目标发展。

二、全球投资制度安排高标准的内涵特征

全球投资制度安排整体上看包括两大模板:一是以美国为代表的准入前国民待遇模板,另一种是以德国为代表的准入后国民待遇模板。但是,由于美国经济对全球经济影响更大,与美国签订双边投资协定的国家也更多,所以美国模板在全球投资规则中占有主导优势。另外,从准入的角度看,准入前国民待遇确实比准入后国民待遇看似更加自由、更加开放。美国双边投资协定(BIT)范本、美国退出前的跨太平洋伙伴关系协定(TPP)[现在正转变为全面与进步跨太平洋伙伴关系协定(CPTPP)]以及正在谈判的跨大西洋贸易与投资伙伴关系协定(TTIP)都代表了全球投资制度安排的高标准转变。它们都是基于美国BIT范本而拟定规则的,它们在众多条款上具有一致性。另外,近年来新签订的诸多双边投资协定中都体现了高标准,中国正在探索的自由贸易试验区也是对标国际高标准,试行准入前国民待遇+负面清单的模式。全球投资规则高标准的目的是在经济全球化的大背景下,投资协定要服务于全球经济包容性、可持续发展,高标准的内涵包含两层意思:一是更低的准入门槛,减少对国外企业的进入限制;二是更好地保护投资者,通过完善的法律法规和高水平的监管队伍维护市场秩序。

全球投资规则走向高标准是经济全球化和资本跨国流动加剧的内在要求。资本在全球化环境中跨越国界流动到世界各地,资本这一最为活跃的生产要素在全球经济运行中发挥了越来越大的作用,国际直接投资已经成为驱动全球产业链、供应链布局的重要力量。国际直接投资大发展的同时,全球投资制度安排却停滞不前,目前仍然没有一个类似WTO的全球性投资制度安排的机构和协议。出现这种难题的原因,一是投资相对贸易更加便捷,对经济的冲击更大,达成投资规则的难度更大。通常投资的大规模进出往往会引起一国经济的剧烈波动,各国对投资既欢迎又谨慎。二是投资规则的标准衡量的条件很多,各国的标准也不尽相同,远比关税复杂,难以

形成统一的标准。多个双边和区域投资谈判搁浅也都是因为在某些准入标准上大家各执一词，难以达成一致。

全球投资规则高标准的特征主要体现在以下三个方面：

一是投资准入门槛降低。目前，全球投资规则不论是 CPTPP 还是 TTIP，都采取投资准入前国民待遇＋负面清单的模式，属于准入前国民待遇，整体来看该类市场准入前比准入后国民待遇模式的门槛更低。除负面清单以后的限制，国外资本都可以进入国内市场，这就要求提升监管能力，西方国家的开放时间长、经验丰富，监管制度相对健全。发展中国家对外开放时间短，监管能力相对不足，一般采取准入后国民待遇。因此，未来全球投资规则高标准的一个重要特征就是降低准入门槛。

二是重视环保、劳工等标准。对环境和劳工保护标准的提高是高标准的另一个重要体现，国际投资安排中将重视投资方对东道国环境所造成的影响，是否满足当地及国际通行的环保标准。要求遵守《国际劳工公约》，不允许在合同签订、纠纷仲裁等方面对工人进行歧视，赋予工会更多的权利等。劳工标准主要对工会相对不够独立的国家影响较大，遵守该标准一般要对国内相关法律法规进行调整。

三是内在要求各国制度融合。准入前国民待遇＋负面清单的模式对东道国监管水平提出了更高要求，未来将实现监管的趋同，从监管理念到监管方式再到监管机构等多个方面的趋同。监管趋同就倒逼各签约国的国内制度进行相应调整，TTIP 推进困难的一个重要原因就是要求各国国内制度的相应调整，而制度调整是最为困难的。

三、中国自贸区与全球投资高标准的差异

中国的关于国际直接投资的高标准主要通过自由贸易试验区的政策反映出来，上海是中国改革开放排头兵、创新发展先行者，上海自贸区是中国第一个自贸试验区，对比上海自贸试验区负面清单和美国 BIT 范本即可以看到，中国与以美国为代表的高标准的异同。通过比较发现，主要可以分为三个方面异同：

一是表述不同，内涵一致。包括四个方面的内容。第一，准入前国民待遇。市场准入主要体现在国民待遇方面，在设立、并购、扩大环节享有国民待遇即为准入前国民待遇，反之将国民待遇延伸到市场准入后环节称为准入后国民待遇。美国 BIT 范本中针对国民待遇指出"缔约方在设立、并购、

扩大、管理、运营、转让或其他投资处置方面，在同等情况下给予不低于本国国民享有的待遇"，即实行准入前国民待遇。上海自贸区方案中明确"借鉴国际通行规则，对外商投资试行准入前国民待遇"，"推进政府管理由注重事先审批转为注重事中、事后监管"。虽然美国 BIT 范本与上海自贸区方案表述上有所差别，但二者关于外资的国民待遇上内涵是一致的，都属于准入前国民待遇。区别在于自贸区方案中的表述没有美国范本具体，对外资进入试验区后的一些经营活动是否还采取审批没有规定明确，而这些是在后续管理中必将涉及的。因此，自贸区还应在准入前国民待遇上进一步完善，对文本的具体环节进行更详细的规定，使其可操作性更强。

第二，负面清单。负面清单往往与准入前国民待遇配合使用，除了负面清单上列出的产业与活动外，国民待遇扩大到所有国外投资者。上海自贸区方案明确提出"研究制定试验区外商投资与国民待遇等不符的负面清单，改革外商投资管理模式。对负面清单之外的领域，按照内外资一致的原则，将外商投资项目由核准制改为备案制（国务院规定对国内投资项目保留核准的除外）"。而美国是最早提出并使用负面清单的国家，北美自由贸易区以及美国与新加坡签订的自贸区等都采用这一模式。另外，CPTPP 也允许成员国在重要问题上经过谈判保留例外措施清单，但除此之外就是允许的，即负面清单模式。美国致力于将 TTIP 打造成贸易投资领域的最高标准，必将推动采用负面清单。自贸区的这一改革措施就是与国际规则接轨，对于这一达到国际高标准的制度我们要继续坚持，但仍然需要进一步通过修改负面清单提高开放程度。经过近六年的探索，上海自贸区也探索出了许多先行先试的经验，中国也推出了全国版的负面清单。

第三，安全审查。准入前的国民待遇与负面清单放宽了外资进入，同时也提高了对安全审查的要求。为了保障国家的经济安全，将监管措施从市场准入阶段延伸到安全审查阶段，安全审查成为加强事中事后监管的重要手段。上海自贸区要求"完善国家安全审查制度，在试验区内试点开展涉及外资的国家安全审查，构建安全高效的开放型经济体系"。美国 BIT 范本第 18 条指出，"不禁止缔约另一方采取其认为必要的措施来履行其维护世界和平与安全的义务或保护其根本安全利益"。二者都强调安全审查，但都没有对什么是安全作出具体规定。安全审查表述模糊也导致许多国家利用安全审查来阻碍正常的投资，因此，安全审查将是未来工作中的一个重点也是难点，在自贸区内要合理利用规则，做好监管，切实维护国家安全。

第四，金融开放。金融开放是上海自贸区方案中的一个重要组成部分，深化金融领域的开放创新，主要体现在扩大金融开放范围和增加金融制度创新两个方面。具体包括支持在试验区内设立外资银行和中外合资银行；探索建立面向国际的交易平台；逐步允许境外企业参与商品期货交易；在风险可控前提下，可在试验区内对人民币资本项目可兑换、金融市场利率市场化、人民币跨境使用等先行先试。而美国 BIT 范本从资金汇兑与金融服务两个条款上开放金融，允许资金汇兑自由、迅速地汇入或汇出其境内，并允许缔约方可以为保护金融系统的统一性和稳定性，或为保护投资者、存款人、投保人及其他对金融服务提供者负有信用义务的人等目的，采取与金融服务有关的措施。总体上既要金融尽量开放，保持利率、汇率的市场化，又对金融当局的政策空间施加严格的纪律约束。因此，二者在内涵和精神上都是一致的，但由于中国金融发展程度有限，我们在扩大开放的同时也要积极防御金融风险。资本自由流动是大多数国际投资制度安排的协议要求，中国的金融开放程度还不够高，还有较大的开放空间。

二是原则一致，内涵有所差异。第一，透明度。上海自贸区方案指出"提高行政透明度，完善体现投资者参与、符合国际规则的信息公开机制"，"推动服务业扩大开放和货物贸易深入发展，形成公开、透明的管理制度"等，这些主要指行政透明与管理制度的透明化。美国 BIT 范本对透明度的规定非常详细，包括对法律法规制定过程、标准制定、行政程序、信息的提供、联络地点、仲裁过程等方面都要保持透明度。不仅体现在行政阶段，还包括从立法到仲裁过程，都要保持公开信息，做到透明化，确保避免外资由于受东道国技术性规定而受到歧视。因此，二者在透明度上虽然原则上是一致的，但还存在较大差距。自贸区内如果完全符合美国标准又会与中国的立法相矛盾，所以自贸区在透明度上既有行政管理上的探索，还有法律法规上的探索。这些探索对于提高行政效率、转变政府职能都有积极的意义。

第二，公平竞争。公平竞争的目的在于保证国有企业与私有企业平等的市场竞争地位。上海自贸区关于公平竞争主要从监管上将公平竞争作为原则，通过完善机制来实现。方案指出"以切实维护国家安全和市场公平竞争为原则，加强各有关部门与上海市政府的协同，提高维护经济社会安全的服务保障能力"；"完善投资者权益有效保障机制，实现各类投资主体的公平竞争"。美国 BIT 范本对公平竞争没有单一的条款，而是通过若干相关条款实现公平竞争，主要包括业绩要求、征收补偿、税收等。通过这些条款使东道国降低对外资进入在业绩、对征收的补偿、税收等方面的障碍,给予外资与国内资本同样的竞争地位。原 TPP 第 14 条即竞争政策,也明确规定要保障私企与国企同等的竞争地位。我们可以看到美国 BIT 范本对公平竞争规定最具体、标准最高,原 TPP 是提出了国企与私企这一核心概念。上海自贸区方案主要从原则上表述、要求完善机制而没有具体措施。虽然客观上在自贸区的小区域内实现国有企业改革有一定困难,但是,从国家战略的角度实现公平竞争达到国际高标准还要深入研究,尤其是国有企业的改革。

第三,争端解决。上海自贸区方案中针对争端解决主要体现在知识产权方面,指出"建立知识产权纠纷调解、援助等解决机制"。美国 BIT 范本的第二部分和第三部分都是有关争端解决的内容,篇幅上约占整个范本的 1/3。具体包括协商与谈判、提交仲裁、仲裁人员的选择、仲裁程序、仲裁透明度、法律适用、专家意见、合并审理、裁决以及国家间的争端解决等。原 TPP 的第 15 条也对争端解决作出了具体规定,并且都比 WTO 更进了一步。上海自贸区整个方案主要侧重区内的任务与措施、监管与税收制度环境,而对争端解决的具体条款缺乏相应的内容。但是,考虑到争端的解决也是要在法律规定的框架下进行,与国际高标准相比,原则一致,只是范围与力度上存在差距。随着自贸区内业务量的增多,争端在所难免,自贸区应该尽快建立争端解决机制、扩大争端解决范围、提高争端解决水平。

三是无相关内容,但值得注意的问题。第一,环境标准。环境标准目前越来越受到国际上的重视,美国 BIT 范本、CPTPP 协定和 TTIP 谈判中都涉及环境标准。美国 BIT 范本将环境标准由 2004 年版本的 2 项增加到当前的 7 项。如美国 BIT 范本指出"缔约双方认识到他们各自的环境法律和政策与双方均为缔约方的多边环境协定在保护环境方面发挥重要作用";"缔约方可以采取、维持或执行其认为与本条约相一致的、能保证其境内的投资活动意识到保护环境重要性的措施",即东道国可以凭借环境标准对外资的活动采取措施。原 TPP 在附录中就增加了《环境合作协定》,致力于防止由于投资活动对于环境造成的破坏,并避免由环境条款造成壁垒。环境标准通常针对的是制造业,自贸区虽然主要推动服务业的开放,但是,制造业开放也没有排除在外。从自贸区发展与探索中国提高对外开放水平来看,环境标准必须予以重视,加快研究,学会合理利用该项规则,促进国内制造业转型升级。

第二,劳工标准。美国 BIT 范本第 13 条规定了劳工标准,给予劳工结社自由、集体谈判权、禁止强制劳动、消除就业和职位歧视、废除童工等"国际公认"的劳工权利，缔约方不得以背离其劳工立法的方式鼓励投资。原TPP 也对劳工权利进行了补充，在《关于劳动合作的备忘录》中也规定成员国要承诺履行《关于劳动的基本原则和权力的 ILO 宣言及其跟进措施》的有关规定，实行与有关国际规则保持一致的劳动法、劳动政策和劳动习俗。而中国对上述劳工标准比较敏感。我们应该看到国际社会高度重视劳工标准，中国也有相应的劳动法律监管外资企业及其他各类企业。充分重视劳动者的合法权益与中国发展要求是完全一致的。但是，过去劳工标准中大量涉及政治问题，与中国法律存在明显冲突，我们也常常因为劳工标准在谈判中僵持很长时间。随着国际化的推进，在未来我们既要重视劳工标准，也要对使用劳工权利、劳工标准保持警惕。

第三，高管要求。美国 BIT 范本针对高管与董事会规定"缔约方不得要求作为合格投资的经营实体任命某一特定国籍的自然人作为高级管理人员"；"缔约一方可以要求作为合格投资的经营实体的董事会，或类似机构的多数成员为特定国籍或为该方居民，但该要求不能实质损害投资者对投资行使控制权的能力"。自贸区方案中没有出现高管要求，而是将其列入了负面清单中，对个别行业的法人代表以中国国籍限制。

因此，上海自贸区开放措施整体上是向国际最高标准靠拢的，但是由于中国经济特征、制度特点的不同，在具体条款上，中国的开放标准还与国际最高标准有一定的差距。为了进一步扩大开放，中国仍需要提升监管水平，因为高水平的监管是扩大金融开放和缩短负面清单的重要前提。

第二节　全球投资制度安排强调便利化程度

目前，多边投资制度还处于酝酿期，通过已经签订的双边或区域性的投资协议，我们可以看到全球投资制度安排发展的趋势和主要特点，而投资便利化无疑是一个最为重要的特征。因为，从具体投资实践过程看，投资准入门槛降低的同时还应强调投资的便利，消除一系列的"玻璃门""弹簧门"，才能真正发挥投资对经济的积极作用。

一、全球投资制度安排便利化发展趋势

推动全球投资规则发展的关键因素之一是要建立国际直接投资的法律

体系,用明确的法律法规来约束各种投资行为和处罚各类违法行为。从全球投资的法律体系发展阶段来看,体现了便利化发展趋势。国际直接投资领域目前还没有一部完整意义上的协议,也更没有法律效力所言。萨拉丘斯(Jeswald W.Salacuse, 2010)认为国际直接投资领域没有多边协定,没有统一的法律体系,跨国的投资纠纷往往根据以往的案例来判决。但是也有学者持有不同的观点,施韦费尔(Stephen M.Schwebel, 2004)认为,虽然目前还没有达成全球投资协定,但是现在存在的一些双边和区域协定,在其条约的结构、目标、原则、用词等方面都有很多的相同或相似之处,因此,这些条约共同构成了一个多边投资机制。从这个角度看,国际直接投资制度也有一定的法律体系,相关制度和规则从多个方面是相互补充的,它们共同为投资便利化创造了基本条件。因为只有建立制度保障,才能真正推动投资便利化的实现,但是目前的制度仍然属于碎片化的。

另外,从全球投资制度安排发展的历程看,也体现了便利化趋势。两次世界大战以后,虽然在哈瓦那大宪章中讨论了建立多边投资组织的构想,但是由于达不成一致意见而搁浅。世界贸易组织、世界银行、国际货币基金组织等全球化的三大支柱逐步建立,唯独缺少国际投资组织。然而投资相关的问题并没有因此而减少,由于不断出现双边和区域投资争端,1965年华盛顿公约中提出建立解决国际投资争端中心(ICSID),这一机制目前仍在运行。进入20世纪70年代后,跨国公司雨后春笋般发展起来,全球直接投资活动更加频繁,国家与国家之间的双边投资协定增加,欧洲共同体也开始通过《罗马条约》促进跨地区的国际直接投资。关贸总协定(GATT)也出现与全球投资机制相关的规定,包括"与贸易有关的投资措施协定(TRIMs)""与贸易有关的知识产权措施(TRIPs)"和"服务贸易总协定(GATS)"等,这些议题都涉及促进投资便利化的相关问题。而WTO谈判的乌拉圭回合,更是直接将投资措施纳入了谈判,试图建立全球投资保障机制。之所以成立这些新议题,就是在没有投资协定的前提下,跨国的直接投资非常不便利,需要在规则上进行明确,包括对投资定义、准入标准、处罚条款等一系列的规定。既要吸引外资促进东道国经济发展,又要尽可能避免国际直接投资对东道国产业的负面冲击。投资制度安排的主题在这一时期也从规范直接投资者转向政府,要求政府为直接投资者建立公平、公正、便利的投资环境。未来,随着国际直接投资的增长,投资便利化将在一国投资环境的重要性增加,便利的营商环境将成为重要的竞争力之一。

二、全球投资制度安排便利化的主要表现

便利化的措施有助于企业在全球自由地进行投资,扩大资本的全球流动,带动生产要素的全球流动,促进全球经济增长。便利化是全球投资制度安排最重要的特征,虽然不同国家对待国际直接投资的态度不尽相同,但是在提高便利化程度上却是一致的。整体来看,全球投资制度安排便利化主要体现在三个方面:

一是投资准入审批程序简化、审批周期缩短。通过母国公司向东道国投资既需要母国政府的批准也要东道国政府的同意,整个审批程序烦琐、耗时长,少则两三个月多则一两年,有时候把投资机会都错过了。简化行政审批程序,缩减手续种类,减少办理各类手续的时间是投资便利化的重要手段。现实使政府改革行政管理,提高行政效率,各国为了吸引对外投资,竞相推进政府改革,提高服务能力。中国是首先从上海自贸区开始,改革行政管理,推出"多证合一""单一窗口""单一表格""一网通办"等便利政策,在自贸区内注册企业的时间大幅缩短。随着第二批、第三批、第四批自贸区的推出,中国行政管理改革的范围不断扩大,服务外商投资的便利措施被推广到各地。同时,各地为了吸引外商投资,还专门成立服务团队,帮助外商投资进行全流程的服务。

二是投资中介服务机构健全,能够提供更多专业化服务。国际直接投资相对国内投资涉及的法律、融资、财务、文化等因素更加复杂,一项事务走不通都可能导致并购失败,因此便利化的投资环境要有高水平的中介服务机构。通常有两条路径解决中介服务问题,第一条路径是培育国内的中介服务公司,政府亦可增加更多相关的中介服务机构。对中介服务机构在税收、融资等方面提供政策优惠,鼓励成立中介服务公司。建立更多相应的职业学校或在大学成立相关专业,培养具有相关知识的专业人才。第二条路径是引进国外高水平的中介服务公司。每个国家的开放水平不一样,对中介服务公司的开放程度也不尽相同。比如中国的金融、医疗、教育等中介服务还没有完全放开准入,为了提高国际直接投资的便利化水平,通常在双边或区域投资协定中会涉及放开中介服务领域的条款。随着高水平国际化的中介服务公司的进入,国内相关中介服务公司也会自主提升服务水平,促进行业的良性循环。未来的国际投资制度安排必将涉及更多的中介服务领域的准入问题,给中介服务机构进入东道国创造便利。

三是较高的透明度和规范度。透明度和规范度是便利化的重要条件，一国的对外投资政策发挥最好作用，必须使政策是透明、可预期的。透明度意味着两个层次的内容：一是在法律法规规定之内的要严格落实，不可以轻易改变政策规定。政多变则民多疑，外资政策也是同样，只有稳定的政策体系，外商才能有稳定预期，敢来投资。二是法律及相关规章制度之外的，不得随意添加限制条件。比如，在负面清单之外，不可以随意增加一些限制条款，人为制造"玻璃门""弹簧门"。因为透明度相对难以界定和监管，因此在投资制度安排中一定要对透明度进行明确说明，发现有违规行为要严厉处罚。

三、全球投资制度安排便利化对东道国制度的影响

便利化是全球投资制度安排的高标准之一，将便利性制度化是便利化的最高阶段，便利化措施通过制度稳定下来，对违反便利化规定的进行惩罚，对长期诚实守信的企业给予更大的便利性。所以，全球投资制度安排便利化一定会影响东道国的相关制度安排，倒逼东道国政府进行制度创新，优化东道国的营商环境。

一是冲击东道国原有制度。东道国以前的规定通常是不利于国外投资的便利化，一旦签订新的双边或多边投资协定，必然使得双方在相关便利化措施上进行改革。便利化的相关规定最终倒逼政府行政改革，以适应全球投资便利化的要求。比如，中国推动的第一、第二、第三、第四批自由贸易区就是对标国际最高标准、最好水平进行制度创新的探索。不管是"单一窗口"还是"一网通办"等，都是对原有制度、机制的冲击，新制度、新机制的形成背后需要对原有的人力物力财力进行一整套的重新组合。便利化改革必然冲击原有的利益集团，必然使得一部分人受益的同时使得另一部分人受损，所以便利化改革不是简单的修改一些规定，而是涉及操作层面的各种困难。

二是有助于东道国优化营商环境。全球投资制度安排对东道国制度既有直接影响作用，又有间接影响作用。直接作用是通过签订协议倒逼国内制度改革，间接作用是推动未签订协议的国家进行效仿和学习，主动调节国内制度安排。当前，虽然以美国特朗普政府为首的贸易保护主义和单边主义对全球化产生了深刻影响，出现了逆全球化态势，但是全球产业链、价值链、供应链已经形成，很难被打断，总体上全球化将迂回前进。因此，随着跨

国公司的持续发展,全球化将迈入更高阶段,达成全球投资制度安排也更加紧迫,多边投资协定达成的可能性也越来越大。这些制度的变化,最终推动各国竞相提高吸引外商投资的便利度,竞相推进制度改革,竞相优化营商环境。

三是促进东道国经济的可持续发展。经济发展一方面受资本、劳动力、技术等硬要素的影响,另一方面也受制度、文化、习俗等软要素的影响。投资便利化属于软要素的类型,它将有助于构建诚信守法的社会诚信系统,有助于节约企业的交易成本,有助于优化政府的行政管理等,这些都有利于东道国形成促进经济发展的软环境。一国签订国际投资协定虽然短期对国内的制度会产生冲击,但是长期来看对一国经济发展有积极作用。加入WTO以来,中国经济持续快速增长的一个重要原因就是其贸易便利化措施与国际开始接轨,WTO的相关规则对形成促进国内经济良好发展的软环境具有积极作用。

第三节 全球投资制度安排顺应数字化发展趋势

进入21世纪之后,互联网快速发展,互联网与经济社会的各个方面深度融合,互联网对全球的经济和社会产生了极大的影响,出现了新的模式、业态。随着互联网在全球的拓展,数字贸易、数字经济开始呈现爆发式增长,全球投资制度安排也受到数字化发展的深刻影响。数字经济的大发展也要求全球投资制度安排中涉及数字化的内容越来越多。

一、数字经济的发展态势

数字经济是随着互联网的兴起和广泛应用而发展起来的一种新型经济业态。数字经济是互联网、大数据等新技术在经济领域应用的结果,它主要研究的内容包括生产、物流和销售等多个依赖数字技术的商品和服务。数字经济已经深入人们生产生活的各个方面,数字经济的发展态势与数字经济特征密切相关,其突出表现在以下四点。

一是便捷性。通过互联网人们可以跨越国界、跨越时间进行交流,互联网仿佛制造了一个极其便捷的世界,各类信息可以瞬间到达,交易可以通过网络瞬间完成,大大提高了工作效率,节约了交易成本。在生产领域,互联网的便捷性使得从采购到生产的全流程都提升了效率;在生活领域,互联网推动了人们消费习惯、生活习惯的改变,网上消费大幅上升,实体店转向了网店等。互联网的所有特征中便捷性最为重要,今天的世界不可与十几年前相比的原因正是互联网的加入使得整个世界的运转更加便捷。

二是边际收益递增性。传统的经济学理论是随着产量的增加,产品的边际收益递减,而互联网下的经济由于信息传播成本极低,复制拷贝非常容易,边际成本近乎为零,所以产量越大边际产品的收益反而越多。当互联网经济达到一个"断点"之后,剩下的就是垄断企业,其将获得最大收益。[1]因此,数字经济中用户数量最为重要,我们可以看到诸如共享单车、外卖等互联网新经济为了获得客户数量,不惜亏损经营。边际收益递增的模式颠覆了传统经济学的基本原理,在数字经济中需要用新的方法计算成本、收益,需要用新的方法、视角来研究。

三是高渗透性。互联网的渗透性指使用互联网的人数多少,即网民人数占总人口的比例,各行各业对互联网使用的多少,这种应用又推动第一、第二、第三产业的融合度上升。数字经济的高渗透性推动传统经济与互联网的结合度上升,未来的经济发展将会与互联网的联系更加紧密,德国推出了工业4.0,美国提出工业互联网战略。发达国家对互联网在工业经济中的重视反映了互联网在未来经济转型升级中的作用。

四是外部经济性。互联网本身就有网络外部性,使用互联网的人越多,大家信息共享程度越大,相互获益也越多。数字经济由于与互联网、大数据相结合,当数字经济发展程度越高、参与主体越多的时候,数字经济的效率也越高。数字经济的这一特征说明市场容量是数字经济健康可持续发展的重要前提,全球化能够为全球数字经济发展创造更大的空间、潜力。因此,数字经济的赋能是推动经济全球化,而不是阻碍全球化。

未来,数字经济将成为经济增长的重要引擎和支柱之一,发展数字经济是各国的首要任务,也是提升全球竞争力的关键。全球化有助于发展数字经济,逆全球化不适应全球经济持续健康增长的需要,长期来看,数字经济还将大发展,全球化还会回归到深入推进的轨道上,数字经济将渗透到各行各业,对世界经济产生深刻影响。

二、全球投资制度安排对数字化的规范

数字经济的大发展要求全球投资规则更加关注互联网、大数据对经济

---

[1] [美]杰夫·斯蒂贝尔:《断点:互联网进化启示录》,中国人民大学出版社2014年版,第10—15页。

的影响，要求投资规则适应全球经济的深刻变化。从已有的双边或区域谈判的协议和正在讨论的议题来看，未来全球投资规则对数字经济的规范主要包含以下方面的内容：

一是全球投资制度要关注数字经济。2010年到2015年，在联合国贸发组织全球跨国企业100强排名中，数字经济科技企业与ICT跨国企业从13个增长到19个，其资产及销售总额占100强的比重也从10%增加到20%左右，市值更占到100强的26%。数字科技跨国企业的资产以每年10%的速度增长，而传统跨国企业资产增长近乎停滞。①电子商务是互联网在经济领域应用的典型，电子商务已经由新变旧，成为重要的经济形态。但是，关于电子商务的监管往往跟不上电子商务的发展实践，部分网上电商的假冒伪劣产品层出不穷，通过电子商务进行诈骗久禁不止。电子商务跨境之后的监管就更加困难，不同国家对电子商务的定义、管理、法律法规等也不尽相同，跨境电商成为监管的真空地带。在跨境电商大发展的背景下，全球投资制度一定要对跨国电子商务有相应的条款。比如，在美欧投资协定中就明确规定对跨境电子商务要有明确的定义、监管要求、处罚标准等。

二是全球投资制度要规范数据的跨境流动。随着互联网在全球的广泛应用，网民数量大幅增长，根据世界银行的统计，2001年全球移动电话总数为22亿部，每100人中使用电话的约占50人，到2018年全球有移动电话超78亿部，每100人中使用电话的达103人，翻了一番多，互联网在全球范围内加速渗透。数字经济也在全球拓展，尤其是数据的跨境流动大幅增长，跨境电子商务也迅猛发展。2018年中国的跨境电子商务货物进出口总额1 347亿元，同比增长50%。②与此同时，数据跨境流动的监管方法不多，监管能力不足，偷税漏税等各种问题也暴露出来，各国都开始加强对数据跨国流动的监管。未来，数据的跨境流动将越来越频繁，监管也越来越难，亟待在全球投资规则中对数据跨境流动监管规则进行明确，统一监管标准，建立统一的监管规范。目前，在一些双边或区域投资协议的谈判中也开始涉及数据跨境流动的内容。比如，CPTPP中也涉及数据的跨境流动。

三是全球投资制度要提高知识产权保护。数字经济不同于传统的实体经济，数字经济的传播更迅速，复制更容易，渗透更深入，同时监管也更困

---

① 詹晓宁、欧阳永福：《数字经济下全球投资的新趋势与中国利用外资的新战略》，《管理世界》2018年第3期，第78—86页。
② 商务部电子商务和信息化司：《中国电子商务发展报告2018》，中国商务出版社2018年版，第3页。

难,数字经济中的知识产权保护问题也开始增加。尤其是在研发、设计等高端领域,数字经济渗透率更高,发生侵犯知识产权的案例也最多。美国与中国贸易谈判迟迟达不成协议的关键问题之一就是知识产权的保护问题,因为美国掌握着高端要素,数字经济下高端要素更容易受侵犯,所以美国更希望中国加强对知识产权的保护。科技创新是全球经济增长巨大驱动力,长远来看数字经济下对高新技术的保护更加重要。全球投资制度中一定要提高知识产权保护,这样才有助于高端要素的全球流动,促进全球经济创新发展。比如,中日韩自贸协定中也将电子商务纳入谈判的主题。

三、中国对外投资持续关注数字经济领域

2015年,中国的对外直接投资超过引进外资成为资本净流出国。中国对外投资发展到了新阶段,如何利用好对外投资对于中国经济高质量发展非常重要。中国拥有超过8.5亿的网民,是全球最大的网络用户群体,数字经济在中国经济方兴未艾。2003年,网上商城淘宝零售额是200亿元,2016年突破3万亿元,与传统零售商沃尔玛的销售额不相上下。根据国家互联网信息办公室的数据统计,2018年中国数据经济的规模已经达到31万亿元,占GDP比重的1/3。对外投资制度体现对数字经济的关注已经成为重要内容。2017年7月12日,国务院召开常务会议要求制定并发布数字经济发展战略纲要。2017年7月,苹果公司宣布投资10亿美元在中国贵州成立iCloud数据中心。中国数字经济对外开放的大门越打越开,中国数字经济融入世界的程度越来越高。

新时代中国改革开放再出发,就是要对标国际最高标准、最好水平,开拓对外开放新格局,通过加大引进外资和促进对外投资推动双向投资互动,2019年3月15日,十三届全国人大二次会议表决通过了《中华人民共和国外商投资法》,自2020年1月1日起实行。它包括了投资促进、投资管理、投资保护和法律责任等,给予内外资平等的待遇,公平的市场准入,透明的知识产权政策等,营造更高水平开放环境。近年来,在数字经济领域上,中国也不断推进知识产权的保护。为了对标国际通行规则和监管要求,近年来中国下大力气打击盗版等侵犯知识产权的行为,不断优化营商环境。在优化自身营商环境的同时,中国也积极参与双边、区域投资贸易协定谈判,投资规则也更多体现数字经济的作用。中国正在加快推进RCEP(区域全面经济伙伴关系)投资贸易谈判,与日本、韩国及东盟国家等加深经贸合作,

同时也在积极促进与中欧自由贸易协定的达成，增强中欧之间的制度协同等。这些区域协议都将涉及数字经济贸易投资方面的内容，提高投资便利化程度，为数字经济的国际合作建立更好的制度保障。

第四节　全球投资制度安排涉及范畴不断扩大

随着经济全球化的深入推进，跨国公司在全球经济中的主体地位更加突出，投资取代贸易成为世界经济的主要特征。投资对经济的影响越来越大，投资进入的领域也越来越多，不同国家或地区对引进外资和对外投资的重视程度越来越高。但是全球没有多边投资协议的现实并没有阻止投资在全球的扩展，双边或区域投资制度安排涉及的范畴不断扩大。

一、新经济要求投资制度范畴扩大

科技革命推动着经济形态和经济结构的转型。第二次世界大战以后，全球经济加速工业化进程，传统制造业、重化工业等大发展，但是随着互联网的广泛应用和科技创新的日新月异，大数据、人工智能、3D打印、5G等新业态、新应用涌现出来，世界经济增长引擎正在从传统经济向这些新经济领域转换。新经济处于培育壮大发展期，是企业加大投资的重点领域，也是国际直接投资逐渐增长的重点领域。

一是新经济涉及的行业领域更广。新经济与老经济的最大不同在于新经济对传统经济的高渗透性，传统经济中加入了新经济的元素使得原来的运行模式大为改观，也就成了新经济。比如，在传统交通管理上加上互联网、大数据就成为智能交通，使得原有的交通管理效率大大提高，减少了劳动力的使用，降低了人工成本，是对传统交通管理的颠覆。另外，还有一些是原来所没有的经济模式，比如3D打印、5G技术等，有的成为新产业，有的与老经济相结合，组合成新模式。因此，新经济涉及的行业领域比老经济更为广阔。新经济的广阔范畴就导致新增投资的巨大需求，企业也很难选出某一个产业领域或技术进行集中投资，而是多点布局。企业的投资需求与新经济的资金需要形成了良性互动，所以全球投资制度需要考虑的行业领域也要更广。

二是创新在全球散点状分布。在继蒸汽机驱动的第一次工业革命、电力驱动的第二次工业革命和信息技术驱动的第三次工业革命后，世界经济正在酝酿新的科技革命来引领第四次工业革命。但是,这一次的创新与前三次最大的不同在于,本次创新不是集中在某个领域,不是集中在某个国家,而是不同技术分布在全球不同的国家或地区,比如美国的芯片设计、3D打印,日本的仿真机器人,中国的5G,德国的工业机器人等。全球散点状分布的技术创新态势也要求试图布局全球创新的跨国公司在不同国家的不同项目上进行多点投资,所以我们看到近年来的跨国投资更多投向高技能领域。因此,创新散点状分布引起的国际投资加剧也要求国际直接投资制度涉及更广的领域。

三是各国在新经济上的竞争。从德国的工业4.0到美国的工业互联网,全球掀起了一股技术竞争的热潮,各国都在不断加强研发投资,尤其是美国、中国、日本三个国家的研发投入超过了全球研发总投入的一半。其中,美国占到全球总投入的约25%,中国占20%,日本占10%(芬巴尔·利夫西,2018)。虽然,这些国家的总研发投入较为集中,但是欧洲和亚洲的其他国家也在加快赶超,以免陷入技术低端锁定陷阱。新技术引领着新经济。因此,技术后发国家希望技术先进国家放开在高新技术领域的投入准入,而技术先进国家则希望技术落后国家放开市场。而在技术先进国家内部也存在较强的技术准入壁垒和技术竞争。当前,全球投资制度并不利于技术的高效传播和溢出,未来的全球制度安排涉及的细分领域将越来越多,以最大的保护创新和促进技术的高效利用。

二、从投资到贸易和服务的延伸

全球经济从世界市场走向一体化是一个漫长过程。但在这个过程中,国际直接投资始终发挥着作用。全球最早的跨国公司是1600年成立的英国东印度公司,该公司拥有贸易专营权,通过投资在不同国家进行掠夺。今天,国际直接投资的作用已与400年前大有不同,国际投资与贸易和服务的联系更加紧密,超过50%的贸易是由投资驱动的。服务业的国际直接投资也在持续增长,根据联合国贸发会议的统计数据,100强中服务业跨国企业的国际化指数(TNI)的提升也明显高于制造业及第一产业跨国企业(詹晓宁、欧阳永福,2018)。投资从贸易到服务的渗透也要求全球投资制度安排涉及的范围更广。

一是贸易协定中常常包含投资条款。目前,由于全球性的国际投资协议欠缺,而贸易与投资的关系异常紧密,很多贸易是由投资驱动的,所以关于投资制度安排的规定通常包含在贸易协定中。比如,世贸组织协定中有《与贸易有关的投资协议》,亚太地区11个国家共同签署的《全面与进步跨太平洋伙伴关系协议》有投资方面的内容,中国、日本、韩国、澳大利亚、与东盟十国正在谈判的区域全面经济伙伴关系(RCEP)中也有关于投资准入的条款。全球投资制度安排与贸易协议融合是重要趋势。

二是有些跨国服务实质就是投资。服务贸易有跨境交付、境外消费、自然人流动和商业存在四种模式,其中在服务贸易中占比最大的商业存在实质就是投资。1993年关贸总协定在乌拉圭回合中达成了第一个多边GATS,该协定涉及服务贸易的准入、透明度、政府采购等当前投资协定谈判的重要内容。因为很多投资实际就是投向服务业,服务业在国际直接投资的占比逐步增高,在没有多边投资协定的时候,将投资协定包含在贸易协定中不失为一个补充做法。2013年9月,国务院批准上海成立中国(上海)自由贸易试验区,在挂牌成立的同时也推出了扩大服务业开放的23条措施,这也是为中国以后签订高水平双边、多边的投资协定进行风险压力测试。服务业开放可控的难度更大,因为在未来的投资准入领域,碰到问题最多、可能风险最大的就是服务业。

三是金融对国际直接投资的影响。金融国际化是经济全球化的重要标志之一,国际直接投资发展需要国际金融的支持,国际直接投资进一步拓展了国际金融的进入领域,金融本身也是服务业的重要组成部分,投资与金融形成了相互促进的局面。金融流动性强、收益高,风险也大,通常是发展中国家限制准入的行业,同时也是发展潜力大的领域,因此全球投资制度安排中需要对金融进行专门的设定。近年来,金融成为中国扩大对外开放的重点领域,中国(上海)自由贸易试验区为探索金融开放推动了自贸账户、降低或取消了金融业股比限制、先行先试外汇管理改革、稳步推进资本项目管理的便利化和可兑换等。

三、范畴扩大对全球投资规则带来的困难

经济全球化趋势和国际直接投资深入拓展都需要全球投资制度安排向更宽领域扩大,以包含更广阔的内容,满足投资大规模发展的需求。但是,由于国际直接投资自身的特点和各国对外商投资谨慎的态度等多种原因,全球投资制度安排迟迟没有达成。双边与区域的国际投资协定折射出国际投资规则范畴扩大的态势,然而这种扩大对全球多边规则的达成和执行又

带来了诸多的困难。

一是准入门槛降低，风险上升。全球投资制度安排范畴扩大以后，面临的第一个困难是关于如何统一定义相关的投资行为、项目内涵等，在统一各种定义之后，达成一致协议的条款可能就存在一定的漏洞。因为统一的定义很难将所有投资行为都准确地全部地包含进去，有些可能就成为模糊地带，容易出现"擦边球"。所以投资范畴扩大后达成了多边制度安排，带来了全球投资的便利化，同时也增加了资本跨境流动的风险。尤其是发展中国家，有些担忧如果市场准入门槛降低了，国内的幼稚产业可能被外资冲击，国内产业发展被低端锁定。还有些担忧热钱快速流入或流出导致金融危机，1997年东南亚金融危机就是例证，因此不少国家对国际资本保持谨慎态度。

二是谈判协调难度加大。投资制度涉及的范围越大，各个国家的利益交织就越多，想要将各个国家的利益平衡好、协调好的难度就越大，达成一致协议的难度就更大了。这也是为什么至今为止，全球仍没有多边投资协议的一个重要原因。WTO谈判推进困难也是由于成员国特别多，各个国家的利益诉求不一样，相互协调的难度非常高，多哈回合后就陷入了僵局。WTO改革异常艰难，美国甚至声称要退出WTO。当前，新经济层出不穷，新经济涉及的内容也非常广泛，投资制度安排中不可避免要包括更多新经济的内容，制度范畴开始扩大，谈判协调的难度也增加了。比如，欧美等发达国家希望在投资协议中增加数据传输的内容，提高对数据的保护力度，但是中国等发展中国家认为他们在数据上的法律还不健全、对数据的监管也还不到位，如果过早地签订多边协定可能对本国数字经济发展不利，不愿签署数据传输的相关条款。

三是监管执法难度加大。再好的制度如果没有良好的监管和执法都不能真正发挥作用。投资制度安排的好处就是让人们对自己行为的结果有稳定预期，这样就敢去投资。增加投资制度安排的范畴，必然引起监管和执法上的困难加大。更多更细的条款需要更专业的监管队伍，需要国内法律进行相应的调整，进而才能高效地监管和执法。当前双边和区域投资协定通常会与双方国内法律产生冲突，改革签约国的国内制度法规以适应双边或区域协议已经是该协定达成的重要因素。跨大西洋贸易投资伙伴关系（TTIP）至今推进困难的一个重要原因就是它要求各国在制度上进行协调，但是各国调整自身监管规则的难度是非常大的。比如，美国在投资准入上属于准入前国民待遇加负面清单的模式，德国是准入后国民待遇，区域协议就要求德国在监管和法律上进行调整，实行准入前国民待遇。一旦达成新协议，德国传统的监管模式短时间并不能适应新制度的要求，监管执法的难度也会陡然上升。

随着经济全球化的发展和互联网下新经济的拓展，新业态、新模式、新组织越来越多，投资的领域越来越广，复杂度越来越高，投资制度安排的范畴也将越来越大。投资范畴的扩大必将导致投资制度安排范畴的扩大，相关议题也将增加，从多边投资制度安排达成一致协议的难度也将增加。与此同时，针对多边协议的监管难度也更大了，需要建立一支更加专业化的人才队伍。

第五节 全球投资制度安排关注争端解决机制

任何投资都可能产生纠纷，跨越国界的纠纷更加难以处理，所以争端解决机制是全球投资制度安排的重要组成内容。无论是双边投资制度安排还是区域投资制度安排都有相应的争端解决机制。毫无疑问，未来全球投资制度安排必将继续包含争端解决机制，而且要构建更优化的争端解决机制，以推动全球投资制度安排的落地和制度升级。

一、优化投资争端解决机制的必要性

国际直接投资纠纷是跨国界的，制度突破国界之后执行的难度就大幅增加，因此，国际争端解决相对国内纠纷来说更加复杂和艰难。当前，在双边和区域投资协议中通常都包含争端解决机制，但是争端解决机制远远不能满足现实的需要。随着全球直接投资项目的增长，投资纠纷也开始增多，优化争端解决机制越来越重要。比如从 NAFTA 到 USMCA 转化过程中对争端解决机制进行了改革，以更加适应三个国家的制度和体制特点。未来，全球投资制度安排更应该注重优化争端解决机制。

第一，企业投资领域的多元化需要优化争端解决机制。争端解决机制的目的一是促进投资自由，二是保护投资的合法权益，随着投资向服务业等新领域的拓展，新领域出现的新纠纷也更多，争端解决机制也需要更加关注新领域的变化并进行相应的调整。第二，国家之间制度协调不够，需要优化国际争端解决机制。通常双边投资协定中规定双方如果出现纠纷可以先到

东道国或母国进行申诉,但是由于不同国家的法律在同一事务上的解释不同、规定不同,不得不求助于国际争端解决机制。第三,随着劳工标准、环境标准等新条款进入投资协议,国际争端解决机制需要更新和优化。比如,国际争端解决机制从投资项目实施的事中事后向事前拓展,争端解决的法律法规也要进行一定的调整。第四,当前国际投资争端解决的形式主要包括投资仲裁完善模式、投资仲裁加常设上诉机构模式、常设投资法院模式、常设投资法院加上诉机构模式、东道国当地救济＋国家间争端解决模式等五种模式(王彦志,2019),随着国际直接投资的深入,这五种模式将同时运转,各个协议的签约国也将根据各自国内的特征做出更优选择。

二、当前国际投资争端解决机制的缺陷

国际投资争端解决机制对推动投资自由化和经济全球化具有重要的意义,但是当前的国际投资争端解决机制仍然存在较多缺陷,一定程度上阻碍了当前国际投资的大发展。通过梳理现有的双边及区域贸易投资协议,笔者认为现存协议的争端解决机制主要存在以下三种缺陷。

一是国际投资争端解决与国内法律的冲突。国际仲裁或国际法庭是解决不同国家不同企业之间的纠纷,由于不同国家对相同案件在法律规定上可能存在不同,同时为了避免保护主义或者偏袒其中一方,通常纠纷将被诉诸第三方。但是,由于各国在投资准入等方面的差异,在国际投资协议中对相关条款的解释往往导致国际争端解决的困难。比如,加拿大在 NAFTA 中经常被投诉,原因就是加拿大的环保标准、劳工标准等与 NAFTA 的规定相冲突,所以在新签的美加墨协定(USMCA)中,加拿大就退出了国际争端解决机制。

二是国际争端解决机制难以平衡所有国家的利益。国际争端解决机制需要协调所有签约国的利益,但是各个国家的经济发展水平不同、发展阶段不同、产业结构不同很难达成满足所有成员国利益诉求的协议。比如在农业的开放上,很多国家都持有保护主义,担心外部投资的进入危及本国的粮食安全。WTO 谈判中农业就是极其艰难的议题,从乌拉圭回合到多哈回合一直没有达成一致协议。美国、法国等农业出口大国希望其他国放开农业的市场准入,而日本、韩国等农业小国担心放开后危及粮食安全。国际投资争端解决机制中也存在类似的问题:开放程度高的国家希望投资协议在准入上的限制更少,对违反协定的给予更高的惩罚;而开放程度低的国家,

希望增加一些必要的限制并减少对违反协定的处罚。因此,国际投资争端解决机制很难兼顾所有国家的利益。

三是全球投资争端解决机制效率低下。多边投资争端解决机制往往通过第三方机构仲裁,国家参与度低。诉诸第三方的仲裁过程非常缓慢,效率低下,很多企业考虑到诉讼的遥遥无期而放弃了争端解决。争端解决机制效率低下的原因主要是国家的参与低,大多时候不是国家与国家之间的协调,而是企业与国家之间的谈判,国家为了保护本国企业通常会选择做出不公平的裁决。企业反复上诉,整个仲裁和谈判的周期超长,有时候不得不两个国家再磋商。因此,为了提高国际争端解决机制的效率,需要成立由各签约国相关官员或部门参与的协调小组,以帮助企业高效解决纠纷。

当前,国际投资争端解决机制诸多缺陷造成处理跨国投资纠纷的难度加大,不能很好做到保护投资者合法权益的功能。未来,要提高全球投资制度安排的可适性一定要关注健全争端机制,从企业角度出发,多方面建立投资保障和维权渠道,提高对违法违规的打击力度,奖罚结合。

三、未来全球投资争端解决机制的发展趋势

达成多边投资协议符合经济全球化的趋势,也是国际直接投资大发展的需要,当前全球投资制度安排正在酝酿,虽然有逆全球化的态势,但是投资合作从双边到区域再向多边发展的势头难以阻挡。争端解决机制的目的是维护投资者的合法权益,未来全球投资争端解决机制也将适应投资自由化的新特征,既加大对投资的保护又最大化地促进投资便利化。

一是全球投资争端解决机制包含的范围将扩大。目前,全球还没有形成一致的投资规则,各国对市场准入、法律法规、监管要求等各方面都存在较大差异。问题总是存在的,关键是找到解决问题的办法,因此投资争端解决机制的完善就非常重要。各个国家在投资相关规定上的差异很大,投资争端解决必须能够涵盖更多的内容,这样协议才容易达成。所以争端解决机制要有很大的兼容性,包含更多可能出现的纠纷因素。比如各国在投资准入、环保标准、竞争中立、透明度等多个方面的规定都不同,争端解决机制要能够对这些差异造成的纠纷合理公正地处理。

二是成立多边投资法院。多边投资法院是解决各类国际投资争端最有效的机构,它比国际仲裁有更强的约束力,能够更好地保护投资,是未来国际投资争端机制发展的重要方向。但是,目前成立多边投资法院的困难重

重,即使在双边和区域投资协定中也很少设投资法院。究其原因主要有两方面:一个原因是建立投资法院的成本与收益不成比例,成立法院既要配备一定的人员、场地,还要有相应的技术支持等,而双边或区域投资本身总数就比较少,产生纠纷的更是少之又少,因此成立法院从经济效益上看不合算。另一个原因是双边或区域投资法院难以确保公正性,投资法院必须在多个签约国内选择任职人员,各国代表都有各自立场,一致公正公平的意见较难达成。但是,未来的多边投资协议中有必要建立多边投资法院,真正实现公平高效地维护国际投资。

三是增强争端解决机制的透明度。多边投资争端解决不同于国内争端,各国的语言不同、文化不同、法律法规不同,国际投资项目可能在本国是允许的,但是到其他国家就可能是不允许的。因此在争端解决过程中,一定要增加透明度,使得机制在解决争端过程中是透明的,解决争端的程序、参与的人员、使用的规定等各方面信息都是公开的。只有建立高透明度的机制,各国的投资者才愿意将纠纷诉诸国际争端解决机构,才能有效地保护投资者和相关主体。目前的双边或区域投资协议中对国际争端解决机制的透明度阐释得还不够,缺乏对具体细节的规定,不利于更多发挥解决争端的功能作用。未来,全球投资争端解决机制一定要注重透明度建设,对投资争端解决提供更加透明的制度依据。

四是"去国际化"与多边化协调发展。当今世界正处于百年未有之大变局,经济全球化呈现迂回发展态势,双边、区域和多边投资制度协调发展仍是未来的发展总态势。在逆全球化抬头的环境下,双边和区域投资合作会更多一点,但最终全球投资制度要走向多边协定的途径。如果中美达成双边投资协定,全球投资制度发展将加速推进,那么达成多边投资协议的概率也将大幅上升。但是,如果美国的单边主义和贸易保护主义政策不调整,持续对华采取遏制措施,那么中美双边投资协定的签署必定受影响。争端解决机制必须在投资协定的框架下才能有效发挥作用,因此,未来的全球争端解决机制将呈现协调发展,双边和区域的投资争端协调机制仍将是主要阵地,多边协调机制不断在酝酿中发展。

第六章
全球投资规则重构的挑战及应对

国际投资规则体系从建立到现在已运行近70年,全球各类国际投资协议已累计签署3 300多个。国际投资协议一方面有效促进了全球投资流动,另一方面,随着投资仲裁案件快速增加,投资协议凸显的问题越来越多,国际投资规则改革的迫切性已成国际共识。国际重要组织和机构已就全球投资改革提出框架性建议和路线,G20杭州峰会就国际投资政策基本原则达成共识,而一些重要经济体通过签署新一代投资贸易协议谈判推进其投资规则改革,当前国际投资规则正处于重构的重要阶段。虽然G20在国际投资政策基本原则上达成共识,但国际投资规则改革仍面临诸多挑战,当前复杂、碎片化的国际投资规则体系改革过程仍要延续相当长时间。

本章旨在讨论全球投资规则重构的挑战以及中国的应对,主要分以下几个部分:一是综述目前国际投资体系改革的迫切性,这方面国内外已有相当多文献论述,本章简要加以综述;二是总结当前投资规则改革的主要方案及面临的主要挑战。虽然关于国际投资规则改革的迫切性已成共识,但对于国际投资规则应如何改、在什么层面推进等重要问题,各经济体尚有诸多分歧。本章在总结当前国际投资改革新动向以及主要发达经济体投资规则改革新主张基础上,阐述规则改革重构面临的主要挑战;再阐述中国国际投资政策的改革挑战及应对建议。

第一节 全球投资规则体系改革的迫切性

许多文献已对国际投资规则体系改革的必要性和迫切性进行阐述,本节根据已有文献,将改革的必要性和迫切性论述总结为三个方面:一是全球经济新格局和新模式对投资规则产生新需求,在新的形势下,投资规则的转变和重构已在实质推进;二是近70年国际投资规则实践凸显出当前国际投资规则本身的问题,特别是国际投资仲裁案件使得国际投资协议的不确定性和不可预测性趋于提升;三是区域深度一体化成为推进全球投资规则改革重构的重要契机。

一、全球经济新格局和新模式对全球投资规则产生新需求

经济格局和生产运行模式的转变是国际经贸规则改革的重要基础。因应新的经济形势和商业模式，许多经济体，特别是具有规则制定主导力的发达经济体不仅提出国际投资贸易规则新主张，同时也正改变其国内投资政策，这使得其他经济体需要在国内政策和国际经贸政策上有所应对。

（一）可持续发展成为新发展模式共识，对国际投资规则提出新的要求

随着工业化推进，全球发展观正发生变化，对外国投资的要求有所改变。过去发展中经济体对外国投资的预期集中于创造就业、促进经济增长和积累外汇收入等经济目标。随着经济发展阶段提升和发展观的变化，越来越多经济体关注整体社会福利和经济发展质量，将资源消耗和环境保护等社会效益议题纳入发展重要维度。较之于国内投资，各国对国际投资的作用和期待往往更高。各国投资政策以可持续发展目标为导向，不仅关注外国投资带来的经济效益，更关注于外国投资能否提升东道国生产能力、承担社会责任并带来更多正面社会效益。

为促进外国投资可持续发展导向，国际软法和国际投资贸易规则层面已开始建立一些规范、指引或规则条款。从国际软法来看，国际社会建立和形成了一系列规范约束，如企业社会责任准则、跨国公司行为指引以及农业投资行为指引等；而在国际投资贸易规则层面，一些投资贸易协议包括了对投资的可持续发展要求以及投资者责任要求等义务条款。UNCTAD 关于国际投资政策框架的论述（UNCTAD, 2015）、2016 年 G20 杭州峰会达成的国际投资政策共识均将可持续发展作为国际投资政策制定的导向性目标。在新的发展观下，未来国际投资规则体系改革以可持续发展作为目标导向和评价标准。

（二）全球投资格局正在改变，发展中经济体成为国际投资重要主体

发展中和转型经济体不仅成为全球投资的主要目的地，也成为全球投资的重要输出地。2008 年之后，发展中和转型经济体 FDI 流入量占全球 FDI 流入量基本在 40% 以上，部分年份超过 50%，而发达经济体 FDI 流入

量占比总体呈下降趋势(如图 6-1)。从 FDI 流出量比重看,2003 年前,资本输出国主要是发达经济体。1990—2003 年,发达经济体 FDI 流出占全球 90% 左右,资本输出主导地位十分明显。2009 年开始,发达经济体 FDI 流出量占比下降至 70% 左右(图 6-1),而发展中和转型经济体 FDI 流出量接近 30%。虽然发达经济体资本输出仍占主导地位,但发展中经济体资本输出已达到一定规模,这意味着发展中经济体对国际投资的影响力持续增加。发展中经济体资本输出增加改变国际投资主体和结构特征,例如国有企业和主权财富基金在国际直接投资中的作用提升,跨国投资动因发生变化。例如出现大量技术获取型投资,即以技术获取为动因,发展中经济体跨国企业并购投资发达经济体跨国公司的情况。

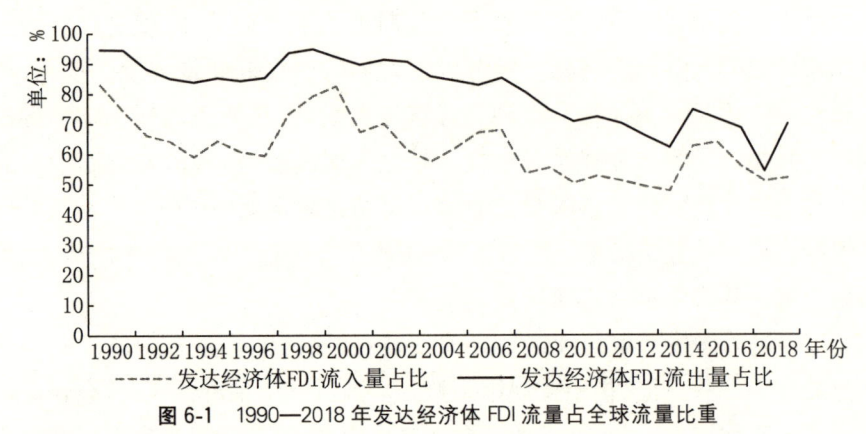

图 6-1 1990—2018 年发达经济体 FDI 流量占全球流量比重

- 说明:UNCTAD 将全球经济体分为发达经济体、发展中经济体和转型经济体。
- 数据来源:根据 UNCTAD 资料整理。

过去国际投资协议形成和发展主要基于发达经济体投资流向发展中国家这一基本投资格局。发达经济体通过投资协议保护其海外投资,促进本国跨国公司进入发展中国家的市场,而发展中国家通过签署投资协议,提升其投资保护和投资自由化水平,吸引外国投资从而促进国内经济发展。国际投资格局变化使得无论是发展中国家还是发达国家都要重新审视投资协议作用。新的投资格局下,发展中国家要同时从资本输入国和资本输出国的立场考虑国际投资协议,而不再仅仅从资本输入国角度考虑投资协议。与此同时,发达经济体在面对来自发展中经济体跨国公司竞争的形势下,关于投资自由化的主张和立场正在趋于减弱,或以某些隐藏方式阻挡发展中经济体跨国公司进入其市场。如不断扩大化的国家经济安全审查政策、对外国国有企业商业活动提出严格的审查和监管要求等。面对这种新的投资保护主义,投资协议是否能够有所作为,这是未来投资协议改革需要考虑的课题,也是南北国家在国际投资规制制定方面的重要角力场。

(三)全球价值链分工和新商业模式下,综合性投资贸易规则成为新趋势

随着贸易成本不断下降、数字经济快速发展,以货物贸易为主的贸易协议和以投资保护为主的双边投资协议并存的模式已不能满足当前全球价值链分工的特点和数字经济商业模式(Meléndez-Ortiz,2016)。投资、货物贸易和服务贸易越来越融合而难以区分,各国国内监管制度对企业全球化运作的影响越来越突出,横向议题如行政透明度、技术标准、数字流动和保护等政策都对投资、服务贸易和货物贸易产生直接或间接的影响。在这新的全球化模式下,全球经贸体系越来越趋向于签署综合性、全面性和深度一体化的投资贸易规则,以满足投资、服务和货物不断融合的生产模式。换言之,服务贸易、货物贸易、投资规则和其他横向规则相互割裂的国际经贸规则已无法满足当前国际生产需求。21世纪以来,许多重要区域性贸易协议如跨太平洋伙伴全面进步协议(CPTPP)、区域全面经济伙伴关系协议(RCEP)都是综合性的贸易协议。这类协议因应当前国际生产需求而产生,其区域化特点使得这类协议会对全球生产布局产生重大影响。随着综合性贸易协议网络不断扩大,国际投资规则体系随之重构和改革升级,但也使得规则体系更加复杂化。

二、现行全球投资规则诸多法律问题亟待改革

过去70年实践表明,国际投资规则降低了跨境投资面临的政治和政策风险,外国投资者和东道国的投资纠纷可通过国际投资仲裁制度解决,避免过多外交干预。但随着国际投资的快速增长,全球投资协议网络持续扩大的同时,国际投资规则体系碎片化情况严重,国际投资仲裁案件持续增加,仲裁结果常出现不一致的情况,法律不确定性和难以预见性增加,投资协议和投资仲裁对许多国家国内监管政策造成较大影响,投资仲裁公共合法性危机突出。无论对发展中国家还是发达国家,国际投资规则体系改革都具有迫切性。

(一)从规则体系看,国际投资协议互相交叉和重叠的情况突出

根据对现有国际投资协议网络的研究,全球大约有1/4双边关系受到

两项或两项以上的投资协议约束(Alschner,2014)。这种重叠情况出现在区域和双边投资协议之间,例如中国与东盟签署了全面投资协议,同时中国与东盟各成员国也分别签署了双边投资协议;重叠情况也出现在区域贸易协议和双边投资协议之间,例如 CPTPP 投资专章包括了投资保护和投资自由化条款,CPTPP 签署国之间还有相应的包括投资条款的区域或贸易协议以及双边投资协议。重叠的协议可能在条款规则上存在冲突,从而产生新的法律风险。许多国家和经济体通过处理其重叠的投资协议来更新其投资规则网络,但多数国家将重叠的投资协议并存而未处理。

(二)老一代投资协议重要条款表述模糊,增加不确定性和模糊性

国际投资协议签署集中于 20 世纪 80 年代到 90 年代,但国际投资仲裁案件主要集中于 21 世纪,且大部分案件仲裁依据的是 20 世纪签署的老一代投资协议。老一代国际投资协议一些重要条款文本表述较为宽泛和模糊,例如最低待遇标准、公平公正待遇、间接征收标准等常引起争议(UNCTAD,2018),许多投资仲裁案件对这些条款解释不一致。经过大量国际投资仲裁案件实践积累,目前亟须重新审视这些具有争议性的条款。全面分析这些争议性条款不同表述的实际影响和潜在影响,删除或修改部分条款文本,或更精确化文本或增加条款适用限制条件,使协议产生更可预测的法律结果,这些是当前国际投资协议改革的重要内容。

(三)国际投资仲裁对国内政策的影响越来越大,存在合法性危机

一方面,国际投资协议许多实质条款内容的模糊和宽泛,使得国际投资仲裁结果具有不可预测性;另一方面,国际投资仲裁本身存在问题,如仲裁员独立公正问题、在多个案件中担任仲裁员可能产生利益冲突、仲裁费用和国家赔偿费用过高等(龚柏华、朱嘉程,2019)。国际投资仲裁机制所涉政策为一国公共政策,一些投资仲裁案件已影响一国公共政策空间,如对东道国环境保护政策、公共健康政策、能源政策等构成一定程度挑战,甚至可能对东道国公共政策产生寒蝉效应。一些学者从公法角度(Schill,2011)提出,投资争端涉及公共政策,因而国际投资实体规则具有公法性质,但当前仲裁程序以商事仲裁为依据,其制度设计因违背公法要求(如仲裁程序透明

度问题)而存在合法性危机,因此要从公法角度改革投资仲裁程序。目前,投资争端解决机制是国际投资规则改革核心内容,一些改革已经在实质推进中。

三、区域主义为国际投资规则重构带来契机,投资保护主义及疫情则带来挑战

(一)区域主义是国际投资规则体系重构的契机

为适应全球价值链分工的新模式和形势,美国、欧盟等发达经济体积极推进涵盖服务贸易、货物贸易、投资和竞争政策、知识产权保护、电子商务和环境保护等广泛议题的综合性投资贸易协议。综合性协议主要以区域贸易协议形式出现。近年投资协议区域化趋势明显。从不同类型国际投资协议的签署数量上看,近年双边投资协议(BIT)签署数减少,融合在区域贸易协议中的投资协议数量增加。虽然从协议存量数上看,双边投资协议仍占多数,但美国、欧盟、日本等推进的综合性区域贸易协议所涵盖的经济体总量高,足以对全球投资布局和规则体系产生重大影响。

区域主义使得全球投资规则体系从双边化走向区域化(Alschner,2014),这将构成国际投资规则体系重构的一个重要契机。投资相关规则谈判是区域贸易协议谈判的一部分,国际社会迫切需要也应抓住此阶段谈判契机,达成并推进落实投资规则改革共识,推动国际投资体系向区域化甚至多边化发展。

(二)投资保护主义和新冠疫情冲击对国际投资政策造成新挑战

在全球化过程中,一些发达经济体未能正确应对全球化所产生的不平等问题,国内政治经济因素错综复杂。面对来自新兴经济体企业的竞争态势,这些过去开放自由的发达经济体开始采取具有投资保护主义特征的政策,如扩大外国投资安全审查,以国家安全为名遏制关键技术交易等,未来这类保护主义政策可能持续增加。在COVID-19疫情冲击之下,各国企业意识到全球供应链的脆弱性,人员跨境流动极易受到冲击,许多跨国企业将更趋向于区域化布局其产业链和生产网络,减少疫情以及贸易摩擦等外部不确定因素带来的全球性冲击。在投资保护主义兴起和新冠疫情的冲击下,作为投资重要来源国的发达经济体出台各类政策吸引或要求其跨国企

业投资回流。

在此背景下,各国不仅要重新审视本国投资政策,还要重新审视其国际投资贸易协议体系网络,使得外部投资来源和本国海外投资布局都能分散化,以降低企业供应链风险。同时,面对发达国家扩大化的国家安全审查,新兴经济体是否能通过投资协议保护其海外投资利益,这是未来新兴经济体能否在国际投资规则重构过程中参与部分规则制定的重要体现之一。

第二节 国际投资规则的改革动向和挑战

基于国际投资规则体系改革的迫切性,重要国际机构和主要国家都在积极推进国际投资规则改革。UNCTAD 提出可持续发展下的国际投资政策体系改革框架,总结国际投资规则改革选项,G20 杭州峰会就国际投资政策达成原则性共识,投资争端解决机制改革正在推进中,而许多经济体通过签署新的协议现代化其旧投资协议。本节将在阐述改革新动向基础上,总结目前国际投资规则体系改革所面临的主要挑战。

一、国际投资政策制定原则的多边共识逐步形成

2016 年,G20 杭州峰会发布《指导原则》,在 G20 层面就全球投资政策制定原则达成共识。2017 年,非加太经济集团(ACP,涵盖 79 个经济体)共同发布其投资政策制定原则(ACP Guiding Principles for Investment Policy-making)。2018 年,57 个来自伊斯兰组织(OIC)成员国同意 10 项国际投资政策原则。上述 G20、ACP 以及 OIC 国际投资政策制定原则的起草过程得到了 UNCTAD 和 OECD 等国际组织的协助(詹晓宁,2017),采用 UNCTAD 可持续投资政策框架,在原则上基本一致。表 6-1 中《指导原则》都有对应的 UNCTAD 可持续发展投资政策框架核心原则(共十大原则)(UNCTAD,2015),其中投资政策总体目标为实现投资的可持续发展和包容性增长,投资政策制定原则方面包括:投资开放和避免保护主义、投资和投资者利益保护、提高透明度、保持国内监管政策空间、促进企业责任和实现投资促进以及便利化等。

表 6-1　G20 全球投资指导原则和 UNCTAD 可持续发展投资政策框架核心原则对比

G20 全球投资指导原则	UNCTAD 可持续发展投资政策框架核心原则
全球投资政策制定的总目标包括： 1) 开放、透明和有益的全球投资政策环境 2) 促进国际国内投资政策协调 3) 促进包容性经济增长和可持续发展	总目标：投资政策制定的总目标是促进实现投资对包容性增长和可持续发展的作用； 核心原则之1：政策协调
(1) 应避免跨境投资的保护主义	核心原则之6：投资开放
(2) 投资政策应设置开放、非歧视、透明和可预见的投资条件	核心原则之6：投资开放 核心原则之7：投资保护和待遇
(3) 投资政策应为投资者和投资提供有形、无形的法律确定性和强有力的保护	核心原则之7：投资保护和待遇
(4) 投资相关规定的制定应保证透明及所有利益相关方有机会参与，并将其纳入以法律为基础的机制性框架	核心原则之2：公共治理和机制
(5) 投资及投资相关政策应在国际、国内层面保持协调，以促进投资为宗旨，与可持续发展和包容性增长的目标相一致	核心原则之1：政策协调，即投资政策以总体发展战略为基础，国内和国际政策要协调
(6) 政府有权为合法公共政策目的而管制投资	核心原则之5：国内监管权
(7) 投资促进政策应最大化经济效益，具有有效性和高效率，同时要与促进透明的便利化举措相配合	核心原则之8：投资促进和便利化
(8) 投资政策应促进和便利投资者遵循负责任企业行为和公司治理方面的国际最佳范例	核心原则之9：企业治理和责任 核心原则之7：权利和义务的平衡，即投资者和国家权利、义务的平衡
(9) 国际社会应继续合作，开展对话，以维护开放、有益的投资政策环境，解决共同面临的投资政策挑战	核心原则之10：国际合作，即国际社会应共同合作，解决共同面临的投资政策挑战，特别是对最不发达国家的挑战

• 资料来源：笔者根据 UNCTAD(2015)和 G20 投资政策原则总结。

　　值得一提的是，G20 国际投资政策原则性共识和 UNCTAD 可持续发展投资政策框架所指的国际投资政策不仅包括国际投资规则，也包括国内投资政策，以及国内和国际投资政策的协调，即核心原则同时是国际和国内投资政策的指引（图 6-2）。在上述原则下，国际投资规则体系改革要使投资能促进实现可持续发展目标，那么投资规则体系主要应具备以下三个方面特点：一是投资者和国家之间的权利和责任要更加平衡，而传统投资协议主要对国家施加约束，未对投资者提出义务要求；二是要确保国内监管权，传统投资协议较少强调国家监管权，而新一代协议提出要确保各国公共政策合理监管权，特别是公共健康和环境保护等反映可持续发展目标的公共政策；三是新一代投资协议强调涵盖更多投资促进和便利化条款，以促进投资对东道国的包容性经济增长和可持续发展。

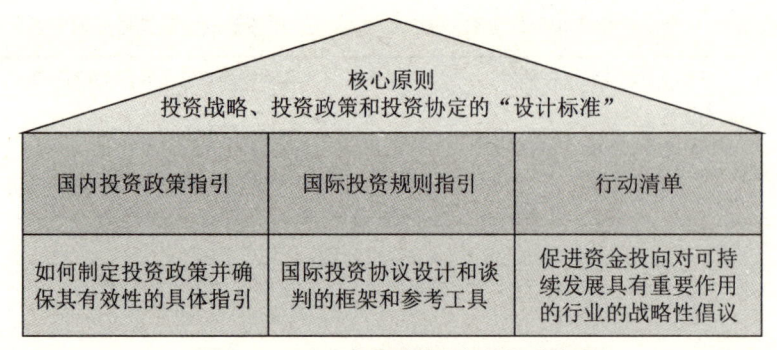

```
                    核心原则
        投资战略、投资政策和投资协定的"设计标准"

| 国内投资政策指引 | 国际投资规则指引 | 行动清单 |
|---|---|---|
| 如何制定投资政策并确保其有效性的具体指引 | 国际投资协议设计和谈判的框架和参考工具 | 促进资金投向对可持续发展具有重要作用的行业的战略性倡议 |
```

图 6-2　UNCTAD 投资政策框架的指引范围

- 资料来源：UNCTAD(2015)。

二、UNCTAD 在可持续发展框架下推进国际投资规则改革

2016 年 G20 杭州峰会关于国际投资政策共识主要是在 UNCTAD 等国际机构既有成果上所达成的，主要包括两方面：一是 UNCTAD 可持续发展投资政策框架（UNCTAD, 2012；UNCTAD, 2015）；[1]二是可持续发展框架下国际投资规则的改革路线图（UNCTAD, 2018）。[2]UNCTAD 构建了以可持续发展为导向的国际投资规则改革路线图，对国际投资规则改革选项作了体系化总结工作，提供投资规则条款不同改革选项，以供不同经济体选择使用，同时建议从多边、区域、双边等多层次推进改革。UNCTAD 可持续发展框架的国际投资规则改革根据新一代国际投资协议特征总结而来，近年具有重要影响的协议如 CPTPP、美加墨协议（USMCA）、欧盟加拿大贸易协议（CETA）等投资规则部分包含若干 UNCTAD 总结的改革选项。

UNCTAD 将国际投资规则改革路线图总结为三阶段、四个层次（多边、区域、双边、国内）、五大领域改革和六大基本指引（如图 6-3），关于改革路线图详细论述参 UNCTAD(2018)。五大领域为关于改革内容的论述，即投资协议规则条款的不同改革选项，改革阶段包括签署新协议、现代化旧协议以及促进国际投资法与其他法之间的协调三阶段。多边、区域等四个层次为改革层面，六大改革指引是就改革方式提出建议。本部分总结 UNCTAD 国际投资政策改革路线图的改革内容和改革阶段，以把握当前国际投资规则改革选项及动向。

---

[1] UNCTAD 在 2012 年发布了该框架，2015 年发布更新版本。
[2] 截至 2021 年 12 月，改革路线图为 2018 年发布的版本。

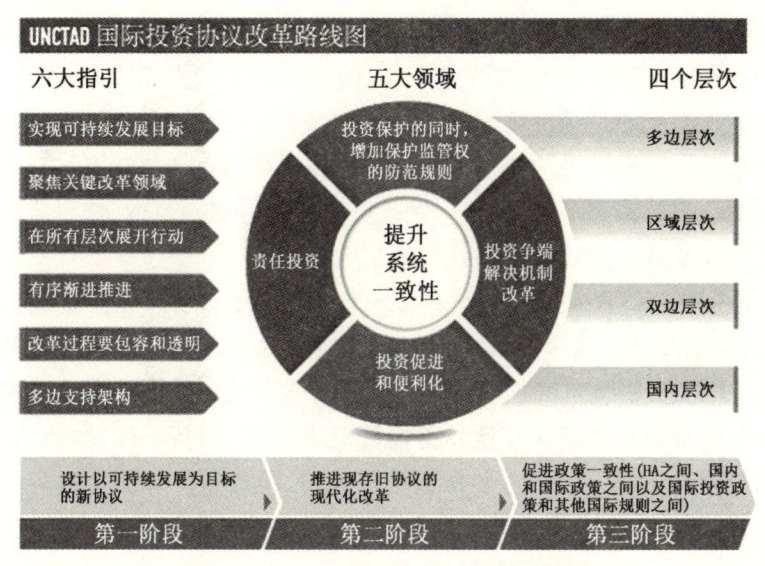

图 6-3　UNCTAD 国际投资协议改革路线图

- 资料来源：联合国贸易和发展组织(2018)。

（一）五大领域改革内容

UNCTAD 总结可持续发展为导向的国际投资规则改革可分为五大领域（如图 6-3、表 6-2）。

表 6-2　五大改革领域及所涉投资规则条款

序号	改革领域	涉及的规则条款
1	保护国内监管权	最惠国待遇、公正公平待遇、间接征收、公共政策和国家安全例外等防范条款，序言（增加可持续发展目标或投资便利化等表述）、投资和投资者范围、国民待遇、保护伞条款等相关实体规则
2	争端解决机制改革	投资争端解决机制的存废、修改以及程序改善等
3	投资促进和便利化	更具体、积极的投资促进和便利化条款
4	确保责任投资	东道国不降低国内环境保护等标准，要求投资者遵从国内相关法律，鼓励投资者遵从国际认可的社会责任规范
5	增加系统一致性	一国投资协定体系的协调，投资协定与国内法的协调，与其他国际法的协调

- 资料来源：作者整理。

一是国内监管权领域改革。该领域改革目标是在投资保护和国内监管权之间取得新平衡，以更好实现可持续发展。几乎所有投资保护和自由化条款都意味着东道国某些国内监管权的部分让步，因此，UNCTAD 将投资协议大部分实体规则条款改革都纳入该领域。①这部分改革主要针对争议性较多的实体条款如最惠国待遇条款、公正公平待遇条款、间接征收条款等。改革选项主要是通过精确化文本表述或明确限制各条款适用范围,避免过度宽泛化解释带来的非预期影响。另外改革内容还包括增加公共政策和国家安全例外等防范性条款、限制投资和投资者覆盖范围、修正或删除保护伞条款以及修改国民待遇等各类改革选项。

二是投资争端解决机制(ISDS)改革。ISDS改革是国际投资制度改革核心部分,该领域已取得部分实质进展,该部分改革动向在下文另外讨论。

三是增加投资促进和便利化条款。严格意义上,传统投资协议的投资保护条款以及透明度条款等就具备投资促进作用,但新一代投资协议中的"投资促进和便利化措施"主要指直接相关的、积极有所作为的投资促进协议条款,如要求设立专门委员会承担投资便利任务,或声明各方将共同促进投资。

四是促进责任投资。责任投资旨在增加投资对社会的正向效益,减少对环境、人权、公共卫生等方面产生负向效益。国际投资协议促进责任投资的条款主要分为两大类:一是各国承诺不会为了吸引国际投资而对外国投资降低在环境保护、人权或其他方面的监管标准,或明确在某些监管领域遵从特定国际标准。二是对投资者责任的要求。传统投资协议通常没有对投资者作出义务要求,但新一代投资协议正在改变这种做法。新一代投资协议条款可要求投资者遵从东道国国内法律要求,要为损害东道国公众健康或环境的行为承担法律责任,或鼓励投资者遵循国际认可的社会责任或其他方面规范标准。

五是增加投资规则和其他相关法律的系统协调性,这也是第三阶段改革任务,主要包括三大方面:一是一国对外签署的国际投资协议体系的内部一致性;二是国际投资协定和一国国内法律之间的协同;三是处理国际投资协定和其他投资相关国际法之间的相互影响。

(二)三阶段改革

UNCTAD将国际投资改革分为三大阶段,第一阶段是设计和签署新一代投资协议,该阶段确立国际投资制度未来改革方向;第二阶段为旧协议的

---

① 当程序规则使得法律约束更强时,实体规则对国内监管权的影响更大。因此严格意义而言,程序规则也影响国内监管权和投资者保护之间平衡。但为便于论述和基于争端解决机制改革的重要性,争端解决机制改革另辟领域专门论述。

现代化改革；第三阶段为促进投资政策的系统一致性和协调性，第三阶段也就是上述第五个改革领域（这里不赘述）。逻辑上，一国首先完成第一阶段改革，即先确定投资协定未来改革方向，其次才推进二阶段和三阶段改革。现实中，协定重签和修订取决于谈判各方立场和谈判力量，即使第一阶段改革确定投资范本，第二阶段协定更新往往未能完全遵从范本。因此，三阶段改革并行推进而并无明显的先后顺序。

UNCTAD第一阶段改革是建立可持续发展框架的新一代投资协议，各国根据其立场和发展阶段，根据上述五大改革领域以及UNCTAD提供的改革选项库，分别选择不同投资规则条款的组合。UNCTAD(2015)相当详尽、系统地总结了目前具体投资协议条款的不同改革选项。以最惠国待遇条款（MFN）为例，其改革选项包括：(1)明确投资或投资者"相似情形"的适用标准；(2)限制适用MFN的范围；(3)限定MFN条款适用要以外国投资者遵从东道国国内法律、法规、行政规定以及实际待遇为前提，明确其他投资协议中的实体条款并不构成"待遇"；(4)明确MFN的例外措施或例外的行业和政策，如对农村地区的政策、某些补贴政策等；(5)完全删除MFN条款。各经济体可根据实际情况和需求选择上述MFN改革选项。

第二阶段为旧协议的现代化。UNCTAD总结可供选择的现代化改革有十大选项（图6-4），各改革选项并非互相排斥，各经济体可同时选择若干改革选项并行。这十大现代化改革选项包括：签署各方联合解释特定条款、修订协议条款、重新谈判签署新协议以替代旧协议、以区域化协议合并取代旧协议、通过特别条款明确重叠协议之间的关系、增加参照多边协议相关规则的条款、参加多边改革、放弃久未批准的旧协议、终止旧协议以及退出多边协议等。

所有改革选项均有利有弊。例如相比于联合解释特定条款，重新谈判签署新协议能全面更新投资协议，但重新谈判成本较高，另外如退出《华盛顿公约》能减少政府被诉风险，但与此同时会降低外国投资者对该国投资政策的稳定性预期，该国企业海外投资利益保护也失去重要的救济渠道。因此，各国要考虑不同改革选项的谈判成本、改革力度、改革后对国内投资环境以及本国海外投资利益保护力度等方面的影响。近年以来，许多经济体采取不同的方案组合，积极推进老一代国际投资协定现代化改革。

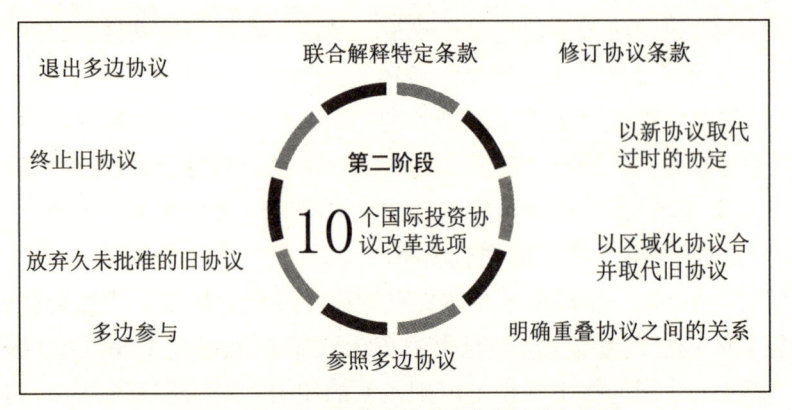

图 6-4　老一代国际投资协定现代化的十大选项

• 资料来源：联合国贸易和发展组织(2019)。

三、投资争端解决机制改革正在实质推进

投资争端解决机制(ISDS)是国际投资规则改革的核心和重点，近年投资争端解决机制改革已取得实质性进展。本部分在简要介绍 UNCTAD 所总结的 ISDS 改革选项基础上，阐述当前 ISDS 改革动向。

（一）目前 ISDS 主要改革选项

UNCTAD 根据各国新一代投资协议内容改革情况，总结出目前 ISDS 共有五大改革选项，其中两大选项为两个极端，分别为完全放弃 ISDS 和完全保持现有制度。多数国家新签署的投资协议对 ISDS 进行部分修改。根据改革力度大小，ISDS 改革方案大致分为三大类(见表 6-3)：一是在现行框架下改善仲裁范围和程序，包括提高仲裁透明度、限制可诉范围、改革仲裁员任命机制，将当地法律救济纳入前置条件等。相对而言，这类改革对现有机制改动较小，目前许多投资贸易协议采取该类型，如美加墨协议中美国和墨西哥的争端解决机制安排。二是在现行 ISDS 制度下增加新的机制，如增加上诉机制(Appeals Facility)，上诉机制有权对实体性问题进行审查，或鼓励在启动仲裁前使用替代性争端机制(Alternative Dispute Resolution, ADR)。这一机制包括国内的争端预防机制和纠纷解决程序，或在国际层面增加调解程序。一般认为，替代性争端解决机制有助于在进入正式仲裁程序前协商解决争端，避免仲裁程序影响投资者和东道国政府的未来合作。三是改革力度较大的选项，包括建立常设国际投资法庭，以代替目前临时仲裁庭制度，或用国与国争端解决机制(SSDS)代替 ISDS，或完全用国内司法

程序替代 ISDS 等。①国际投资法庭制度设计包括了上诉机制,法官将有固定任期,而目前欧盟是国际投资法庭改革的主要推动力量。

表 6-3 投资争端解决机制的主要改革选项

改革类型	改革选项	主要改革内容
现行框架下改革	(1) 改善仲裁程序	提高仲裁透明度、仲裁员任命机制、仲裁费用承担制度等
	(2) 限制投资仲裁适用范围	限制可诉诸 ISDS 的条款义务范围、限制在特定行业或政策领域的适用,避免投资者滥用投资协定,限制可诉期等
	(3) 建立筛选机制,将敏感事项诉诸国与国争端解决机制	当双方认定争端涉及特定领域时(如金融审慎例外),ISDS 程序暂停,直至 SSDS 产生相关决议,而 ISDS 要依据 SSDS 的决议进行裁决
	(4) 增加当地法律救济程序	在诉诸 ISDS 之前要求首先使用当地法律救济(用尽当地救济或一定期限内使用当地救济)
增加新的机制	(1) 建立有效的替代性投资争端机制	在启动国际投资仲裁之前促进使用替代性投资争端机制
	(2) 增加上诉便利制度	改革目前裁决撤销制度审查范围不包括实体性问题而仅进行程序性审查的情况,提升裁决一致性
替代现行投资者国家仲裁机制	(1) 常设国际投资法庭	以常设国际投资法庭代替现有临时仲裁庭机制,增加投资仲裁的合法性和裁决的一致性
	(2) 用国与国争端解决机制(SSDS)代替 ISDS	放弃 ISDS
	(3) 用国内争端解决程序替代 ISDS	放弃 ISDS

• 资料来源:作者参照 UNCTAD(2018)整理。

(二) ISDS 改革动向

各国国际投资协议对 ISDS 有不同改革,多数投资协议在现有 ISDS 框架下进行修改,对 ISDS 可诉范围和仲裁程序进行改革,即表 6-3 中第一类改革。这些改革在不放弃 ISDS 的前提下推进,且投资协议签署双边达成即可实现。根据联合国贸易和发展组织(2019),2018 年签署的国际投资协议中,大约 75% 采用了第一类改革中的若干选项。有些国家改革立场并不一贯,且因签署对象不同而采取不同的立场和主张。美国在美加墨协议中的立场因签署方而异,如允许加拿大退出 ISDS,但与墨西哥仍维持 ISDS,而维持 ISDS 对部分制度进行改善。另外如加拿大在部分协议中仍采用 IS-DS,例如基于加拿大在 NAFTA 下受到大量美国企业提起诉讼的事实,加拿大在美加墨协议中完全放弃 ISDS,而加拿大和欧盟的贸易协议则采用了欧盟的改革方案。发展中国家的立场和态度存在较大差异,例如巴西倾向

---

① "SSDS 替代 ISDS"和"国内法律救济替代 ISDS"这两大改革选项实际上是放弃了 ISDS,与第二类改革中将"部分议题诉诸 SSDS"或"将国内救济作为诉诸 ISDS 之前的前提"的改革不同。

于放弃 ISDS,而印度倾向于采用"限制仲裁范围"的做法。

欧盟正积极推进国际投资法庭改革,但面临不少现实挑战。最近签署的欧盟加拿大全面经济与贸易协议(CETA)、欧盟越南投资协议以及欧盟新加坡投资协议已采取了两审终审的投资法庭制度(Investment Court System, ICS)。ICS 分为初审法庭和上诉法庭,ICS 对法官任命方式、法官任职要求和道德规范予以严格规定。ICS 以协议为基础,具有双边性,随着协议增多,常设法庭机构将面临人才库有限、经费承担等现实困境,且以大量协议为基础所组成的各类 ICS 将使得投资仲裁制度更加复杂。为此,欧盟仅将 ICS 作为过渡阶段,其目标是建立多边投资法院(Multilateral Investment Court, MIC)。欧盟已提出关于 MIC 制度设计的框架,包括法官资格、选任程序等要求,并积极通过多边和区域协议方式推进落实其主张。另外欧盟在联合国国际贸易委员会(UNCITRAL)关于 ISDS 改革建议中也和在《能源宪章条约》现代化改革中一样均提出建立 MIC 的要求。最终 MIC 制度架构仍有待于各方谈判,包括如何多边推进 MIC、MIC 与现存投资仲裁制度的关系以及法官任命等方面的问题都是该制度面临的现实挑战(邓婷婷,2019)。

ISDS 多边层次改革也在推进中,且多边改革集中于改善仲裁程序。ICSID、UNCITRAL 等都在积极推进争端机制改革。2017 年 UNCITRAL 第三工作组启动和推进 ISDS 改革,[①]其改革集中于仲裁程序改革以及"常设 ISDS 仲裁机构"改革。许多经济体已提交了改革意见,中国已于 2019 年 7 月提交了改革意见书。[②]截至 2021 年 7 月底,第三工作组已经提交了关于仲裁员行为准则草案、上诉机制和执行问题、投资争端法庭成员的甄选和指定等初步改革草案。多边层次推进 ISDS 被视为最有效率、最能解决碎片化问题的改革方式,但目前改革主要聚焦于仲裁程序改善,且多边协议的达成依赖于各方谈判,达成共识和协议需要相当长的时间。

四、美欧等经济体积极推进谈签新一代国际投资协议

(一)美国对国际投资规则主张的新动态

美国对外签署的国际投资协议数量虽然不多,但其投资规则呈现高

[①] 工作组改革动态见 https://uncitral.un.org/zh/working_groups/3/investor-state。
[②] 《投资人与国家间争端解决制度可能的改革——中国政府提交的意见书》,https://uncitral.un.org/sites/uncitral.un.org/files/wp177c.pdf。

度一致性和高标准的投资保护和自由化要求,对全球投资规则具有相当大的主导权。近年美国对美加墨贸易协议(USMCA)投资专章许多内容进行了修改(张生,2019),特别是对美国过去一直坚持的投资争端解决机制也给予较为弹性化的处理。从 USMCA 可看出美国投资规则主张的新动向。

第一,美国主张投资争端解决机制改革,而不再坚持全面仲裁。在 USMCA 中,加拿大选择退出了投资争端解决机制,而美国和墨西哥之间仍保留投资仲裁机制,但美墨之间投资仲裁机制增加了不少限制条件。美墨之间投资争端解决机制的改革主要包括:(1)增加各类限制条件,如限制可提起诉请的协议义务范围,限制最惠国待遇条款的适用、限定提起仲裁请求的时间等。(2)对仲裁员任命增加了条件要求,如仲裁员要遵守《国际律师协会国际仲裁利益冲突指引》的规定,不得在其他未决的 USMCA 仲裁案件中担任顾问或当事人指定的专家或证人,以保证其公正独立性,另外限定指定仲裁员期限,以缩短组成仲裁庭时间。(3)在仲裁程序上,仲裁庭允许第三方提交法庭之友意见,针对具有管辖权异议和明显没有法律依据抗辩规定快速审理程序,另外要求公开与仲裁有关的材料,以提升仲裁程序透明度。(4)对政府合同(美墨之间)相关投资设定特别规定,如扩大可诉请协议义务范围,一般的投资可诉请投资仲裁的义务范围限于准入后国民待遇或最惠国待遇、直接征收;而政府合同投资可诉请的义务还包括了公平公正待遇和间接征收义务。总体看,USMCA 表明美国允许更弹性化的投资争端解决机制安排,且对投资争端解决机制予以相当程度修改。

第二,精确化修改近年具有争议性的投资待遇条款。针对过去投资仲裁实践中较具争议性的条款,USMCA 修正了相应条款文本,避免投资仲裁范围扩大化。例如投资定义明确不涵盖"司法或行政行为所作出的决定或判决";"公平公正待遇条款"明确不能单纯依照东道国行为违反投资者期待就认定东道国违反公平公正待遇,该条款还被排除在美墨可提起诉请的投资仲裁范围之外;明确"最惠国待遇"是比较不同国家投资者在实际情况中所受的待遇,而不是国际贸易或投资协议的实体规则和争端解决机制的不同安排。

第三,USMCA 投资章包含了"非市场经济地位"相关条款。美墨投资仲裁特别将"非市场经济地位"国家所拥有或控制的投资和投资者排除在投资仲裁之外。根据 USMCA 投资章附件 14-D 第 1 条,若缔约一方投资者由非缔约方的人拥有或控制,且该非缔约方被另一方视为"非市场经济地位"国家,则该投资者不能提起投资仲裁。对比于该章第 14 条"利益否决"条款,"非市场经济地位"国家的投资者显然受到不同待遇。"利益否决"条款是将非缔约国投资者所拥有或控制的、未在缔约方境内有实质经营活动的投资或投资者排除在协定覆盖范围之外。换言之,若来自"市场经济地位国家"的投资者(非缔约方)在缔约方有实质经营,则仍为协议覆盖范围;而对来自"非市场经济地位"国家的投资者,不管是否有实质经营,该投资者在另一缔约方的投资均被排除在美墨争端仲裁之外。

第四,引入企业社会责任条款,增加对投资者的责任要求。USMCA 引入了社会责任条款,要求缔约方鼓励其境内或受其管辖的企业自愿将缔约方认可或支持的、国际公认的有关企业社会责任的标准和指引纳入企业内部政策,其中包括《OECD 跨国公司指引》。

总体而言,美国近年签署的国际投资贸易协议数量少,美国未来关于投资规则的主张是否会与 USMCA 基本一致并不确定,美国对于欧盟多边国际投资法庭方案的态度也不甚明确。

(二)欧盟在国际投资规则制定的主导权将不断增加

1. 欧盟逐渐整合成员国国际投资协议体系

自《2009 年里斯本条约》生效后,FDI 政策成为欧盟共同商业政策。欧盟正逐步对其成员国的国际投资协议进行整合,这一整合过程将对国际投资协议体系发生较大影响。目前整合包括三类情况(UNCTAD,2018):一是终止欧盟成员国内部 BIT,该项整合已启动。经欧盟法院裁定 Achmea 案后,欧盟成员国内部之间 BIT 投资者国家仲裁条款被视为不符欧盟法律,欧盟委员会要求成员国逐步终止其内部 BIT。截至 2021 年 7 月底,欧盟成员国中已有 23 个成员国签署终止欧盟内部 BIT 的协议(共包括 125 个将终止以及 11 个已终止的 BIT 协议)。[①]二是欧盟新签署的投资协议将逐渐替代各成员国旧协议。欧盟与第三国贸易协议中,其投资规则若和成员国与第三国现存 BIT 重叠,欧盟可在新协议中终止成员国与第三国相关投资协议,如 CETA(欧盟加拿大全面经济合作协议)第 30.8 条就是替代其他投资协议的条款。通过该方式,欧盟逐步终止欧盟成员国与第三国签署的旧协议,

---

[①] 《能源宪章条约》仍适用于欧盟成员国之间的投资争端,欧盟通过正在推进的《能源宪章条约》现代化改革解决该问题。

而代之以欧盟与第三国的新协议。三是欧盟成员国对外签署新的双边投资协议要经过欧盟委员会授权才能开展谈判，欧盟可就谈判文本提出要求，以确保欧盟各成员国新国际投资规则的一致性。通过整合，欧盟在国际投资协议谈判中的主导地位更加凸显。

2. 欧盟以国际投资法庭方案推进投资争端解决机制改革

欧盟 2015 年提出双层投资法庭体系(two-tier investment court system)，该主张已体现在其对外签署的协议中，这些协议包括欧盟加拿大的 CETA、欧盟新加坡投资保护协议(IPA)以及欧盟越南 IPA。欧盟正积极推进与各国的投资谈判。2020 年 12 月底，中国和欧盟达成了中欧全面投资协议谈判，其中第 Ⅵ 部第 2 部分第 3 条明确中欧全面投资协议签署后 2 年内尽量就投资保护和投资争端解决机制达成协议。另外，欧盟和非加太集团(ACP)2000 年签署的科托努协议(Cotonou Agreement)已到期，2021 年 4 月，欧盟已和非加太集团达成新的协议，[1]该协议将涵盖 100 多个国家，影响区域广泛。在贸易协议、能源宪章现代化改革和多边层面，欧盟都积极推进其国际投资法庭主张。

3. 欧盟积极推进《能源宪章条约》现代化改革

2014 年开始，《能源宪章条约》(ECT)[2]取代《北美自贸协定》，成为投资仲裁案件数最多的国际投资协定，其中原因之一是，欧盟成员国近年采取再生能源政策影响传统能源企业，许多企业依据 ECT 起诉政府。ECT 中许多投资保护条款已与欧盟现有投资规则主张不同，因此欧盟积极推动 ECT 现代化改革，并试图通过 ECT 推进其国际投资法庭方案。2018 年 11 月召开的第 29 次能源宪章会议通过关于《能源宪章条约》现代化的 25 项谈判议题，议题主要包括：准入前投资、投资和投资者定义、能源部门经济活动定义、公平公正待遇定义、监管权、MFN 条款、保护伞条款、投资相关的转移、间接征收定义、基础设施可接入、可持续发展和企业社会责任等投资规则相关改革议题。[3]截至 2021 年 7 月底，ECT 现代化改革谈判已进行第六轮。

---

[1] 协议进展及相关内容参见欧盟执委会相关网站：https://ec.europa.eu/international-partnerships/acp-eu-partnership_en，最近访问日期：2021-8-15。
[2] 《能源宪章条约》于 1994 年开放签署，1998 年生效，为能源投资、能源过境和贸易提供法律保护，在能源投资领域发挥重要作用。目前《能源宪章条约》签署国共 52 个。
[3] 更多资料见 https://www.energycharter.org/，最近访问日期：2021-8-15。

（三）发展中经济体关于投资协议各类规则的主张差异较大

相对于发达经济体，发展中经济体是规则的接受者，且不同经济体主张差异较大。一些经济体快速终止过去签署的协议，并按照新的投资协议范本谈判，但其新协议往往相对保守，特别是在投资仲裁机制设计上更加保守，但在内容上更为一致，典型如印度；一些经济体通过区域一体化过程逐步升级其投资规则标准，典型如东盟，东盟在 2019 年通过修改其东盟综合投资协议（ASEAN Comprehensive Investment Agreement，ACIA），限制各国对投资者施加业绩要求，约束东道国的投资限制政策。

五、当前全球投资规则改革的主要挑战

当前国际投资规则体系正处于反思、回顾和改革的重要阶段，主要经济体正通过签署新协议、现代化旧协议等方式推进其新一代投资规则改革主张。虽然主要经济体在国际投资政策方面达成了原则性共识，但从原则性共识到具体落实投资规则改革仍有相当距离，各国在具体改革选项上仍有诸多分歧，国际投资规则体系改革面临相当挑战。当前全球投资规则改革将面临以下方面挑战：一是在改革过程和改革方式方面，改革过程将持续相当长时间，而多边改革方式推进力度有限；二是改革内容难以协调且不存在协调机制；三是达成改革共识缺乏政治经济基础，如南北国家主张差异明显，而短期内美国单边主义和逆全球化倾向可能难以改变。

（一）旧协议数量众多，现代化改革持续时间长

目前需要推进现代化改革的老一代协议数量众多，任务艰巨。从国际投资协议数量看，2011 年之前签署的协议数量占总协议数量的 90% 以上，这意味着老一代协议现代化改革要持续相当长一段时间。近十几年以来不断增加的投资仲裁案多数依据老一代协议提起诉请，各经济体都有迫切推动老一代协议改革的需要。但因为存量较多，旧协议的现代化和更新将持续相当长时间。

（二）多边层次推进范围和力度有限，体系化改革面临困难

多边层次推进被视为最有效率、最能解决碎片化问题的改革方式。但目前多边层次改革推进力度有限，多边改革主要集中于投资争端解决机制的仲裁程序，实体规则改革缺乏多边推进机制。各国很难在多边层次上就投资协议条款的细节设计达成共识，而仅能就国际投资政策原则性问题、软法规则如投资便利化、责任投资等方面达成共识。

在无法多边推进改革的情况下,改革方案本身呈现碎片化特征。无论是实体规则还是程序规则,改革均有不同选项。在实体规则方面,虽然各界认为某些具体条款需要予以改革(如公平公正待遇条款、间接征收条款、保护伞条款),但改革选项差异较大,一些经济体删除具有争议性的条款,一些经济体则采用进一步精确化明确化的做法。在争端解决机制方面,各经济体也持有不同立场和主张,且一些经济体对 ISDS 的主张和立场因签署方而异。原则上,多样化改革选项使各经济体可根据自身发展情况选择合适的条款组合,以实现弹性化和多样化,但这使得投资规则碎片化问题仍无法解决,且改革后投资争端机制比过去更加复杂,碎片化、差异化情况可能更加严重。

(三)具体规则条款层次的改革共识难以达成

虽然大部分国家在投资政策原则上形成了一定共识,但基于这些原则的具体条款和争端解决机制设计仍有许多选择,具体条款和制度设计的选择仍取决于协议谈判各方力量。投资政策原则仅在改革方向上具有一定指导作用,与投资规则具体改革之间仍有相当距离。例如在国内监管权领域,投资保护和国内监管权之间新的平衡如何实现取决于具体条款的表述和设计,多数协议要求公共政策必须是合理的,那么合理和非合理之间的界限如何来确定?这是存在疑问的。对发展中国家而言,许多适用于发达经济体的复杂的监管政策需要匹配行政能力和相当高的行政成本,那么合理的公共政策是否充分考虑不同国家的行政能力呢?投资保护和监管权之间新平衡的目标看起来合理,但到了实际条款设计和具体落实环节,需要考虑的问题则十分微妙和复杂。

许多体现可持续发展要求的协议条款为软性约束。例如在协议前言增加可持续发展目标和投资促进要求,增加如信息共享、投资促进论坛等投资促进和便利化机制的要求、促进投资者社会责任义务的相关条款、促进责任投资等。软性规则达成共识相对容易,但这些软性约束是否一定要在国际投资协议中实现,以及增加这类条款的效果等问题是值得质疑的。

(四)南北国家在规则制定和利用方面差距明显

长期看,南北国家在投资规则制定和规则利用能力方面仍有相当差距,而国际规则对发达经济体和发展中经济体国内制度的影响具有明显的不对称性。再加上发展阶段不同,各国对投资协议的立场和主张差异相对较大,投资规则改革达成多边共识的政治经济基础仍较为薄弱。

第一,规则制定上,发展中国家依然是规则接受者(rule-taker),欧美等经济体是规则制定者(rule-maker)和主导者。虽然近年发展中国家对外投资大幅增长,但发展经济体规则制定能力与发达国家仍存较大差距。从国际直接投资存量和流量看,欧美等发达经济体在国际投资贸易规则制定中的主导地位未改变。Alschner等(2016)对投资规则文本进行分析,结果显示,各国投资协议的一致性因其经济发展水平而异。换言之,越是经济发展水平高的经济体,越有能力保持其投资协议文本的一致性,而发展水平相对较低的经济体,谈判地位处于弱势,投资文本因签署方不同而存在较大差异。

第二,在投资规则利用和国家应诉能力上,南北国家差距在短期内难以改变。从投资仲裁案例分布看,大部分投资仲裁案例的投资者母国为发达经济体,即发达经济体投资者是目前投资协议的主要利用者,而发展中国家为投资仲裁的主要被诉国,且一些发展中国家在国际投资仲裁下已不堪重负,如阿根廷。国际投资仲裁员和法官基本来自欧盟、美国和加拿大等少数发达经济体,这也体现了南北国家法律能力的差距。

第三,投资规则对国内政策的影响对发展中国家和发达国家具有相当程度的不对称性。一方面,发达经济体国内法治已相对完善,发展中国家还处于建设阶段,投资相关制度变化要远高于发达经济体。投资贸易规则一般要求一国锁定现行开放水平不变,处于制度改革变动期的发展中经济体显然更易受到国际投资规则约束。此外,发达经济体立法及其执行能力远高于发展中经济体,使其更能娴熟地利用国内立法迂回保护国内产业和国内先进技术。近年许多发达经济体以国家安全为由,对外国投资进行扩大化的国家安全审查。对这类政策实践,发展中经济体几乎无法利用投资规则保护其海外投资利益。另一方面,新一代综合性国际投资贸易规则对国内政策所产生的约束范围不断扩大且具有不可确定性,如知识产权政策对国内创新政策的影响,国有企业和竞争中立政策对国有企业和产业政策的约束。这类横向规则和传统投资规则之间互相作用,使得投资规则对国内政策的约束更加复杂,特别是对法律不完善的发展中国家的影响更不确定。

(五)美国单边主义使全球投资规则改革前景黯淡

国际投资和贸易规则的建立和发展是"二战"后国际自由经济秩序的一部分,以规则为基础的国际经济秩序是西方各国对外经贸政策的重要原则。特朗普执政期间,美国政府推进"美国利益至上"的单边主义和孤立主义政策,贸易投资政策被任意使用,使得全球经贸政策多边层次改革以及以规则为基础的国际经济政策原则受到重大挫折。尽管美国贸易政策可能因美国国内政治形势改变而发生大的转变,但各国对国际经贸规则的信心短期内难以恢复。在国际投资经贸规则不再稳定运行的前景下,各国民族主义情绪不断上升,这将对全球经贸体系的多边主义进程造成负面影响,使本就困难重重的国际投资规则体系多边改革前景更不明朗。

第三节 中国国际投资体系改革的主要挑战及应对

自1982年与瑞典签署第一个双边投资协议到现在,中国已成为签署投资协议数量较多的国家之一,协议的投资保护水平不断提高。投资协议的签署为中国改革开放吸引外资做出了贡献。面对全球投资贸易规则重构和中国新的国际投资形势,中国国际投资规则体系面临诸多挑战。本节在总结中国国际投资规则体系挑战的基础上提出应对建议。

一、中国国际投资规则改革面临的主要挑战

主要挑战包括:一是中国投资协议适应新经济形势的挑战;二是中国目前国际投资规则存在的问题和不足;三是国际投资规则重构过程中,新一代国际投资规则对中国的挑战;四是发达经济体投资保护主义政策所带来的挑战。

(一)国内外经济新形势新模式对中国国际投资协议产生新要求

当前全球经济新格局和新模式对全球投资规则体系产生新要求,这些因素同样也是中国国际投资规则改革的要求,同时中国对外投资的区域和行业特征对中国国际投资协议体系提出其他方面新要求。

第一,中国从引资大国转向资本双向流动大国,海外投资保护需求日益凸显。中国目前大量投资协议签署于20世纪80—90年代,签署协议时中国多以资本输入国立场考虑协议,在投资保护标准、投资争端解决机制等重要条款上趋于保守。随着中国对外投资规模增加,海外投资利益保护的需求随之上升,亟须因应新形势重新审视国际投资规则体系。

第二,区域上,中国在发展中国家和不发达地区的投资不断增加,投资保护需求更加迫切。国际投资协议签署的重要原因是为了弥补许多国家国

内制度缺陷问题,降低外国投资者投资风险,通过国际仲裁渠道解决投资者和当地政府的投资纠纷问题。随着"一带一路"倡议的推进,中国对发展中国家投资不断增加,而许多发展中国家的政治和社会较不稳定,法治体系尚不完善,中国更迫切需要签署具有高水平投资保护作用的国际投资规则,以保障中国在当地的投资利益。

第三,中国对外投资自身特点对投资协议提出新的要求。一方面,中国在发展中国家承接许多基础设施投资工程项目,多数基础设施工程为政府工程,比起其他投资项目,政府工程项目易受当地政府和政策影响。另一方面,承接公共工程的多数企业为国有企业。这类投资项目极易受当地政治、中国和当地国关系影响。国有企业主体和基础设施投资等投资特征对投资保护制度机制提出新要求,例如要确保国有企业获得平等待遇、投资定义和范围要包括基础设施建设合同等。

(二)中国现行国际投资协议体系存在诸多问题

中国目前生效的大量投资协议签署于20世纪80—90年代。多数投资协议保护水平过低,已无法满足当前海外投资保护需求。

第一,中国投资协议内容条款不一致情况突出。在实体性条款方面,许多投资协定主要为原则性内容,条款简单,不同协议之间对相似条款的文本表述不一。早期签署的一些投资协定缺少国民待遇条款、资本自由汇出等重要投资保护条款。从1997年开始,国民待遇等条款才进入中国投资协定中。许多协议重要条款内容表述不清晰,不同协议差异性大,例如对于投资定义、间接征收条款、公平公正待遇条款、保护伞条款等重要投资保护实体规则,无论在文本表述形式、文本内容、条款位置等方面均存在较大差异性(表6-4),这使得实体条款内容模糊、标准不一。在争端解决机制方面,中国投资争端解决机制条款内容因协议签署时间不同而存在差异。在20世纪80年代签订BIT时,因中国未加入国际投资争端解决中心(ICSID)公约,因此允许投资者和东道国之间的争端通过临时设立的仲裁庭解决;1993年2月中国加入《华盛顿公约》正式生效后,规定仅就"征收的补偿额"问题提交ICSID仲裁。1998年从中国巴多斯双边投资协议开始,中国多个投资协议全盘接受ICSID仲裁管辖,在义务范围上存在过大的问题。[①]总体而言,中

---

① 关于中国投资争端解决机制的设计和问题,可参见温先涛:《中国投资保护协定范本(草案)论稿(三)》,《国际经济法学刊》2012年第19卷第2期。

国近年投资争端解决机制趋向高标准保护水平,适用范围不断扩大,但大部分协议久未更新,对中国海外投资者利益的保护显得不足,而协议之间对争端解决机制的适用范围差异大,部分协议条款可诉诸的投资争端领域范围过宽。

表6-4 中国投资协议条款存在的问题举例

序号	具体条款	问 题 举 例
1	投资定义	不同协议对投资定义形式不统一,部分内容模糊,例如没有明确规定承包工程项目是否属于投资,不利于保护中国境外大量与工程项目相关的经济利益
2	间接征收	多使用"类似征收的其他措施"或"与征收或国有化具有相同效果的措施"来指代间接征收,未明确提出间接征收及其具体标准
3	公平公正待遇	这是一项具有争议性的实体条款,中国多数BIT都包括该条款,具体表述不一致,且差异较大
4	保护伞条款	多数协议没有包括保护伞条款,部分协议包括该条款,但其在条约中的位置和适用义务范围不同
5	投资争端解决机制	多数协议长久未更新,对中国海外投资者利益的保护显得不足;协议之间差异大,部分条款投资争端领域范围适用过宽

• 来源:笔者总结。

第二,虽然中国投资协定的投资保护水平不断提高,但与美式投资协议仍有较大差距。21世纪以来,中国对外签署的投资保护和自由化标准越来越高,典型如中国-加拿大双边投资保护协定吸收了美式投资协议的许多特征,涵盖了国民待遇、最惠国待遇、最低待遇标准、透明度、业绩要求、支付转移和征收补偿等重要条款,但与美式投资协议对比仍有相当差距(表6-5),如中加投资协议未涉及准入前国民待遇要求,没有投资开放承诺列表,其他领域条款如投资范围、不符措施、业绩要求、资金转移条款等方面也存在差距。目前中国和欧盟达成的全面投资协议、和东盟等国家签署的RCEP包括了投资准入阶段负面清单的开放承诺,显示中国提升投资协议开放程度的决心。但目前这类协议数量不多,影响范围存在局限性。

表6-5 中加投资协定和美国投资范本重要条款比较

相关条款	中加投资协定	美国投资协定(2012范本)
投资范围	投资为"根据法律法规获准的投资",投资类型中的企业贷款要满足"贷款人是投资者的附属机构以及贷款期限要在3年以上"的条件	投资未加上"根据法律法规"的限制,没有对企业贷款类型和期限进行限制
投资准入和国民待遇	投资准入要依据东道国法律法规和规定。国民待遇不包括投资设立和并购阶段,为准入后国民待遇	投资涵盖了设立阶段和并购阶段

续表

相关条款	中加投资协定	美国投资协定(2012范本)
不符措施	无不符措施列表。维持现行所有不符措施，同时锁定现行开放水平；现行措施援引中国和加拿大分别与秘鲁签署的自由贸易协议的保留措施	列明不符措施列表，包括准入前国民待遇的不符措施列表
业绩要求	业绩要求涵盖范围限于WTO协议中的贸易相关投资措施(TRIMs)	业绩要求涵盖范围广泛
征收补偿标准	采用公平市场价值标准	要求充分补偿标准(包括可预期的未来潜在利润)
资金转移条款	转移条款要符合"中国现行关于汇兑管制的法律法规规定的手续"	没有本国汇兑管制的前提限定
资金转移时间限定	中国首个BIT加上"自由和不迟延"地完成资金汇兑的义务。但中方在附件中对"不迟延"进行限定为"完成转移手续通常需要的期限"，以及"自相关申请以完整和真实文件和信息向相关外汇管理部门提交之日起算，且不得超过两个月"	没有对"不迟延"加以特别约束
东道国投资争端解决机制	要求用尽当地救济(投资者要在中国提起行政复议，若在中国提起诉讼，中国法院撤诉后才能诉诸投资争端解决机制)	无"用尽当地救济"要求
金融审慎例外的争端解决机制	缔约国之间金融主管部门达成共同决定或通过国家之间仲裁庭作出裁定，二者之一是前提，且对投资者国家仲裁庭裁决具有约束力	金融主管部门进行磋商或达成仲裁小组报告仅是必要程序，不构成投资者国家仲裁庭作出裁决的前提
争端解决机制范围	初始投资审查和国家安全审查的决定不适用争端解决机制	未将关于初始投资的审查决定和基于国家安全审查的决定排除在争端解决机制之外

• 资料来源：作者参照温先涛(2013)著作并根据协议文本整理。

第三，中国目前投资争端解决机制的仲裁制度利用率不高。虽然中国国际投资协议签署数全球排名第二，但依据中国投资协议提请国际仲裁案件不多。截至2020年12月底，中国作为被诉国的投资仲裁案件共6个，中国投资者依据中国投资协议向外国政府提起诉请的投资仲裁案件数共8个，其中2020年中国作为被诉国和作为投资者母国的案件数相对较多。根据UNCTAD数据，2020年被诉案件新增3个，作为投资者母国提起诉请的案件新增2个(仲裁案基本情况见表6-6)。由于被诉情况集中于近年发生，许多案件未裁决，截至2021年7月，中国作为被诉国尚未出现败诉的情况。投资仲裁机制利用率不高由多方面因素决定，一方面中国对外投资数量和规模的增加主要集中于近十年，投资争端解决机制作用发挥存在滞后性；另一方面，中国国际投资协议保护水平不足，能依据这些协议提起投资仲裁的情况有限。

表 6-6 中国国际投资仲裁被诉和提诉案件基本情况

提诉年份	案件名	依据的国际投资协定	结果
2011	Ekran 诉中国案	中国-马来西亚 BIT(1988) 中国-以色列 BIT(1995)	和解
2014	安城公司诉中国案	中国-韩国 BIT(2007)	支持东道国(未进入案件实质审理)
2017	Hela Schwarz 诉中国案	中国-德国 BIT(2003)	未裁决
2020	新加坡亚化集团(AsiaPhos)诉中国案	中国-新加坡 BIT(1985)	未裁决
2020	Goh 诉中国案	中国-新加坡 BIT(1985)	未裁决
2020	Macro Trading 诉中国案	中国-日本 BIT(1988)	未裁决
2007	谢业深诉秘鲁案	中国-秘鲁 BIT(2994)	支持投资者
2010	北京首钢等诉蒙古国案	中国-蒙古 BIT(1991)	支持东道国
2012	平安诉比利时案	中国-比利时卢森堡经济联盟(BLEU) BIT(1984, 2005)	支持东道国(裁定不具管辖权)
2014	北京城建诉也门案	中国-也门 BIT(1998)	和解
2017	Sanum 诉老挝案	中国-老挝 BIT(1993)	未裁决
2019	Jetion 和 T-Hertz 诉希腊案	中国-希腊 BIT(1992)	中断
2020	Fengzhen Min 诉韩国	中国-韩国 BIT(2007)	未裁决
2020	Wang 等诉乌克兰	中国-乌克兰 BIT(1992)	未裁决

• 资料来源：UNCTAD Investment Dispute Settlement Navigator 数据库。

(三) 国际投资规则重构对中国构成新挑战

在国际投资规则重构阶段，中国虽积极扩大自由贸易协议网络，提升中国投资协议的保护标准和开放水平，但仍面临相当多的挑战。

第一，中国尚无投资协议范本，对许多投资规则条款的立场和主张仍不明确。中国虽然对国际投资政策形成了原则性主张并在 G20 峰会中积极推进达成共识，但在具体条款方面尚未形成明确的体系化主张，中国一直未公布正式投资协议范本。虽然 2011 年中国发布了投资协议范本草案，温先涛(2011、2012a、2012b)详细分析该范本草案并对比美式协议，表明其与美式协议标准仍有较大差距。无协议范本使中国在国际投资贸易规则的谈判过程中处于被动地位，常因谈判对象而改变投资协议文本内容和保护标准。

第二，类似于多数发展中国家，中国国内制度离发达国家所主导推进的高标准国际投资贸易规则要求尚有落差。高标准国际投资贸易规则对国内许多政策具有约束性,而一些综合性贸易协议中规则条款是发达经济体国内法律的域外延伸,如数字规则、竞争政策等,这些协议对发展中经济体国内政策的冲击远高于对发达经济体的影响。再加上当前许多投资集中于具有高度垄断性的服务领域,其产业发展很大程度依赖于国内监管制度的健全性和制度的国际竞争力。在中国国内部分产业发展不足和监管制度配套不完善的情况下,对外开放产生的负面效益(如产业垄断以及产业垄断下的经济安全问题)可能高于开放的正面效益。因此,类似多数发展中国家,在国内经济制度不完善,政府治理和监管能力、立法技术和能力无法与欧美等发达经济体比拟时,中国需要审慎评估高标准规则对国内制度的影响。与此同时,在发达国家积极快速推进跨区域大型贸易协定的背景下,为减少这些区域贸易协议的排他性影响,中国要尽快有所应对。

第三,一些国际经贸协议新规则具有针对性,其合理性值得质疑,潜在影响尚待观察,中国要对这些新规则有所因应。美国所主导推进的国有企业、基于市场经济地位等相关规则条款对中国的针对性强,其中某些规则设计的合理性和公平性值得质疑,这些规则很可能构成中国企业在国际市场上公平竞争的障碍。

(四)发达经济体国际投资政策对中国产生新挑战

如第一节所述,欧美等发达经济体为因应国内经济政治问题以及全球投资新格局,开始实施具有投资保护主义特征的政策,典型如近年扩大化的外资安全审查制度,特别是针对中国企业的安全审查;或以国家安全为由,限制中国企业投资高技术、关键技术行业,避免其关键技术外流所造成的国际竞争力下降问题。另外,欧美经济体不断提升其数据隐私的保护水平,但可能夸大中国企业存在的数据保护和安全隐患问题,使中国信息技术行业企业境外市场拓展面临比其他经济体企业更高的障碍和限制。对于这些新的投资限制政策,中国是否能通过投资协议减少不公平待遇,这是中国未来国际投资协议改革的新课题和新挑战。

二、中国国际投资规则体系改革的应对建议

(一)合理定位国际规则作用,各类合作机制并行推进

要对国际投资规则作用有更准确的定位。从引资角度看,一国投资制度环境取决于多方面因素,投资协议仅是其中一环;从资本输出角度看,投

资协议是减少投资风险的手段之一,是投资保护和促进的手段之一,且其作用往往并非立竿见影。在对外投资特别是"一带一路"建设推进过程中,机制化建设有不同的层次和领域,投资贸易规则是其中一项机制建设。因此,在推进双向投资过程中,国际规则和其他合作机制应并行推进。由于较高标准投资规则协议谈判耗费相当长时间,一些相对容易达成的合作机制可以率先推进,如推进第三方市场合作、与当地企业合作或与国际机构合作等各类风险共担机制。

(二)从软法到硬法,以渐进方式推进规范化和规则化

从 UNCTAD 可持续发展为导向的国际投资规则看,许多体现可持续发展目标的条款为软性约束,包括责任投资、投资促进和投资便利化机制。一些发展中国家和经济较不发达经济体对投资协议特别是对投资争端解决机制高度不信任,对投资开放可能带来的风险有所顾虑。在国内产业发展不充分和制度监管不完善情况下,这些顾虑都是正常的。投资贸易协议牵涉面广,谈判旷日耗时,因此,软法性质的标准、准则和指引可以率先合作推进,尽快实现投资对当地可持续发展的正向作用,从而形成未来进一步投资合作的良性经济基础。

近年中国一直积极支持和推进全球投资便利化行动(王璐瑶、葛顺奇,2019),例如支持 2016 年 UNCTAD 发起的"投资便利化全球行动"(Global Action Menu for Investment Facilitation),该行动被视为制定投资便利化政策的重要参考。2017 年于厦门举行的金砖国家领导人峰会上的成果也在推动形成《金砖国家投资便利化纲要》(Outlines for BRICS Investment Facilitation)。2017 年 4 月,中国提出"投资便利化之友"方案,提升全球投资便利化水平,该项方案得到 WTO 成员的广泛关注和积极响应。

中国应与合作紧密的发展中国家通过各类交流平台,分享投资促进和便利化、提高营商环境水平的做法和经验,积极推进中国资源和环境保护相关行业自愿遵从企业社会责任指引。在逐渐达成投资便利化和投资开放共识等基础上,中国再基于共识和共同发展目标,与发展中国家达成新一代的投资规则协议。从软法逐渐转向硬法,这可能是推进可持续发展导向国际投资规则较具可行性的路径之一,也是中国提升国际规则制定能力的重要途径。

(三)参考高标准投资规则,积极推进国内制度改革

21 世纪国际投资规则对国内投资制度和其他政策制度提出了更高要求,其中一些规则是因应新的国际生产方式和新的经济商业模式而产生的,

例如数字规则,投资、服务、货物等领域同时自由化的要求。在一些规则领域,各经济体之间的分歧主要在于开放水平的高低(如开放行业范围),或是标准高低(如知识产权保护年限和例外情况、行政透明度要求),一些分歧则是重大分歧,例如国有企业相关规则、市场经济地位条款等。因此,中国对不同类型高标准投资贸易规则条款应区别对待。

首先要以条款为基础,细致分析评估各条款,形成立场和主张。要对不同规则条款的实际和潜在影响进行全面细致分析,对不同规则条款形成全面评价,并在条款完善层面形成中国的主张。这些主张应根据评估分析而提出,参照而非完全照搬美式或欧式规则。基于这些规则主张提出中国对外签署投资协议的模板。根据新一代投资协议规则主张,对比中国国内制度的落差,以系统化、集成化方式推进中国国内制度的改革,形成国内制度和国际规则的协调。这种制度改革既是国内经济持续发展的需要,也是中国所主张的新一代国际投资规则体系改革的要求。

其次,对短期内无法接受的规则条款要有所因应,有破有立,尽可能提出新的更合理的条款主张。对于中国短期内难以接受的规则条款如国有企业规则,中国应讨论这些国际规则背后的部分合理性,如确保私人企业和国有企业的公平竞争,从而提出中国反对某些具体制度设计的原因,如要避免国有企业受到不公平待遇,或继续发挥国有企业提升国内技术水平和生产能力等方面的积极作用等。在反对某些规则条款的同时,中国应提出相应立场,设计提出并论证更公平的规则条款,提出判定"市场经济地位"更合理的标准等。这些规则设计和讨论要与国内相应领域改革结合起来,如将国企规则设计与中国国内国有企业改革结合起来。对于有些条款,若因国内法治或公共治理能力不足原因,在中短期内无法实现,则可设置一些过渡性机制对接这些标准。

(四)以弹性化、多样化方式渐进推进中国国际投资规则体系更新换代

首先,要以灵活弹性化方式与其他发展中国家签署投资协议。中国对相对高保护标准投资协议的接受是一个逐步渐进的过程,其中原因包括对国际投资规则风险的不确定性,另外国内经济制度建立和完善也是一个渐进过程。因此,当中国与其他发展中经济体签署投资协议时,也应允许对方选择适合其发展阶段的可接受的投资保护水平和自由化水平。

其次,积极与发达经济体签署高标准协议,扩大自由贸易协议网络。中

国要通过积极与欧盟等经济体签署更高标准投资贸易协议,实现深度经济融合的同时提升中国投资协议保护标准和开放水平,促进国内制度进一步改革;另外也尽可能减少对中国不友善的经贸协议条款所产生的负面影响。

最后,积极支持以多边方式推进投资领域改革。中国一直积极在多边层次推进投资规则改革。在 UNCITRAL 主导的 ISDS 改革中,中国已于 2019 年 7 月提交了改革意见书,[1]表示支持对基于条约的常诉上诉机制改革方案展开研究,并就当事方指定仲裁员权利、仲裁员相关规则、替代性争端解决机制、仲裁前磋商程序和第三方资助透明度纪律等方面提出改革意见。虽然多边层次推进实体规则领域改革尚不具备政治经济基础,但中国应支持在多边层次上推进国际投资规则体系化和规则协调化等方面的研究和探讨,并在多边层次推进国际投资软法规范的建立。

---

[1] 《投资人与国家间争端解决制度可能的改革——中国政府提交的意见书》,https://uncitral.un.org/sites/uncitral.un.org/files/wp177c.pdf。

第七章
构建"一带一路"国际合作的新规则

在世界经济复苏疲弱,全球经贸格局及多边投资贸易规则面临重大调整变化的背景下,中国提出的"一带一路"倡议,旨在推动全方位、多层次的互联互通建设,促进区域经济的包容性发展,同时也开启了中国经济对外开放的新格局。

第一节 大变局下的国际秩序重构 与"一带一路"国际合作

伴随经济全球化进程,西方主导的全球治理体系在利益分配失衡、贫富差距拉大、金融监管缺失等方面的矛盾与问题日益凸现。尤其是2008年全球金融危机后,国际经贸格局发生重大变化,呈现出"南升北降"新态势。广大发展中国家与新兴经济体快速崛起,成为拉动世界经济增长的新引擎。但是,西方主导的全球经济治理的投票权、话语权分配并未反映这一国际力量对比的革命性变化。为此,中国提出"一带一路"倡议以及发起设立亚投行,不仅可以改革完善现行国际机制,为全球治理提供新型公共产品,而且可以通过倡导互利互惠的国际合作,共同做大世界经济这块蛋糕,用"增量"解决发展不平衡的问题,成为推动经济全球化的新模式。

一、世界格局与国际力量的变化

第二次世界大战结束后逐步形成了由美国主导的国际规则和秩序。它既包括了战后以美元为中心的国际货币体系,也建立了代表发达经济体利益和诉求的国际经贸组织,如WTO、IMF、世界银行等。这些国际组织和制度安排推动了战后世界经济的发展,形成了以跨国公司为主体的全球产业分工布局,不仅促进了贸易投资的便利化、自由化,加速了国际资本的跨境流动,也开启了经济全球化进程。

随着2008年由美国次贷危机引发的全球金融海啸以及欧债危机的爆发，一方面，欧美发达经济体的深层次结构性经济社会问题不仅暴露出来，同时西方主导下的现行国际规则和秩序存在的制度缺陷与面临的挑战也一并凸显。另一方面，金融危机后国际经贸格局也发生重大变化，广大发展中国家与新兴经济体快速崛起，成为拉动世界经济增长的新引擎。但是，"南升北降"的新态势并未让西方主导的全球经济治理的投票权、话语权分配发生变化。在此背景下，G20取代G7在全球经济治理体系中的地位迅速上升，以中国为代表的新兴经济体和发展中国家在国际规则制定中的话语权才得以逐步提升，形成发达经济体与发展中国家之间的博弈格局。

与此同时，自金融危机以来"逆全球化"思潮与贸易保护主义愈演愈烈。西方发达国家将本国的深层次结构矛盾归咎于经济全球化，指责经济全球化给发展中国家带来"不公平的竞争优势"，企图通过贸易保护措施来改变经济困境，振兴本国经济，实现所谓的"公平竞争"。尤其是自特朗普执政以来，中美贸易摩擦不断升级，对华战略也从过去的寻求与中国"接触"转为孤立、遏制中国的"规锁"政策。[1]美国期望通过打压、遏制中国发展以维护其世界霸主地位的意图愈发明显。

未来中国经济面临的最大风险是被隔绝于国际规则体系之外。美国一方面采取"先破后立"的方式，即先退出所有不利于美国的国际协议组织，然后再重新构建由自己主导的完全符合美国发展利益的全球规则新体制；同时还拉拢盟友，将中国排斥在国际新体制外，以达到孤立、打压中国的目的。为此，中国需要充分评估被边缘化的可能性及由此产生的严重后果。一旦美国重新建立起一个符合美国利益的世界经贸新规则、新体系，那么，中国过去数十年所作的融入国际经贸体系的努力不但要付诸东流，而且改革开放所奠定的世界经贸大国地位也将受到很大影响。

二、美国的世界角色和美元的霸权地位发生变化

"二战"以来，美国一直扮演着全球公共产品的提供者的角色，"欧洲复兴计划"与"布雷顿森林体系"均是最具代表性的公共产品。"欧洲复兴计

---

[1] 所谓"规锁"，是指用一套新的国际规则来规范或限定中国在高科技领域的行为，从而实现规避或阻止中国在高端科技尤其是数字高科技领域赶超美国的目的。详见张宇燕(2018)。

划"又称"马歇尔计划",①不仅推动了战后西欧各国的经济复苏,更为以美元为中心的国际货币体系的平稳运行奠定了基础,从而确立了美元的金融霸权地位,并形成了美国主导下的全球治理体系架构。但是,2008年金融危机以后,美国的全球制度供给者、创造者的世界角色发生转变,逐渐被美国的单边主义、美国利益至上的"收缩"战略所颠覆。自特朗普执政以来,美国在全球范围实行全面的"退群"②收缩战略,这与输出美元构建以美元为中心的战后国际秩序是相矛盾的。现行的国际多边体系正处于瓦解与重构的百年大变局中,世界各国也都在寻求开放包容的市场体系,以维护多边国际经贸秩序。

当前,中国经济的外部环境变得更为复杂严峻。美国不断升级的对华遏制正在破坏现行的世界多边投资贸易体制,新冠疫情也加剧了大国间博弈和地缘政治冲突,使全球经济、国际经贸秩序都站在了新的十字路口。

三、深化"一带一路"国际合作是构建全球投资贸易新秩序的应有之举

自2008年全球金融危机以来,美国主导的国际秩序和多边合作机制已越来越难以应对经济全球化进程中出现的新问题、新挑战。相反,逆全球化思潮与贸易保护主义行径日渐盛行,传统的全球化动力正在逐步减退。这不仅严重威胁世界经济的持续发展,也破坏了既有的国际运行机制与投资贸易规则,同时也使中国开放型经济发展面临的外部环境不确定性陡增。改革全球治理体制与完善全球公共产品供给已是大势所趋。世界各国迫切需要提供能够适应全球化发展新环境的国际公共产品,形成新的经济治理模式,为推动全球化进程注入新动力,同时也为世界经济增长提供新引擎。在此背景下,中国提出"一带一路"倡议以及发起成立亚投行,不仅正好填补了全球公共产品缺失的空白,而且通过倡导互利互惠的国际合作,共同做大世界经济这块"蛋糕",用"增量"解决发展不平衡的问题,形成驱动经济全球

---

① 马歇尔计划始于1948年。从1948年至1952年,持续了4个财政年度。其间,美国累计对西欧国家提供资金、技术、设备等各类援助合计近170亿美元。马歇尔计划从形式上看是一种经济性的对外援助,推动西欧的经济复苏进程,但实质上是为了打破欧洲域内的贸易壁垒,在帮助美国商品进入西欧市场,快速提高市场占有率的同时,通过美元输出不断扩大美元在欧洲的使用及其对区域经济的影响力,从而进一步确立美元的国际主导货币地位。

② 从特朗普政府退出《巴黎气候变化协定》《跨太平洋伙伴关系协定》和联合国人权理事会,到退出《伊核协议》与《中导条约》,再到扬言退出世界贸易组织,美国似乎在抛弃自己建立起来的战后国际秩序。

化发展的新模式。

"一带一路"倡议不仅为促进世界经济可持续包容性发展提供了一种新型的全球治理工具,而且也是中国参与国际规则制定、提升话语权的最佳方式。一方面,通过推动构建具有包容性、多元性、开放性的新型国际合作机制,促进亚投行、金砖银行与 IMF、世界银行、亚洲开发银行的协同合作,重塑具有决策力、执行力、协调力的全球经济治理机制,建立更加公平、公正、透明的国际经济新秩序;另一方面,通过扩大"一带一路"国际合作,为促进全球贸易投资往来提供新平台、新渠道,同时也为构建开放型国际投融资新体制提供了理论及实践创新的契机,真正实现全球治理规则的非排他性、合法性和代表性,让所有成员国共享"一带一路"建设所创造的经济环境,给各国带来经济利益,特别是让广大发展中国家的利益在全球贸易投资和金融体系中得以充分体现。

深化"一带一路"国际合作是应对美国对华遏制的有力举措。"一带一路"倡议体现了广大发展中国家在全球投资贸易体系中的利益,对"二战"以来美国主导建立、拓展和维护的代表西方发达经济体的全球自由秩序将产生重大影响。在当前背景下,加快推动"一带一路"国际合作走深走实,构建更加包容公平的国际秩序是应对日益盛行的贸易保护主义行径,降低不断升级的美国对华战略影响的有效手段。自特朗普政府实行全球收缩战略以来,美国的地缘政治影响力显著下降,相反中国的"一带一路"倡议得到了越来越多国家的响应支持,它不仅进一步提升了自己的话语权与国际地位,而且还有助于突破美国正在编制的对华"包围圈",更是中国积极参与国际规则重构的最佳选择。

"一带一路"将成为推动全球经济治理体系变革的重要途径和最佳实践。实施"一带一路"国际合作是践行"和而不同"包容的中国智慧,遵循共商、共建、共享的基本原则,实现构建"人类命运共同体"的宗旨。在此框架下,开展国际贸易投资合作,充分体现"平等、开放、合作、共享"的中国理念,既反映了发达经济体的利益诉求,也充分保障了广大发展中国家应享有的权益,是对现行西方主导的国际规则与秩序的完善与补充。

当前,全球产业链、供应链、价值链正处在不断深化和调整的时期,加快实施"一带一路"倡议,倡导新型发展合作,将促进沿线各国之间贸易投资和产业融合,在贸易、投资、技术、标准等诸方面构建全球互联互通伙伴关系,形成优势互补、利益共享、风险共担、合作共赢的命运共同体。同时,也为中国积极参与全球产业布局，引领国际规则制定，不断提升在全球价值链体系的地位，探索形成以中国企业为中心的国际分工体系创造有利条件。

第二节 以"一带一路"国际合作为契机加快构建新型多边合作规则和机制

西方规则无论是显性规则和隐性规则均是从维护发达经济体自身经济利益为根本的战略需求出发，制定对新兴经济体和发展中国家约束性很高的全球经济治理规则。中国倡导"一带一路"国际合作，并不是像美国指责的那样，不需要"规则"，更不是要破坏已设立的国际规则体系，借助"一带一路"建立自己的规则和准则体系，谋求自己发展利益；恰恰相反，中国是想通过"一带一路"促进规则共同制定，让所有参加国共享"一带一路"所创造的经济环境给各国带来的经济利益。在此合作共赢理念下，中国既要维护现存的合理秩序和国际准则，改革不完善、不合理的旧规则，同时，又要在西方主导的显性规则与隐性规则之间寻求突破，积极推动在"一带一路"框架下构建具有包容性、多元性、开放性的新型多边国际合作机制，为完善全球治理提供"中国方案"、贡献"中国智慧"，进一步提升中国的国际话语权与影响力，成为追求更加公平合理的国际规则与秩序的倡议者与改革者。

一、国际规则与秩序重构给"一带一路"国际合作带来新挑战

当前，全球经贸规则重构正在给中国对外开放带来新的压力和风险，直接影响中国实施更高水平对外开放的进程和成效，也使得深化"一带一路"国际合作面临更加严峻的挑战。主要表现为以下诸方面：

一是随着美国主导的 USMCA 协议的正式生效，针对"非市场经济国家"的条款会对中国与"一带一路"国家签署双边投资贸易协议带来负面影响，导致中国可能无法顺利地与其他国家开展自由贸易谈判，从而使中国面临游离在世界主要经济贸易圈外的风险。此外，该条款剑指中国国有企业及其相关的贸易政策，以不符合市场经济国家的标准为由，对国有企业设置贸易投资障碍，限制国有企业获得公平竞争机会。受此影响，在未来的双边、区域投资贸易协议谈判中，可能会被要求引入类似的限制国有企业对外

投资贸易活动,这将对中国国有企业占据一定比例的贸易、投资及服务行业参与国际市场竞争形成巨大挑战。

二是正在重构的国际投资新规则存在弱化现行的国际投资争端解决机制的趋势。在 USMCA 的相关条款中,强调了东道国对解决投资争端拥有的法院管辖权,现行 ISDS 的国际仲裁投资争端解决方式被弱化。鉴于"一带一路"沿线的广大发展中国家的国内法治化水平不高,且基础设施投资面临巨大的投资风险,因而一旦弱化国际仲裁方式,而转去依赖一个相对较低水平的投资争端解决机制,将使国际投资产生更大的不确定性,不利于推进"一带一路"国际合作。

三是"一带一路"倡议需要整合目前"碎片化"的国际投资贸易规则体系,充分发挥其有别于现行区域经济合作机制的开放性和包容性特征。"一带一路"沿线国家众多,区域分布甚广,各地区已有的一些多边合作机制分散,且彼此间缺乏有机联系。为此,"一带一路"倡议作为区域经济合作和全球经济治理的新机制,需要搭建促进现有机制对话与沟通的平台,加强区域贸易投资制度的融合与交流,将孤立的、分散的地区治理机制有效对接、整合、提升,促进国际经贸规则的互联互通,降低国际投资贸易的制度成本。

四是双边投资协定(BIT)是中国开展"一带一路"国际合作的最可依靠的法律保障,但目前中国与"一带一路"沿线国家签署的 BIT 条款陈旧,[①]实际操作性不强,不仅无法适应保障投资双方合作权益的需要,而且在促进联合国倡导的可持续发展和改善东道国营商环境等方面存在功能缺失问题。例如,作为 BIT 解决实际投资问题的关键,投资者-东道国争端解决机制中的前置性程序条款就不适合"一带一路",不能充分实现救济投资者的目的,与"一带一路"互利共赢的理念有所冲突。[②]再如,在与沿线国家已签订的 BIT 条款中,尚没有对东道国为了吸引外资而采取的降低环境保护、劳工福利及公共卫生标准的行为作出规制,也缺乏对投资者应该承担的促进可持续发展的企业及社会责任进行约束,而这些条款对东道国的外资权力规范及其营商环境优化具有重要作用。此外,条款中尚未包含负面清单和准入

---

① 在被世人熟知的 65 个"一带一路"沿线国家中,迄今已有 58 个国家同中国签订了 BIT,7 个国家尚未与中国签署 BIT。其中,20 世纪 80 年代和 90 年代与中国签署的国家分别为 6 个、39 个,21 世纪签署的有 13 个。
② 作为启动投资争端解决机制的前置性程序的要求,先进行六个月的协商,协商不成才能进入 ISDS 程序,或者在提交国际投资仲裁之前需要进行申诉等国内行政程序。

前国民待遇的承诺,①也没有区分外资投资者的企业属性。

五是实施"一带一路"倡议不仅需要一套与之相适应的国际准则和规范,更要考虑此类规则与全球治理的关系。其一,需要考虑如何结合"一带一路"的实际需求,对接重构中的国际新规则,达成高标准的 BIT。由于"一带一路"沿线多半是发展中国家,不能千篇一律采取"一刀切"的原则制定规则,可先考虑与部分较发达的域内国家进行这种管理模式的创新。其二,需要考虑如何结合"一带一路"的合作理念因地制宜地设计"一带一路"投资合作的指导性原则。要让亚投行在深化"一带一路"国际合作中发挥真正作用,保障互利共赢的投资项目顺利落地实施。其三,需要考虑如何平衡好"基于规则"和"基于发展"之间的关系。事实上,"一带一路"最重要的制度保障,就是要探索基于中国智慧的最佳实践,建立"基于发展规则"的国际投资贸易体系。这也是中国参与全球治理的基本着力点。其四,如何协调好国内规则与国际规则。"一带一路"建设不仅需要调整国内规则和制定国际规则,更要综合考虑和规划国内与国际规则。在共建"一带一路"框架下,中国参与全球经济治理,需要与中国参与全球经济治理的目标思路相一致,需要国内规则与国际规则统筹推进。

六是在全球经济治理的理念、规则及其方式上中美之间的交锋日益激烈。中国基于"人类命运共同体"理念共商共建"一带一路"国际合作规则与美国基于"美国优先"理念主导制定的"保护型利己主义"规则存在本质差异。这两套规则体系的博弈竞合态势将长期持续。在全球治理方式上,中国倡导的"一带一路"探索构建合作共赢的"多边主义"与美国奉行的"单边主义""双边主义"形成鲜明对照。自中国提出"一带一路"倡议以来,美国一直将其视为中国企图另建世界秩序,以此挑战美国的全球霸权地位,因而百般阻挠。2021年的七国首脑峰会(G7)在美国的倡议下,提出了"重建美好世界"即所谓的 B3W 计划。②该计划从表面上看旨在通过动员现有的发展和融资机制以及私人企业来缓解发展中国家基础建设的融资困境,但实际上是为了与中国的"一带一路"倡议相抗衡。尽管这一计划对共建"一带一

---

① 在中国与"一带一路"沿线国家签订的 BIT 中,虽然部分协议已经包含国民待遇条款,但是其国民待遇仅属于准入后国民待遇。2020年1月1日生效的中国《外商投资法》,已正式纳入准入前国民待遇及负面清单管理模式。
② 2021年6月13日结束的七国集团峰会宣布了一项针对中低收入国家的基础设施融资机制,命名为"重建美好世界"(Build Back Better World)计划。这项计划被认为是以美国为主的西方国家首次提出应对中国"一带一路"计划的"替代方案"。

路"尚无法构成实质性的威胁,但也让"一带一路"倡议面临新的考验。

二、深化"一带一路"国际合作为全球治理机制提供"中国方案"

中国推进"一带一路"国际合作是以共商共建共享为原则,以项目为依托,以共识为前提,以协商为标志,开展全方位、多领域的合作规划和具体项目,实现互利互惠共同发展的目的,这不但与西方的全球治理方式有明显差异,而且需有更高超的大国智慧与博弈技巧,既要继续以开放包容的姿态加强与西方国家的合作,让更多的发达经济体参与"一带一路"建设,使之成为中国崛起的利益攸关方,同时又要打破西方经济体制的垄断,摆脱西方主导的"规则"体系的束缚,走出一条与西方体系不同、能够充分反映广大发展中国家利益诉求的"一带一路"国际合作新路径,形成全球治理新机制。

第一,推动"一带一路"建设首先要处理好新兴大国与守成大国的关系,避免走相互抗衡的老路,要从营造共同利益出发,创造更多机会相向而行,努力把世界经济的蛋糕做大。

"一带一路"是一个国际合作的倡议,这一计划的最终落实不仅需要地区国家的通力合作,更需要外部国家,特别是主要发达国家的积极参与。为此,中国在推动"一带一路"建设上要拉着发达国家一起做。通过以共建推动项目合作将发达国家也纳入"一带一路"建设中,与中国及广大发展中国家一起共同探索构建国际经贸合作的新规则、新机制。在这方面中国倡导设立的亚投行是一个值得借鉴推广的典型成功模式。它一方面吸收了国际通行的一些规则,另一方面就是让发达国家与发展中国家都参与进来,共商共建新规则。

第二,中国在与"一带一路"沿线国家的合作过程中,双边合作框架与投资协议的签署要充分顾及东道国与西方发达国家的利益关系,避免引致对抗冲突与矛盾升级。

中国推进"一带一路"建设不仅要在尊重沿线各国的国情和意愿的基础上,通过与沿线国家的对接、项目合作,寻找地区之间、国与国之间和民众之间的利益契合点,打通现有合作中政治、安全、金融、基础设施建设、民意沟通中的障碍,实现合作共赢,而非利益转移;而且还要从表态到行动均体现包容性,关注项目合作可能带来的负面问题。从造成中资企业海外投资受挫或遇到的主要麻烦来看,很重要的原因在于不了解当地的法律法规,企业经营行为不规范,没有按国际通行规则办事以及企业社会责任担当缺乏等。

为此,应积极推动国际合作项目在"一带一路"沿线国家的"本土化"经营,合理平衡国际利益和国家利益关系,高度重视投资项目的生态环保、劳工权益、社会治理问题,进一步消除西方国家对"一带一路"国际合作标准的质疑。

第三,以"一带一路"国际合作项目为抓手,以基础设施建设合作协议为先导,采用双边合作协议形式将相关规章制度以文件的形式确立,形成更适合于发展中国家利益的新规则。

由于中国与"一带一路"沿线的许多发展中国家的国际合作缺少相应的规则可循,不仅造成投资不透明,而且也成为西方发达国家质疑的对象。因而在就国际合作项目达成共识基础上,形成协议文件,对双方都有利。这不仅可使得"一带一路"国际合作规则显性化,并以更适合发展中国家的形式替代西方规则,而且也彰显"一带一路"建设重视规则的作用,并且同样具有国际法地位。为此,中方可基于"一带一路"建设基础设施先行的发展理念,用基础设施建设合作协议为名称,签订基础设施建设协议。这不但可将BIT、自贸区的内容包含在基础设施建设协议里,而且还可跳出发达国家的传统贸易投资协议模式,形成以中国倡导的针对发展中国家发展需要的新的国际规则,从而有助于解决目前出现的与现有西方规则不同的一些新问题,形成中国式的"一带一路"国际合作框架,设计共同发展的机制,为未来各领域合作创造条件。

第四,充分发挥亚投行的融资功能并进一步拓展与现有国际金融机构的合作模式,构建"一带一路"国际融资安排机制。

在推进"一带一路"国际合作项目的融资机制建设过程中,要充分体现包容性,不仅要充分考虑项目的利益格局与发达国家的关系,还应关注发展目标与国际公认的贷款原则的兼容性。既要发挥国际金融市场的作用,吸收西方金融机构参与"一带一路"建设,又要充分利用发达国家已有的融资方式并拓展新的合作模式。一方面,可以亚投行牵头,整合开发性金融机构、商业性金融机构以及援助资金等不同类型的融资平台,形成独特的"一带一路"融资规则体系;同时开展与 IMF、世行、亚行以及各国对外援助机构及其开发性金融机构之间的合作,深入探讨"一带一路"国际合作的融资规则,逐步形成符合"一带一路"发展理念、契合广大发展中国家利益诉求的新型国际融资机制。另一方面,中国还可将在"一带一路"沿线的工程承包项目中普遍使用的 BOT、PPP 模式以成文的形式推广,避免落入以发达国家主导的西方惯有合作模式中,并以此新的显性化规则去形成新的国际合作。

第五,以数字经济为引领,务实推进"一带一路"国际科技合作,为构建"一带一路"创新共同体开创国际合作新格局注入新内涵和新动力。

随着全球数字化技术的快速发展,数字经济将为"一带一路"沿线国家深化科技合作提供更多平台与机遇。作为全球领先的数字化大国,中国在产业投资、商业模式、数字化治理等众多领域具备技术优势和产业基础,完全有条件和能力输出数字技术帮助沿线国家发展数字经济。中国应抓住中国-东盟全面经济合作等战略机遇,加快落实中国、泰国等国家相关部门共同发起《"一带一路"数字经济国际合作倡议》,推进数字经济领域创新合作,共同建设数字"一带一路"信息港,联手打造人类共同富裕的"数字丝绸之路"。同时,中国还应与"一带一路"沿线国家共同探讨与数字贸易直接相关的通关制度、税收政策、跨境数据流动、信用体系、消费者保护等新规则、新标准,尽快达成共识,构建公平、开放、包容的全球数字贸易规则体系。

第六,立足中国发起主办的国际合作高峰论坛,建立"一带一路"常态化组织机制。

以中国主办的"一带一路"国际合作高峰论坛为契机,抓紧启动"一带一路"国际合作框架下的国际组织筹建工作,设立类似OECD、APEC的常设性国际组织。通过与"一带一路"沿线国家共商、共建,形成由发展中国家与发达经济体共同参加的理事会、秘书处、国家领导人非正式会议、部长级会议等常设性机制构成的组织基本框架,打造构建利益共同体、责任共同体和命运共同体的国际合作大平台,并分别成立推进"一带一路""五通"建设的各专门委员会,负责各项推进事宜。目前中国已成立了由发改委牵头,外交部、商务部、财政部、人民银行、外汇管理局等参与的推进"一带一路"建设工作领导小组,负责统筹协调跨国体制机制及做好"一带一路"国际合作规划、方案的推进落实。建议在此基础上还可考虑研究设立中国国际合作开发署或"一带一路"对外经济合作委员会,帮助中资企业解决在"一带一路"国际合作中遇到的各种麻烦和政策障碍,更好地服务"一带一路"建设大局。

第七,研究构建符合"一带一路"特点的投资保护和争端解决机制,以公正、合法、合理的方式化解中国与"一带一路"沿线国家之间出现的贸易摩擦问题,切实保护债权人和投资人合法权益。

在已设立的国际投资贸易体系中,WTO多边贸易体制不仅为实施合理合法的贸易救济措施提供了充分空间,而且也建立了有效贸易争端解决机制。中国一方面应继续履行已经承诺的入世规则,全力维护好WTO这一多边机制。另一方面,针对由美日等西方发达国家主导制定的技术转让、知识产权保护等相关规则无法满足"一带一路"沿线广大发展中国家诉求,应当通过多边谈判来制定新的国际标准,迎合后发国家技术赶超的需要。同时还应进一步扩大"一带一路"知识产权合作。中方应继续加强与世界知识产权组织的合作与交流,加快落实共同签署的《加强"一带一路"知识产权合作协议》的精神,不断完善"一带一路"沿线国家和地区的知识产权合作机制,推动知识产权国际规则向着普惠包容、平衡有效的方向发展。

第八,着眼与沿线国家的长远合作与发展,构建"一带一路"建设安全保障体系。

目前"一带一路"建设面临的主要风险:一方面是由"逆全球化"思潮下西方发达经济体推行贸易保护主义措施带来的世界经济周期分化,以及国际金融市场波动对推进"一带一路"建设构成的巨大外部风险;另一方面是"一带一路"沿线国家内部政治动荡、民族宗教区域冲突等产生的内部风险。为此,需要尽快构建符合"一带一路"特点的风险防范规则与机制,为推进"一带一路"建设提供强有力的安全保障。一方面,应成立常设性"一带一路"风险预警和防范协调机制,加强对外部风险的及时跟踪和预警,及时采取有效的应对措施化解潜在风险;另一方面,可参照国际经济合作的通行惯例逐步建立投资者仲裁机制、双边投资保护协定等能够有效防控"一带一路"沿线国家风险的保障机制。此外,还可根据"一带一路"以发展中国家和新兴经济体为主的合作模式,以及将基础设施互联互通和产能合作作为重点合作方向的投资特点,通过提供贷款、担保、股权投资、联合融资等多种金融方式,发挥融资促进和风险分担作用,为"一带一路"国际合作保驾护航。

第九,以"一带一路"建设为载体,推动中国参与和完善全球治理体系。

"一带一路"是中国推动全球治理的重要载体。中国要发挥建设性的引领作用,贡献中国的思想、智慧和方案,在国际新规则的制定和新制度安排中不断发出中国声音、提出中国方案、注入更多的中国元素,推动全球治理从"西方治理"向"东西方共同治理"转变。中国要在维护现有国际秩序的基本稳定前提下,推进对现有全球经济治理体系的改造和完善。一方面,应加快推进亚投行、金砖银行等新兴治理机构与IMF、世界银行、亚行等既有国际组织和机构的协同合作,重塑具有决策力、执行力、协调力的全球经济治理机制,建立更加公平、公正的国际新秩序;另一方面,要依托"一带一路"建设,培养一批由新兴国家和发展中国家主导的新型多边国际组织,同时新建一些国际机制和规则,真正实现全球治理规则的非排他性、合法性和代表性,促进落实全球治理理念向合作行动转型。

第十,积极主动、全面系统地做好"一带一路"外宣工作,突出"一带一路"建设的开放性、合作性和互利共赢性。

通过各种媒介、各类渠道加大对"一带一路"建设的国际舆论宣传力度,传递好中国声音,讲述好中国故事。对"一带一路"的宣传工作需要创新形式内容,采取"入乡随俗"的策略,讲求"互利共赢"的原则,使当地人能真正感受到"一带一路"带来的福利,以及给他们的生活带去的积极改变,以此增进彼此理解互信,营造国际社会积极参与和支持"一带一路"建设的良好舆论氛围。为此,中国政府及中资企业在开展"一带一路"国际合作过程中,还应注意对当地的公益投入,使"一带一路"走过的地方能够印下友好的脚印,充分彰显"一带一路"是促进共同发展、实现共同繁荣的合作共赢之路。

主要参考文献

中文文献:

陈伟光:《全球治理与全球经济治理:若干问题的思考》,《教学与研究》2014年第2期。

戴双兴、冀晓琦:《G20框架下全球投资治理变革与中国的应对方略》,《经济研究参考》2019年第22期。

邓婷婷:《欧盟多边投资法院:动因、可行性及挑战》,《中南大学学报(社会科学版)》2019年第25卷第4期。

[英]芬巴尔·利夫西:《后全球化时代——世界制造与全球化的未来》,王吉美、房博博译,中信出版社2018年版。

高晓雨:《二十国集团成员利用数字技术应对新冠肺炎疫情的政策与实施效果》,《中国信息化》2020年第8期。

高晓雨:《二十国集团峰会及其数字经济议题探析》,《中国信息化》2020年第7期。

耿楠:《G20框架下的疫情应对与全球治理合作》,《国际经济合作》2020年第4期。

龚柏华、朱嘉程:《国际投资仲裁机制的问题与改革建议》,《上海法学研究》集刊2019年第17卷。

郭鹏:《WTO电子商务关税征收中的利益冲突》,《社会科学家》2009年第6期。

郭智:《世界经济发展新形势下"三零"贸易规则的影响及对策研究》,《对外经济实务》2020年第10期。

国务院发展研究中心对外经济研究部课题组:《促进我国服务贸易开放发展与竞争力提升》,《中国经济报告》2020年第5期。

韩冰:《二十国集团在国际投资领域的合作与前景展望》,《国际经济评论》2016年第4期。

贺小勇:《率先建立与国际运行规则相衔接的上海自贸试验区制度体系》,《科学发展》2020年第3期。

侯群涛、吕纪正:《中韩FTA协定对双边贸易和投资的影响》,《商情》

2018年第19期。

黄新焕、鲍艳珍：《G20机制下中国参与全球经济治理的政策路径》，《经济研究参考》2019年第24期。

[美]杰夫·斯蒂贝尔：《断点：互联网进化启示录》，师蓉译，中国人民大学出版社2015年版。

金霞、李剑文：《中国与东盟各国双边投资协定主要内容比较》，《中共云南省委党校学报》2018年第4期。

李锋：《国际投资保护主义的发展态势及应对策略》，《现代经济探讨》2015年第5期。

李建平等主编：《二十国集团(G20)经济热点分析报告》，经济科学出版社2017年版。

李玲：《中国双边投资保护协定缔约实践和面临的挑战》，《国际经济法学刊》2010年第17卷第4期。

李由：《关于后危机时代的G20转型问题》，《理论探索》2017年第1期。

李玉梅、桑百川：《国际投资规则比较、趋势与中国对策》，《经济社会体制比较》2014年第1期。

联合国：《国际投资制度近来的事态发展：总结第二阶段改革行动》，联合国2019年版。

联合国贸发会议：《2000世界投资报告——跨国并购与发展》，中国财政经济出版社2001年版。

联合国贸发会议、世界贸易组织国际贸易中心、英联邦秘书处编著：《WTO企业指南》，中国(海南)改革发展研究院译，企业管理出版社2001年版。

联合国贸易和发展组织：《世界投资报告2015——重构国际投资机制》，南开大学出版社2015年版。

联合国贸易和发展组织：《世界投资报告2016——投资者国籍及其政策挑战》，南开大学出版社2016年版。

联合国贸易和发展组织：《世界投资报告2017——投资与数字经济》，南开大学出版社2017年版。

联合国贸易和发展组织：《世界投资报告2018——投资及新产业政策》，南开大学出版社2018年版。

联合国贸易和发展组织：《世界投资报告2019——特殊经济区》，南开大学出版社 2019 年版。

联合国贸易和发展组织:《世界投资报告 2021——投资于可持续复苏》,冼国明、葛顺奇、詹晓宁总校译。

刘超、王静:《21 世纪海上丝绸之路"能源投资准入之法律风险与应对》,《中国矿业大学学报(社会科学版)》2017 年第 5 期。

刘方平:《全球治理视域下人类命运共同体建构》,《西南民族大学学报(人文社科版)》2018 年第 39 期。

刘宏松:《新冠肺炎疫情下的全球化与全球治理的强化路径》,《上海交通大学学报(哲学社会科学版)》2020 年第 10 期。

刘慧:《G20 转型的深层诱因及其路径再探》,《改革》2016 年第 7 期。

刘乃郗:《全球价值链视角下国际经贸规则面临的挑战与前瞻》,《中国流通经济》2020 年第 12 期。

刘玮、邱晨曦:《霸权利益与国际公共产品供给形式的转换:美联储货币互换协定兴起的政治逻辑》,《国际政治研究》2015 年第 3 期。

刘雅芳、许培源:《国际贸易投资新规则的演化趋势及其影响:一个综述》,《经济问题探索》2019 年第 3 期。

刘宗义:《"二十国集团"转型与中国的作用》,《现代国际关系》2015 年第 7 期。

逯新红:《全球化新形势:新挑战、新机遇、新对策——第五届全球智库峰会平行圆桌会议综述》,《全球化》2017 年第 31 期。

聂平香:《国际投资规则的演变及趋势》,《国际经济合作》2014 年第 7 期。

潘晓明:《G20 杭州峰会对国际贸易投资体系发展的影响》,《国际经济合作》2016 年第 11 期。

庞中英:《1945 年以来的全球经济治理及其教训》,《国际观察》2011 年第 2 期。

曲博:《合作问题、权力结构、治理困境与国际制度》,《世界经济与政治》2010 年第 10 期。

任琳:《反思全球治理:安全、权力与制度》,中国社会科学出版社 2021 年版。

桑百川、任苑荣:《落实〈G20 全球投资指导原则〉推动建立全球投资规则》,《国际贸易》2017 年第 1 期。

商务部电子商务和信息化司:《中国电子商务发展报告》,中国商务出版社 2018 年版。

沈铭辉:《构建包容性国际经济治理体系》,《东北亚论坛》2016 年第 2 期。

盛斌:《G20 杭州峰会:开启全球贸易投资合作新时代》,《国际贸易》2016 年第 9 期。

[美]斯科特·巴雷特:《合作的动力:为何提供全球公共产品》,上海人民出版社 2012 年版。

宋伟:《试论约翰·拉格"内嵌的自由主义"》,《世界经济与政治》2006 年第 2 期。

孙劲:《论构建中国全方位对外投资条约体系》,《国际法研究》2017 年第 2 期。

孙丽:《日本主导国际经贸规则制定的战略布局》,《日本学刊》2020 年第 4 期。

孙伊然:《全球化、失衡的双重运动与"内嵌的自由主义"》,《世界经济与政治》2010 年第 5 期。

王春丽、冯莉:《国际经贸规则重构对中国对外开放的影响与应对策略》,《亚太经济》2020 年第 5 期。

王金强:《国际经贸规则的变迁与全球互联互通伙伴关系的构建》,《海外投资与出口信贷》2020 年第 3 期。

王璐瑶、葛顺奇:《投资便利化国际趋势与中国的实践》,《国际经济评论》2019 年第 4 期。

王绍媛、刘政:《国际投资协定中的竞争中立规则审视》,《哈尔滨工业大学学报(社会科学版)》2018 年第 5 期。

王小龙、陈伟光:《全球投资治理:发展演进与中国的参与路径》,《金融教育研究》2016 年第 29 期。

王晓红:《把自贸试验区建成高水平开放型经济新体制示范区》,《中国国情国力》2020 年第 7 期。

王彦志:《国际投资争端解决机制改革的多元模式与中国选择》,《中南大学学报(社会科学院版)》2019 年第 4 期。

魏彬彬:《中国与东盟国家双边投资保护协定研究》,西南政法大学硕士论文,2016 年。

温先涛:《孰南？孰北？妥协还是共识——评中国-加拿大投资保护协定》,《武大国际法评论》2013年第16卷第2期。

温先涛:《中国投资保护协定范本(草案)论稿(二)》,《国际经济法学刊》2012(a)年第19卷第1期。

温先涛:《中国投资保护协定范本(草案)论稿(三)》,《国际经济法学刊》2012(b)年第19卷第2期。

温先涛:《中国投资保护协定范本(草案)论稿(一)》,《国际经济法学刊》2011年第18卷第4期。

文洋:《积极参与全球投资治理》,《学习时报》2020年8月14日。

文洋:《全球投资治理:现状、趋势及中国的参与路径》,《理论视野》2016年第10期。

翁国民、宋丽:《"美墨加协定"对国际经贸规则的影响及中国之因应——以NAFTA与CPTPP为比较视角》,《浙江社会科学》2020年第8期。

徐海宁编著:《WTO与贸易有关的投资措施协议:规范与承诺》,黄山书社2000年版。

徐婧培:《国际投资协定中的负面清单研究》,西南政法大学硕士论文,2018年。

徐秀军:《规则内化与规则外溢——中美参与全球治理的内在逻辑》,《世界经济与政治》2017年第9期。

徐颖鲲:《论"一带一路"下国际投资仲裁的条约解释问题》,《企业科技与发展》2020年第3期。

杨长湧、刘栩畅、陈大鹏、张一婷:《百年未有大变局下的世界经济中长期走势》,《宏观经济研究》2020年第8期。

杨春景:《G20对全球贸易投资规则的影响与中国的对策》,《新西部(理论版)》2016年第191期。

曾华群:《"可持续发展的投资政策框架"与我国的对策》,《厦门大学学报(哲学社会科学版)》2013年第6期。

[美]詹姆斯·罗西瑙主编:《没有政府的治理——世界政治中的秩序与变革》,张胜军、刘晓林等译,江西人民出版社2001年版。

詹晓宁、欧阳永福:《〈G20全球投资政策指导原则〉与全球投资治理——从"中国方案"到"中国范式"》,《世界经济研究》2017年第4期。

詹晓宁、欧阳永福:《数字经济下全球投资的新趋势与中国利用外资的新战略》,《管理世界》2018 年第 34 期。

詹晓宁:《全球投资治理新路径——〈G20 全球投资政策指导原则〉》,《世界经济与政治》2016 年第 10 期。

张光:《论国际投资协定的可持续发展型改革》,《法商研究》2017 年第 5 期。

张国军:《"一带一路"视阈下的中国自贸区建设研究》,《中国经贸导刊》2016 年第 29 期。

张健:《逆全球化背景下国际贸易投资规则重构及中国的选择》,《战略决策研究》2020 年第 4 期。

张磊、徐琳:《更高标准经贸规则对上海探索建设自由港的启示》,《国际商务研究》2020 年第 5 期。

张琳:《G20 大阪峰会:助力全球电子商务新规则的制定》,《中国远洋海运》2019 年第 7 期。

张茉楠:《全球经贸规则体系正加速步入"2.0 时代"》,《宏观经济管理》2020 年第 4 期。

张生:《从〈北美自由贸易协定〉到〈美墨加协定〉:国际投资法制的新发展与中国的因应》,《中南大学学报(社会科学版)》2019 年第 25 卷第 4 期。

张莞航、高妍蕊:《G20 转型:方向与路径》,《中国发展观察》2016 年第 8 期。

张小波、李成:《论全球治理中的国际投资机制构成、发展及对中国的影响》,《国际观察》2016 年第 4 期。

张燕生、逯新红:《2017—2018 年世界经济企稳向好要重视防范和化解不确定性风险》,《全球化》2018 年第 3 期。

张宇燕等:《全球经济治理结构变化与我国应对战略研究》,中国社会科学出版社 2017 年版。

张宇燕:《利益集团与制度非中性》,《改革》1994 年第 2 期。

张悦、崔日明:《国际投资规则演进与中国的角色变迁》,《现代经济探讨》2020 年第 7 期。

钊阳、桑百川:《对标高标准国际经贸规则优化外商投资制度环境》,《国际贸易》2019 年第 10 期。

甄炳禧:《G20 转型面临的难题及破解之策》,《国际问题研究》2016 年第 4 期。

周密、何曼青:《国际经贸规则重构与我国服务业扩大开放对策》,《中国外资》2019 年第 12 期。

周迎洁、刘小军、过晓颖:《中国自贸区服务业开放制度创新研究——基于迪拜、新加坡经验的启示》,《当代经济》2016 年第 1 期。

周宇:《全球经济治理与中国的参与战略》,《世界经济研究》2011 年第 11 期。

朱杰进:《非正式性与 G20 机制未来发展》,《现代国际关系》2011 年第 2 期。

朱杰进:《复合机制模式与 G20 机制化建设》,《国际观察》2013 年第 3 期。

朱苗苗:《竞争中立政策下的国有企业规制及我国的应对》,《法制博览》2016 年第 4 期。

朱颖、罗英:《美国式国际投资规则的影响及我国的应对》,《经济纵横》2015 年第 9 期。

英文文献:

Alschner, W., 2014. Regionalism and Overlap in Investment Treaty Law: Towards Consolidation or Contradiction?. *Journal of International Economic Law* 17, 271—298.

Alschner, W., Skougarevskiy, D., 2016. Mapping the Universe of International Investment Agreements. *Journal of International Economic Law* 19, 561—588.

Baldwin, R., 2011. 21st Century Regionalism: Filling the gap between 21st century trade and 20th century trade rules. *World Trade Organization Staff Working Paper* ERSD-2011-08.

Baldwin R., 2016. The World Trade Organization and the Future of Multilateralism. *Cepr Discussion Papers*, 30(1):95—116.

Baldwin R E., 2011. *21st Century Regionalism: Filling the Gap between 21st Century Trade and 20th Century Trade Rules*. WTO Staff Working Papers.

Berger A., 2013. Do Trade and Investment Agreements Lead to More

FDI? Accounting for Key Provisions Inside the Black Box. *International Economics & Economic Policy*, 10(2):247—275.

Brown D. K., Deardorff A. V., Stern R. M., 2011. Labor Standards and Human Rights: Implications for International Trade and Investment. *IPC Working Paper*.

Bruhn D., 2015. Coverage and Enforceability of Investment Rules in PTAs: the Role of Global Value Chain Trade and Regulatory Differences. *Fiw Working Paper*.

Capobianco A., Christiansen H., 2011. Competitive Neutrality and State—Owned Enterprises: Challenges and Policy Options. *OECD Corporate Governance Working Papers*.

Cho S., 2010. The Demise of Development in the Doha Round Negotiations. *Texas International Law Journal*, 33(1):61—75.

Duttagupta R., Panagariya A., 2010. Free Trade Areas and Rules of Origin: Economics and Politics. *Economics & Politics*, 19(2):169—190.

Eugene B., James G., 2010. Labour and EnvironmentalStandards: The Lemons Problem in International Trade Policy. *World Economy*, 25(1):59—78.

Ezell S. J., Atkinson R., Wein M., 2013. Localization Barriers to Trade: Threat to the Global Innovation Economy. *ITIF Working Paper*.

Francois J., Manchin M., Tomberger P., 2016. Services Linkages and the Value Added Content of Trade. *World Economy*, 38(11):1631—1649.

Gantz D. A., 2013. *Liberalizing International Trade after Doha: Multilateral, Plurilateral, Regional, and Unilateral Initiatives*. Cambridge: Cambridge University Press.

Ghibutiu A., 2015. The Variable Geometry of the World Trading System. *Procedia Economics & Finance*, 22:422—431.

Hilson C., 2015. Balancing Human Rights, Environmental Protection, and International Trade: Lessons from the EU Experience by Emily Reid. *Journal of Environmental Law*, 27(3):10—18.

Ito T., 2013. Export-Platform Foreign Direct Investment: Theory and Evidence. *World Economy*, 36(5):563—581.

James N. Rosenau, 1995. Governance in the Twenty-first Century. *Global Governance*, Vol.1, No.1(Winter), pp.13—43.

Jeswald W. Salacuse, 2010. The Emerging Globle Regime for Investment, *Harvard International Law Journal*, Vol.51, p.430.

Jia-Xiang H. U., School K. L., 2014. A Preliminary Study of Pre Access National Treatment—Also on the Negative List of Shanghai Free Trade Zone. *Journal of Shanghai Jiaotong University*, 22(01):65—73.

Joseph Grieco and John Ikenberry, 2003. *State Power and World Markets: The International Political Economy*, W. W. Norton and Company.

Kohler W., Sthler F., 2016. The Economics of Investor Protection: ISDS Versus National Treatment. *Cesifo Working Paper*.

Lakatos C., Walmsley T., 2012. Investment Creationand Diversion Effects of the ASEAN-China Free Trade Agreement. *Economic Modelling*, 29(3):766—779.

Latorre M. C., Yonezawa H., 2018. Stopped TTIP? Itspotential impact on the world and the role of neglected FDI. *Economic Modelling*, 71:99—120.

Low P., 2016. International Trade and the Environment. *UNISIA*, (30):95—99.

Meléndez-Ortiz, R., Samans, R., 2016. Strengthening the Global Trade and Investment System in the 21st Century, The E15 Initiative.

Milner H. V., 2014. Introduction: The Global Economy, FDI, and the Regime for Investment. *World Politics*, 66(1):1—11.

Mukunoki H., 2017. The Welfare Effect of a Free Trade Agreement in the Presence of Foreign Direct Investment and Rules of Origin. *Review of International Economics*, 25(04):733—759.

Nottage L. R., 2016. The TPP Investment Chapter and Investor—State Arbitration in Asia and Oceania: Assessing Prospects for Ratification. *Melbourne Journal of International Law*, (17):313.

Park I., Park S., 2009. Consolidation and Harmonization of Regional Trade Agreements(RTAs): A Path Toward Global Free Trade. *Mpra Paper*.

Park T. J., 2018. Reservation List in International Investment Law: An

Alternative Flexibility Device for Securing Policy Space. *NCJ Int'l L.*, 43:83.

Puig S., 2015. The Merging of International Trade and Investment Law. *Berkeley Journal of International Law*, (33):1.

Sarangi U., 2016. International Trade Investments, Labour Standards and Environment Implications of Economies. *Siddhant—A Journal of Decision Making*, 16(04):265—277.

Schill, S. W., 2011. *International Investment Law and Comparative Public Law*. Oxford University Press.

Schott J. J., et al., 2015. The China—Japan—Korea Trilateral Investment Agreement: Implications for US Policy and the US—China Bilateral Investment Treaty. *The Peterson Institute for International Economics*.

Stephen Krasner, 1982. Structural Causes and Regime Consequences: Regimes as Intervening Variables. *International Organization*, Vol.36, No.2: 186.

Stephen M. Schwebel, 2004. The influence of Bilateral Investment Treaties on Customary International Law, *American Society of International Law Proceeding*, Vol.98: 27—30.

UNCTAD, 2012. *Investment Policy Framework for Sustainable Development* (2012 Edition). United Nations.

UNCTAD, 2015. *Investment Policy Framework for Sustainable Development*. United Nations.

UNCTAD, 2018. *UNCTAD's Reform Package for the International Investment Regime* (2018 Edition). United Nations.

UNCTAD, 2020. *World Investment Report: International Production Beyond the Pandemic*. United Nations.

Van N. T., 2016. Competitive Neutrality: Challenges of Application for Vietnam. *Social Science Electronic Publishing*, (19):1—59.

Witkowska J., 2017. Implications of the Transatlantic Trade and Investment Partnership(TTIP) for Investment Flows Between the European Union and the USA. *Comparative Economic Research*, 20(03):25—39.

WTO, 2001. Ministerial Declaration-Adopted on 14 November 2001, WT/MIN(01)/DEC/1.

Xin S. Y., Li G. I., Yuan Z. R., 2014. Negative List(2013) in China (Shanghai) Pilot Free Trade Zone and Its Improvement. *Foreign Economics & Management*, 36(03):74—80.

后　记

上海社会科学院世界经济研究所成立于1978年，是全国世界经济领域最重要的研究机构之一。世界经济研究所以世界经济与国际关系两大学科为主轴，将世界经济研究与国际关系研究、世界经济研究与中国对外开放研究相结合，注重研究的综合性、整体性，提高研究成果的理论性、战略性与对策性。在学科建设的基础理论方面和对外开放的战略研究方面形成了一批被同行广泛认可的较有影响的成果。2016年9月G20杭州峰会的成功举办，是中国积极参与全球经济治理的标志性事件。基于中国倡导的"杭州共识"达成的《G20全球投资指导原则》，作为全球首个多边投资规则框架，不仅开创了发达经济体与发展中国家之间投资政策协调的新纪元，而且对引领全球投资发展方向，推进全球投资规则的形成和落实，完善全球经济治理体系具有里程碑意义。本书是以上海社会科学院世界经济研究所国际投资研究室为主要团队，联合国际政治经济学研究室开展合作研究的成果。全书以国际投资学及全球治理理论为理论基础，对G20杭州峰会达成的全球投资指导原则以及全球投资规则的演变、现状、特征与发展趋势进行深入的考察和分析，并就大变局下中国如何积极参与全球投资治理，开启基于构建人类命运共同体理念的"一带一路"国际合作新篇章提出思考。

上海社会科学院世界经济研究所长期跟踪研究国内外关于对外开放与全球治理的理论与实践，集聚了一批关注全球经济治理问题的学者。《G20峰会与全球投资规则重构》是上海社会科学院世界经济研究所诸多同仁共同努力的结果。本书的具体分工如下：第一章，何曜；第二章，孙立行；第三章，赵蓓文、黎兵；第四章，张广婷；第五章，薛安伟；第六章，吕文洁；第七章，孙立行。

全书由孙立行拟定总体框架和写作思路，并进行统稿、调整。本书在撰写过程中得到张幼文研究员等诸多学术界前辈、同行的支持和帮助。在此一并致谢！

本书撰写组
2021年8月于上海社会科学院

图书在版编目(CIP)数据

G20峰会与全球投资规则重构 / 孙立行等著 . — 上海：上海社会科学院出版社，2021
ISBN 978 - 7 - 5520 - 3662 - 6

Ⅰ.①G… Ⅱ.①孙… Ⅲ.①国际投资—规则—研究 Ⅳ.①F831.6

中国版本图书馆 CIP 数据核字(2021)第 167835 号

G20 峰会与全球投资规则重构

著　　者：孙立行　等
责任编辑：王　勤
封面设计：朱忠诚
出版发行：上海社会科学院出版社
　　　　　上海顺昌路 622 号　邮编 200025
　　　　　电话总机 021 - 63315947　销售热线 021 - 53063735
　　　　　http://www.sassp.cn　E-mail: sassp@sassp.cn
照　　排：南京理工出版信息技术有限公司
印　　刷：上海信老印刷厂
开　　本：720 毫米×1020 毫米　1/16
印　　张：12
字　　数：201 千
版　　次：2021 年 9 月第 1 版　2021 年 9 月第 1 次印刷

ISBN 978 - 7 - 5520 - 3662 - 6/F・677　　　　　　　　　定价：79.80 元

版权所有　翻印必究